당신이 그렇게 생각하는 이유
로마 시대부터 현대까지 서구 세계관의 변천사

도서출판 콜슨은
인간성의 회복, 바른 지혜와
분별력 있는 지성의 함양을 지향합니다.

Originally Published in the U.S.A. under the title:
Why You Think the Way You Do:
The Story of Western Worldviews from Rome to Home
Copyright © 2023 by Glenn S. Sunshine
All Rights Reserved.
This Korean edition was published by Colson Book Publishing
in 2023 by arrangement with
Zondervan (Harper Collins).

Korean Edition © 2023 by Colson Book Publishing

이 한국어판 책의 저작권은 저작권자인
Zondervan (Harper Collins) 와의 계약으로
도서출판 콜슨에 있습니다.
저작권법에 의해 한국 내에서 보호를 받는
저작물이므로 무단 전재와 무단 복제를 금합니다.

당신이 그렇게 생각하는 이유

초판 1쇄. 2023년 9월

지은이   글렌 S. 선샤인
옮긴이   강지영
디자인   하유주
교정   하한봉/하선희
펴낸이   이상현

펴낸곳 도서출판 콜슨
등록번호 제2021-000223호 2021. 7. 7
웹사이트 www.colsonbookpublishing.com
이메일 sleejes@naver.com
전화 070-7818-0475
ISBN 979-11-975330-2-0

ⓒ 도서출판 콜슨, 2023
책값은 뒤표지에 있습니다.

당신이 그렇게 생각하는 이유
로마 시대부터 현대까지 서구 세계관의 변천사

글렌 S. 선샤인 저

강지영 옮김

도서출판 콜슨

이 책은 수년간 나를 따라 세계관 강의에 참석하고
밥상에서나 차에서나 세계관에 관한
무수한 이야기들을 기꺼이 받아 준 사랑하는 자녀
엘리자베스와 브렌든에게 바친다.

차 례

추천의 글   _ 9

Chapter 01
우리는 왜 세계관을 알아야 하는가?   _ 13

Chapter 02
고대 로마의 세계관   _ 21

Chapter 03
기독교와 이교도 세계의 변화   _ 43

Chapter 04
중세 세계관의 출현   _ 71

Chapter 05
중세 경제와 정치   _ 97

Chapter 06
중세 모형의 몰락   _123

Chapter 07
지식에 관한 새로운 패러다임   _149

Chapter 08
계몽주의 시대와 혁명들 _175

Chapter 09
현대성과 그 불만 _211

Chapter 10
현대성의 부패 _237

Chapter 11
궤적 _265

감사의 글 _285

추천의 글

미국 문화는 갈림길에 서 있다. 사회의 유대-기독교적 기반은 내적으로는 포스트모더니즘이 초래하는 진리의 위기와 "신무신론자"의 종교에 대한 공격으로, 외적으로는 이슬람주의의 부상과 유럽의 무슬림 이민자 공동체의 인구 통계학적 증가로 전례 없는 공격에 직면하고 있다. 이 각각은 세계관의 충돌로, 우리가 이 세상에 어떻게 적응하고 살아야 하는가에 대한 근본적인 신념 사이의 갈등이며, 모두 서구 문화를 구성했던 성경적 세계관을 정면으로 겨냥하고 있다. 안타깝게도 대부분의 교회는 이 위협의 본질을 뒤늦게 깨닫고 도전을 무시하거나 근본적인 세계관의 문제를 다루기보다는 기껏해야 개별 문제에 대해서 단편적으로 반박만 했다. 지난 10년 동안 특히 내 사역은 우리의 삶의 방식뿐만 아니라, 복음 그 자체에 위협이 되는 우리가 직면한 위험의 본질을 경고하는데 초점을 맞추었다. 아울러 교회가 이처럼 직면한 도전에 대응할 수 있도록 차세대 세계관 전문가와 학자를 양성하기 위해 노력해 왔다.

글렌 선샤인 박사는 그런 노력의 적극적인 파트너가 되어 준 전문가이다. 그의 강의 하나를 듣고 그를 교도소 선교회의 윌버포스 포럼에서 설립한 세계관 훈련 프로그램인 센추리온(Centurion; 현 콜슨 펠로우즈)의 교수진에 합류하도록 초청했다. 그것은 탁월한 선택이었다. 그는 역사에 대한 지식뿐만 아니라 그 지식을 명확하고 흥미진진하게 종합하고 전달할 수 있는 능력 있는 뛰어난 교사이자 사상가였다. 그는 언제나 그 프로그램에서 가장 인기 있는 교사였고, 센추리온은 그의 가르침과 멘토링으로부터 엄청난 혜택을 받았다. 센추리온에서 함께 일하는 것 외에도, 선샤인 박사와 나는 다른 많은 세계관 프로젝트에서 함께 했다.

이 책에서, 선샤인 박사는 미국 기독교를 특징 짓는 많은 대중 신학에 대해 교회가 너무나 절실히 교정해야 할 것들을 제공한다. 기독교는 도덕적, 영적 영역에 국한되지 않고, 삶의 모든 영역에 영향을 미치는 완전한 형태의 세계관이다. 선샤인 박사는 성경적 신념이 경제, 정치, 과학, 교육, 그리고 사실 지난 1,700년 동안 서구 문명의 전 과정에 흔적을 남겼다는 것을 보여 준다. 서구 고유의 모든 업적은 기독교에서 기반했다. 대담한 주장이지만, 독일의 위르겐 하버마스와 같은 무신론자들도 이에 동의한다. 예를 들어, 보편적 인권과 평등의 개념은 모든 사람들이 하나님의 형상으로 창조되었다는 성경적 신념에서 비롯된다. 따라서 이 책은 문화를 형성하는 성경적 신념의 힘과, 마음과 정신을 다해서 인간의 삶의 모든 영역에 하늘의 복음을 담대하게 적용하는 기독교를 부끄럽지 않게 방어한다.

하지만 우리가 믿는 것처럼 문화가 세계관에 의해 형성된다면, 성경적 모델에서 벗어난 서구 세계관의 변화는 우리 문화와 교회에 엄청난 도전을 제기한다. 신념은 결과를 낳고, 인간 가치의 토대로서의 하나님의 형상에 대한 신념을 상실하게 되면, 인권과 인간의 삶에 치명적인 결과를 초래할 수 있다. 하지만 교회가 복음의 진리를 충실하게 실천함으로써 로마 세계를 변화시킨 것처럼, 오늘날 우리도 똑같이 할 기회가 있다. 이 책은 성경적 세계관이 사회를 변화시키는데 얼마나 많은 영향을 미칠 수 있는지 보여 준다. 우리가 앞서 간 사람들의 모범을 따라, 성경적으로 생각하고 복음의 완전한 의미를 실천하는 법을 배우는데 있어 오늘날 세상에 동일한 영향을 미칠 수 있을 것이다.

평신도들이 이해하기 쉽게 잘 쓰여진 이 책을 강력히 추천하는 바이다. 교회 성도, 목사, 교사가 이 책을 읽고 비기독교인 친구들에게 이 책을 추천하기 바란다. 이것은 기독교 신앙에 대한 강력하고도 매력적인 변증이다.

찰스 콜슨 (*Charles Colson*)

Chapter 01

우리는 왜 세계관을 알아야 하는가?

이 책은 사람들이 특정한 방식으로 사고하는 이유에 관한 책이다. 이 책의 독자들은 서구에서 자랐거나 자라면서 서구의 영향을 많이 받은 사람들일 가능성이 높다. 그런 경우 대개 서구 문화에서 발달한 관점을 통해 세상을 바라보게 된다. 말하자면 그 세계관은 서구 문화권에서의 경험을 통해 형성되었다고 볼 수 있다.

세계관이란 무엇인가? 세계관은 당신이 세상과 세상 속에서의 당신의 위치를 이해하는 틀이다. 그것은 마치 세상에서 일어나는 일을 해석하기 위해 쓰는 안경과 같다. 당신이 컴퓨터를 좋아한다면 세계관은 당신이 경험하는 것들을 당신이 이해할 수 있는 0과 1의 숫자로 바꿔 입력할 내용을 정의하고, 어떤 건 의미 있게 받아들이고 포함시킬 것과 무시할 것을 결정하는 당신의 운영 체계(OS)와도 같다고 할 수 있다. 간단히 말해서 당신의 세계관은 당신이 상식이라고 생각하는 바로 그것이다. 그것은 무엇이 실재하는 것인지(형이상학), 내가 무엇을 알고 어떻게 아는지(인식론), 옳고 그름이 있는지, 있다면 그것을 어떻게 아는지(윤리학)와 같은 기본적인 철학적 질문에 대해 당신이 가장 본능적으로 보이는 반응이다.

그러나 세계관을 가지기 위해 철학자가 되어야 하는 것은 아니다. 철학자는 이런 문제에 대해 일반인보다 더 깊게 생각한다. 그러나 철학을 공부했는지 여부와 상관없이 당신은 세계관이 있기 때문에 이런 질문에 대한 직관적인 답변도 가지고 있다. 사실 모든 사람은 세계관이 있다. 세계관이 없다면 배우거나 결정하거나 가치와 우선권에 대한 결정도 내릴 수가 없다. 간단하게 말해 세계관 없이는 도무지 기능할 수가 없다.

세계관을 더 잘 이해하고 싶다면 이 질문을 먼저 생각해 보라. "무엇이 진짜인가? 물리적 우주는 실재하는가? 그것은 존재하는가?" (당신이 철학을 전공하지 않았다면) 단순히 이러한 질문들을 하는 것은 어쩌면 어떤 면에서 우스꽝스럽게 느껴질 수도 있다. 아마도 당신은 "당연히 물리적 우주는 존재하지! 무슨 말도 안 되는 질문인가" 라고 대답할 것이다. 그러나 문제는, 명백해 보이는 당신의 답도 다른 세계관을 가진 사람에게는 그리 명백한 것이 아니라는 점이다. 예를 들면 많은 아메리카 원주민들은 물리적인 우주를 꿈의 세계에 속한 부수적인 것으로 보았던 역사를 가지고 있다. 그 문화에서는 꿈이 우리가 깨어 있는 현실보다 더 현실이다. 모두가 상식으로 동일한 것을 생각하지 않는다. 다시 말해서 모두가 같은 세계관을 가진 것이 아니다.

세계관은 이와 같은 아주 기본적인 질문과 함께 인간이란 무엇인가를 포함하기도 한다. 나는 어디에서 왔는가? 우리는 동물과 다른가? 나는 다른 사람과 어떤 관계에 있는가? 나는 동물과 물리적인 세계와 어떻게 관련되어 있나? 나는 왜 여기에 있는가? 인생은 어떤 목적이나 의미가 있는가? 내가 죽으면 어떻게 되는가? 이런 것들은 인생의 커다란 질문이며 대부분의 사람들은 보다 철학적인 세계관의 질문과 마찬가지로 이런 종류의 질문에 대해 대답을 의식하고 있지는 않다. 그러나 의식을 하든 안 하든, 사람들은 매일의 삶에서 실제 적용이 되는 그런 질문에 대한 답을 지니고 있다. 당신이 다른 사람을 어떻게 대하는지를 보면 당신이 그들을 어떻게 생각하고 그들과 어떤 관계를 맺고 있는지가 명백하게 보인다. 동물과 물리적인 세상에 대해서도 마찬가지이다. 당신이 시간을 보내거나 스스로를 대하는 방법, 당신의 태도를 표현하거나 우선순위에 따라 실제로 사는 방법을 보면, 당신이 어디에 인생의 의미와 목적이 있다고 생각하는지도 명백해진다. 그러므로 당신은 의식적으로 알고 있지 않더라도 그 질문에 대한 답은 이미 가지고 있다.

사실 우리가 어떤 특정 세계관을 가지고 있다고 생각하더라도 실제로는 그렇지 않을 때도 있다. 예를 들면 환경에 대해 신경쓴다고 하고 그것이 우리가 생각하는 자아상의 일부라 하더라도 엔진 오일을 배수구로 흘려 버리기도 한다. 우리가 정말 가치 있게 생각하는 것을 의미하는 세계관은 행동으로 나타나기 마련이다. 세계관은 레이다에 잡히지 않고 막후에서, 아주 드물게만 검토되거나 분석되면서도 우리의 사고와 언어, 행동을 안내한다.

세계관과 문화

세계관은 우리가 사는 방식을 결정한다. 하지만 이것은 세계관이 중요한 이유 중 하나에 불과하다. 한 사회 속에서 성장한 사람들은 대부분 공통되는 세계관을 가지게 되어 있다. 사실 사회가 효과적으로 기능하거나 조금이라도 안정되기 위해서는, 적어도 세상과 진리와 도덕성에 대한 신념을 바탕으로, 인간이란 무엇인가와 우리가 서로 어떻게 관계를 맺는지에 대한 공통된 이해에서 비롯된, 핵심적인 가치에 대한 폭넓은 합의가 있어야 한다. 다원주의를 가치 있게 여기는 문화조차, 다원주의를 하나의 가치로 두면서 어떤 종류의 차이는 사회에 중요하지 않다고 보는 세계관적 합의가 작동한다. 어떤 경우에도 다원주의는 한계가 있다. 예를 들어 미국 문화는 종교적 다원주의를 허용하지만 몰몬교인의 일부다처제나 무슬림의 명예 살인, 힌두교인의 사티(과부를 죽이거나 자살하게 만드는 종교 의식)는 허용하지 않는다. 그러므로 다원주의 사회라 하더라도 다원주의가 적절하고 적절하지 않은 영역을 규정하는, 널리 받아들여지고 있는 세계관에 의존한다. 그런 합의가 없는 사회는 자멸할 것이다.

문화도 사람과 마찬가지로 세계관이 있고 세계관은 그 사회를 형성한다. 예를 들어 사람들이 무엇을 진리로 믿는지는 무엇을 가르치고 공부할 것인가와, 지식의 본질에 관한 신념을 결정한다. 윤리에 대한 의문은 법을 만든다. 인간됨에 대한 개념은 가족 구조에서부터, 노예를 둘 것인지 여부와 법과 정의의 원칙, 누구에게 어떤 권리가 있는지에 이르기까지 모든 것에 영향을 준다.

한 사회가 가진 세계관은 시간이 지나면서 바뀌기도 하고 그로 인해서 문화에 변화가 일어나기도 한다. 세계관은 보통 내부적인 논리나 새로운 사상과 압박에 의해, 서서히 진화한다. 때로 새로운 세계관이 들어와서 전에 있던 세계관을 밀어내고 새로운 문화적 합의가 이루어지는데 보통 그런 일이 일어날 때 그 결과는 새로운 세계관과 옛 세계관의 혼합물로 나온다. 가끔 사회, 정치, 종교적으로 불안해질 때 세계관이 뒤집히기도 한다.

즉, 한 문화나 문명을 이해하기 위해서는 그 세계관을 이해해야 한다. 왜냐하면 그 문화나 문명의 모든 성공이나 실패는 대체로 그 사회를 형성하는 기본 사상의 산물이기 때문이다. 사실 사회의 세계관은 필연적으로 그 사회의 신념에 따라 문화를 형성하는데, 그것은 세계관이 충분히 오래 살아남는다면, 논리적으로 사상의 영향을 받아 문화를 낳는다는 것을 뜻한다. 그리고 한 문명이 시간이 지남에 따라 왜, 어떻게 변화하는지 이해하고 싶다면, 그 문명의 주된 세계관의 변천사를 추적해 볼 필요가 있다.

이 책의 취지

이 책에서 나는 서구 문명의 발달을 로마 제국으로부터 21세기 초까지 세계관의 변화에 따른 관점에서 설명할 것이다. 정신사나 철학사처럼 들리겠지만 그렇지 않다. 세계관은 무의식적으로 존재하므로, 일반적으로 공식적인 철학사나 정신사에서는 세계관을 그리 많이 다루지 않는다. 그 대신 의식적으로 사상 체계의 발달을 제시해 온 엘리트 계층에 집중한다. 하지만 나는 특정 문화를 형성했던 기본적인 사상과, 그 사상이 서구 사회에서 어떻게 실제 삶으로 나타났는지에 관심이 있다. 철학에서 많이 다루는 지적인 엘리트 계층은 세계관의 형성에 아주 중요한 영향을 주기도 했지만, 이 책에서는 이들이 광범위한 문화에 어떤 영향을 주었는지 정도로만 언급할 것이다.

세계관은 우리의 존재와 도덕, 목적에 관한 본질적인 질문을 다룬다. 그래서 종교는 자연히 이 논의의 대상이 된다. 하지만 이 책은 공식적인 종교의 역사에 관한 책도 아니다. 역사적으로 볼 때 현대 서구 사회 이전에 존재했던 모든 사회는, 아마도 인생이 불안정하다는 것을 알았기 때문에, 본질적으로 종교적이었다. 죽음이 온 사방에서 사람들을 둘러싸고 있었다. 고기가 먹고 싶었다면 무언가를 죽여야 했거나, 누군가가 그렇게 하도록 돈을 지불했어야 했다. 19세기 전에는 도시에서 태어나는 사람보다 죽는 사람의 수가 더 많았다. (그래서 도시가 살아남기 위해서는 이민자를 받아들여야만 했다.) 영아 사망률은 엄청나게 높았고, 전염병과 기근은 흔했다. 로마 제국 사람들의 수명은 보통 서른 살이었다. 그런 세상에서 사람들이 삶의 위험에서 보호를 받거나 죽을 때의 소망의 원천을 찾기 위해 초자연적인 힘에 의지하며 살았던 것이 놀라운 일이겠는가?

결국 종교는 세계관을 이해하기 위해 꼭 필요하다. 서구의 역사에서 종교는 기독교를 뜻한다. 사실 많은 면에서 서구의 세계관의 역사는 기독교의 성장과 함께 등장한 성경적 세계관의 역사이자, 그로부터 천 년 후 문화적이고 지식적 엘리트 계층의 상당수가 사실상 거부한 결과, 성경적인 세계관으로부터 멀어진 운동에 대한 역사이다. 다시 한번 말하지만 나의 관심은 교회사, 그 자체에 있지 않다. 그보다는 기독교가 세계관과 문화에 끼친 영향에 있다.

독특한 서구의 세계관을 일으킨 주요 동력은 그리스 로마 문명과 기독교의 상호 작용이라 볼 수 있다. 그 역동성을 이해하기 위해서는 로마 제국의 세계관을 조망하는 것으로 시작할 수밖에 없을 것 같다.

Chapter 02

고대 로마의 세계관

로마 제국은 역설적이다. 지난 이천 년간 로마 제국은 무엇이 위대한 문명을 만드는가에 대한 서구 사상을 지배했다. 로마 제국이 위대했다는 사실은 의심할 여지가 없다. 가장 위대했을 당시 로마 제국은 영국 북부에서 북아프리카, 페르시아 국경에서 대서양에 이르는 지역을 천하무적의 군대로 정복하여 통치했다.

활발한 교역, 문학과 예술, 유능한 정부, 법치는 로마 문명의 특징이 되었다. 그 로마 시대에는 평화와 번영이 지배했다. 원래는 로마의 군인들을 위해 지어졌지만 결국 무역과 여행에 사용된 고대 로마의 도로에서부터 송수로, 신전, 대경기장, 목욕탕, 궁전, 정원, 정부 청사에 이르기까지 로마의 공학 기술의 업적은 지금도 경이롭다. 로마 제국 국경의 바깥쪽에 살던 야만족이 로마의 통치를 받는 이점을 누리고자, 국경을 넘어 로마 제국 안으로 이주하고 싶어 했던 일은 전혀 놀랍지 않다.

그러나 로마에는 어두운 면도 있었다. 로마의 경제와 이 모든 공학 기술적 업적은 노예 노동의 결과였다. 빚을 갚기 위해 할 수 있는 것이라고는 자신과 자녀를 파는 것밖에 없을 만큼 가난한 사람들과 전쟁 포로, 로마의 지배에 반란을 일으킨 사람들이 노예를 구성했다. 반란이 있을 경우 로마의 권위에 감히 대항하지 못하게 경고하기 위해, 반역자는 길에서 죽기까지 고문을 당했고 잔인하고 효율적인 방식으로 진압되었다. 규정을 따르지 않는 것도 위험한 행동이었다. 어느 정도까지는 용인이 되었지만, 그 이상의 경우에는 목숨을 각오해야 했다. 사실 사람들은 대중의 오락을 위해 검투사의 결투나 다른 구경거리로 공공연히 죽임을 당했다. 자유는 신분이었다. 자유인이라면 노예는 아니었지만, 그렇다고 오늘날 자유에 대한 견해와는 전혀 달랐다. 사회에서 가장 높은 계층에서도 배반과 독살, 암살은 흔했다. 로마가 쇠락하던 당시의 폭음과 성적으로 타락했던 수준은 아주 유명했다.

뼛속까지 부패한 상황과 화려한 제국이라는 로마의 이 두 가지 그림을 어떻게 해석해야 할까? 사실, 로마 제국의 세계관으로부터 이 두 가지 모습이 자연스레 나온 것이라는 관점에서 보면 이 둘 다 이해가 된다. 그 세계관은 이교 사상의 맥락 안에서 비롯되었고, 그 사상은 그리스 철학의 토대가 되었다. 플라톤의 철학적인 접근은 분명 그 시대의 세계관을 가능한 가장 체계적으로 설명한 것이다. 그러므로 이교도 신앙과 신플라톤주의(로마 제국 내에서 플라톤의 사상이 취했던 우세한 철학과 형태)를 이해하는 것은 우리가 로마의 세계관과 로마의 모습을 이해하는데 도움을 준다.

로마 시대의 종교

로마 제국은 각 지역의 토속 종교와 (그리스 로마의 전통 신 등) 신화적 체계로 발전한 신들, 동양의 "신비 종교"와 유대교에 이르기까지, 놀랍도록 많은 종교적 선택지가 있었다. 유대교를 제외하고는 이 모든 종교가 광범위하게 이교의 범주에 속했다. 이교도(Pagan)라는 용어는 라틴어에서 시골을 뜻하는 "*Pagus*"와 시골 사람을 뜻하는 "*Pagani*"로부터 왔다. 그 용어는 로마 제국 내에서 기독교가 우세한 종교 세력이 되었을 때, 옛 종교를 따르던 사람들을 지칭했던 것 같다. 기독교가 주로 도시의 종교였으므로 옛 종교를 따르는 사람들은 거의 시골에 살았다. 시골에 사는 사람들(*Pagani*)이라고 이들의 종교를 "이교(pagan)"라 지칭했다. (같은 일이 영국에서도 일어났다. 히스(Heath)에 살던 사람들이 옛날 신들을 숭배했기 때문에 이교도, 야만인(*heathen*)이라는 단어가 생겼다.) 이교는 세계관의 토대가 되는 기본적인 철학적 질문에 대한 답변 등 몇 가지 공통된 특징을 가지고 있다.

- **로마의 전통 종교**

이교도의 신앙은 흔히 자연 숭배와 관련되어 있다. 인공 조명이 있고 기후를 조절할 수 있는 시대가 도래하기 전에 살았던 사람들은, 자연의 질서에 민감하였다. 특히 삶이 자연 요소에 좌우된다는 현실을 충분히 자각하고 있었다. 농작물은 날씨가 너무 덥거나 춥거나 습하거나 건조하면, 망가지거나 결실로 이어지지 않았다. 화산과 지진, 홍수, 폭풍은 언제든지 삶을 끝장내 버리거나 사람들을 천천히 굶어 죽게 만들 수도 있었다. 질병은 사람들이 열심히 일해서 이룬 것들을 모두 초토화시켰다. 그들은 자연 속에서 자신보다 큰 초월적인 힘의 근원을 보았기 때문에, 생존을 위해 그 초월적 힘을 달래 보려 한 것은 놀라운 일이 아니다. 대부분의 이교 신은 처음부터 자연의 힘과 관련이 있었다. 모든 신의 왕인 로마 신화 속 주피터(제우스)도 폭풍의 신이었다. (그래서 그가 번개를 치는 것이다.)

종교의 주된 기능은 신들을 기쁘게 해서, 신들이 사람들을 파괴하지 않도록 하거나 조금 상냥한 신들이 자연계를 축복해서 사람들을 돕도록 만드는 것이었다. 예를 들면, 많은 이교의 신은 비옥함과 관계가 있었고, 농작물이나 가축이 잘 자라게 하려고 제사 의식을 치렀다. 그래서 고대 중동에서는 땅에 비가 내리고 농작물이 자라게 하려고, (하늘의 신) 바알이 (땅의 여신) 아쉐라와 성관계를 하도록 부추기는 방법으로 이교 신전에서 성창(聖娼)들이 제사를 지내러 온 사람들과 성관계를 하는 것이 제사 의식에 포함되어 있었다.

그리스 로마 시대에는, 이런 기본 신념이 자연을 넘어 전쟁(Mars-아레스)과 구걸, 거짓말, 도둑질(Mercury-헤르메스), 금속 공예(Vulcan-헤파이스토스), 음악과 시(Apollo-아폴론), 성(Venus-아프로디테) 등 인간의 다른 행위로 확대되었다. 자연 세계에서 신은 본질적으로 삶의 특정 영역이나 자연계의 최고 통치자였고, 제례 행위는 주로 그 영역에서 그 신의 권위를 인정함으로써, 그 신으로부터 반갑지 않고 적대적인 관심을 받지 않기를 바라는 마음에서 드려졌다. 예를 들자면, 배의 선장과 선원은 바다로 항해를 떠나기 전, 바다에서 넵투누스(Neptune-포세이돈)의 권위를 인정하고 그가 소유한 영역을 무사히 지나가게 해 달라는 의미로 제물을 바치는 의식을 행했다.

다시 말해 대부분의 예배자에게 신들은 두려움의 대상이었지 사랑의 대상이 아니었다. (일례로 메소포타미아에서처럼) 사랑의 표현을 할 때에도, 그것은 복종을 뜻하는 것이지 감정적인 애착의 표현이 아니었다. 종교 의식은 신들을 달래기 위한 것이었지 기쁘게 하기 위한 것이 아니었다. 신들과의 감정적인 교류라기보다는 신들이 예배자를 해치지 않도록 회유하려는 바람만 있었다. 올바른 형식과 의식을 따르고 올바른 기도와 제물을 드림으로써 예배자가 하거나 하지 않은 그 무엇이 신들을 화나게 하지 않기만 바라는 것이었다.

한가지 흥미로운 예로, 로마의 가정에는 그들의 조상의 사당이 있었다. 로마에서 아버지는 가족 구성원을 죽고 살릴 권한이 있을 정도로 한 가족의 최고 통치자였다. 사실 모든 법적인 영역을 포괄하였던 로마법에도 따로 가족 관련 법규는 거의 발달하지 않았다. 그 이유는 아버지의 권위가 워낙 강력하기 때문이었다. 단순히 아버지가 곧 그 가정의 법이었다. 그러나 아버지가 돌아가시면, 많은 가정에서 대대로 이어온 가장들의 사당에 모신 후, 그 사당에서 향을 피우고 제사를 지냈다. (특별히 돌아가신) 아버지는 한 가정의 최고 통치자로서 종교 의식의 적절한 대상이었다.

신들이 자기 분야의 최고 통치자라는 신념은 황제가 어떻게 신으로까지 여겨지고 그들의 신상 앞에 향을 피우게 되었는지를 설명한다. 그것은 아마 황제를 정치 영역에서 최고의 인물로 인정하고, 그에게 돌려 마땅한 충성과 경의를 표하는 방법이었을 것이다. 유일신을 믿기 때문에 이교의 행사에 참석하지 않아도 되는 특혜를 받은 유대인을 제외하고는, 황제의 조각상 앞에서 향을 피우지 않는 것은 그의 정치적 권위를 인정하지 않는 것이었다. 순전히 단순하게 그것은 반역죄였다. 유대인이 아닌데도 황제를 숭배하기 거부했던 자들은 고문과 죽임을 당했다.

다행히도 이교도에게는 이것이 문제가 되지 않았다. 이교에서는 하나의 신이나 한 그룹의 신만 숭배해야 한다는 신앙이 요구되지 않았다. 많은 이교도는 신이 특정 지역에 한정되는 존재라 믿었기 때문에 다른 지역으로 이사가게 되면 자연스럽게 신도 바꿨다. 그러한 종교 체계에 하나 혹은 몇 개의 신들을 더하는 것은 문제될 것이 없었다. 이교도 지역에서는 더 많은 교육을 받은 이들에게 이것이 관대하고 포용적인 것으로 여겨지기까지 했다. 이런 태도는 도덕적이며 세계적인 것으로 여겨졌을 뿐 아니라 실용적인 가치도 있는 일이었다. 로마의 통치에 대항하는 종교적 반란을 방지하기도 했기에, 사람들은 이런 포용적인 태도를 로마 제국의 힘의 원천으로 보았다. 게다가 로마를 지지하는 신들은 많으면 많을수록 더 좋아 보였다.

• 신비주의 종교

로마 제국에서 모든 이도교가 전통적인 종교 집단[1]의 형식적인 제사에 만족했던 것은 아니었다. 어떤 사람은 당시의 일반적인 종교에서 가능했던 것보다 자신의 신과 더욱 친밀하고 정서적인 관계를 원했다. 제국이 지중해 동쪽과 이집트로 확장됨에 따라 그 지역의 새로운 종교가 로마 제국 안으로 밀려 들어오기 시작했다. 이중 일부는 로마의 전통 토속 신앙(이교)와 본질적으로 같은 기능을 했지만, 어떤 종교는 예배자에

---

1. 이 책에서 종교 집단(cult)이라는 단어는 "한 종교의 교인을 정의하는 종교 의식을 행하는 집단"이라는 인류학적 의미로 사용되었다. 위험하고 종교적인 비주류 이단이라는 의미에서 사용되지 않았다. 모든 종교는 전술한 단어의 의미에서 볼 때 모두 종교 집단(cult)이다.

게 더 많은 것을 요구했다. 이집트의 이시스(Isis)와 오시리스(Osiris), 중동과 페르시아 지역에서 온 키벨레(Cybele)와 헤카테(Hecate), 그리스에서 온 디오니소스(Dionysius) 등 많은 신들은 다른 이교와 마찬가지로 풍요에 관한 신이었고, 페르시아의 미트라(Mithras) 혹은 무적의 태양신(Sol Invictus)처럼 풍요와 관련이 없는 신도 있었다.

이러한 "신비주의 종교"와 전통적 이교와의 차이점은, 예배자에게 구원과 신비로운 경험을 신들이 약속했다는 점이다. 예배자는 신화와 의례, 의식을 배우고, 제사에 적절한 방식으로 참여함으로써 그 종교 집단의 더 은밀한 집회로 인도되었다. 또한 그 신들의 신화적인 제례에 참여함으로써 신과 하나가 되며 구원을 받았다. 여기에는 주로 죄로부터 정결하게 하는 목욕 의식과 집단 축제가 포함되었다. 일례로 미트라의 신화에 따르면, 미트라는 괴물 황소와 싸우다 그 황소를 죽였는데 제사 의식의 시작 단계에서 미트라를 숭배하는 사람들은 황소를 제물로 바치고 그 피에 목욕을 하였다. 우리로서는 징그럽게 느껴지는 장면이지만, 이것은 신화에서 발생한 사건과 사람들을 연결해 주는 상징이자 동질감을 느끼게 해 주는 수단으로써, 부인할 수 없을 만큼 강력한 제사 행위로 보인다.

다른 이교와 만찬가지로 이런 신비주의 종교는 배타적이지 않았다. 누군가가 하나 이상의 종교 집단의 은밀한 신비 속으로 깊이 빠져들 수 있었을 것 같지는 않지만, 종교 집단의 가장 심오한 비밀을 알게 된 사람도 다른 전통 제사 의식에는 적당히 참여했다. 신비주의 종교 집단이라 할지라도, 그 신들은 배타적인 헌신을 요구하거나 기대하지 않았으며, 다른 신들도 그 영향권 안으로 들어갈 때에는 받아야 마땅한 헌신을 요구했다.

- **신플라톤주의: 현실, 진리와 지식**

종교적 다양성에도 불구하고 로마 제국의 이 모든 이교 사이에는 몇 가지 핵심적인 신념이 서로 일치했다. 제국 안팎의 모든 이교는 신과 인간이 모두 자연의 일부라는 생각에서 비롯된 자연 숭배 사상에 그 뿌리를 두고 있었다. 로마 제국 시대에 그런 신념은 여러 가지로 나타났다. 플라톤의 철학과, 그의 철학적·종교적 계승자들이 이러한 사상을 가장 체계적이고 대중적으로 발달시켰다.

그리스 로마 시대에는 철학을 가르치는 학파가 많이 있었지만 플라톤학파가 그중 가장 뛰어났다. 대립하던 철학 학파라 하더라도 플라톤학파로부터 그들의 핵심 사상들을 자주 가져왔다. 플라톤의 글은 고금을 통틀어 대부분의 다른 어떤 철학자의 글보다 이해하기 어렵다. 그러나 그의 철학의 기본 원리는 매우 분명하며, 특히 세계관 차원에서 볼 때 더욱 그렇다.

우리가 플라톤이나 그의 세계관을 이해하기 위해서는, '무엇이 실재하는가'(형이상학), '무엇을 알 수 있는가', '그것을 어떻게 알 수 있는가'(인식론)에 관한 기본 질문들로 되돌아 가야 한다. 고전적 사고에서 인식론은 형이상학에 의존하고 있으므로 이 두 분야는 떼어놓을 수가 없다. 무엇이 현실인가의 문제가 무엇을 알 수 있는지를 결정한다고 볼 수 있는 것이다.

대체, 무엇이 실재인가?

형이상학에서 가장 중요한 질문은 "일자와 다자"(the one and the many)의 문제라고도 알려진 전체와 개체의 문제이다. 기본 문제는 단순하다. 여름날 떡갈나무를 상상해 보라. 거기에는 수천 개의 이파리들이 있지만 그중 정확히 똑같은 이파리는 하나도 없다. 모양과 크기와 색깔이 비슷하지만 정확하게 똑같지는 않은 것이다. 떡갈나무의 종을 바꾸면 이파리 모양은 더욱 달라질 것이다. 단풍나무, 사시나무, 버드나무와 장미나무를 보자. 모두 다 원래 있던 이파리와는 더더욱 다르다. 그러면 만약 모든 이파리가 서로 다르다면 어떻게 이 모두 다른 대상 전체를 묘사하기 위해 한 단어(*이파리(leaf)*)를 사용할 수 있을까? 달리 말해서, 이파리라는 단어로 대표되는 전체(universal)는 각각의 이파리인 개체들(particulars)과 어떻게 연관이 되는가?

철학자들은 당연히 이것보다는 훨씬 더 복잡한 문제라면서 불쾌하게 여길 수도 있겠지만, 이 문제를 풀 수 있는 두 가지 접근 방법은 다음과 같다. 첫 번째 접근법은 대부분의 현대 서구 사람들이 선택한 방식으로 사실주의라고 불린다. 고대 아리스토텔레스가 택한 이 접근 방식은 물리적 세계에서 개체(각각의 이파리)는 현실의 근간이 되며, 개체가 전체 혹은 그들 사이를 연결하는 이데아로부터 독립적으로 존재한다고 주장한다. 추론이라는 과정을 통해서 개체로부터 몇 가지 특질을 뽑아낼 수 있는데 그것이 전체를 정의한다. 전체(the *Leaf*)는 실재하지만 그것은 개체(the leaves)로부터 추출되었기 때문에 부차적인 실재라는 것이다.

아리스토텔레스 이후 몇 세기가 지나 사실주의는 서구에서 주류가 되지만, 고대에는 전체의 문제를 두 번째 방식으로 접근하는 경우가 압도적으로 많았다. 플라톤이 택했던 이 접근 방식은 개체가 (싹으로 나서 이파리로 자라고 색이 변하고 죽어 나무에서 떨어져 흙으로 돌아가는 것과 같이) 계속 변하기 때문에 개체가 현실의 근본적인 기반이 되지 못하다고 보았다. 현실은 변하지 않고 변할 수도 없는 무엇에 바탕을 두고 있어야 한다. (적어도 플라톤에 따르면) 물리적 세계는 계속해서 변화하고 우리가 아는 것 중에서는 이데아만이 변하지 않기에, 궁극적인 현실은 비물리적 세계인 이데아에 토대를 두어야 한다. 그러므로 전체, 곧 이파리(the Leaf)에 대한 이데아가 본질이다. 형상이나 원형이라고 불리는 전체인 이파리는 그림자를 드리우고 형상을 만들면, 그것이 우리가 물리적 세계에서 보고 경험하는 개체인 이파리가 된다. 개체가 현실이기는 하지만, 개체는 전체인 이파리(the Leaf)와의 관계에 토대를 둔 부차적인 존재이다. 이 접근 방식에서는 이데아가 본질이므로 이것은 *관념론(Idealism)* 이라 불린다.

  사소한 학술적인 문제처럼 보이겠지만, 전체의 문제에 대한 이러한 답은 보기보다 더 큰 영향을 준다. 예를 들어 인식론과 형이상학의 관계는 훨씬 더 명확해진다. 플라톤학파에서 이데아는 현실의 바탕이므로 분명한 사고와 논리는 세상을 이해하는데 있어 최고의 접근법이다. 그 결과, 물리적 세계가 왜, 어떻게 그렇게 돌아가는지를 설명하기 위해 관찰과 실험을 최소화하는 대신 논리와 미학, 철학적인 개념을 사용하게 되었다.

  자연을 이러한 방식으로 사유하는 것은 그리스 사상의 근본이 되었고, 아리스토텔레스가 과학에 접근하는 방법조차 형성했다. 현실주의자로서 아리스토텔레스는 (자연이 돌아가는 방식인) 개체를 보고, 그 개체로부터 전체와 그 행동 법칙을 추출하는 것이 당연했다. 하지만 아리스토텔레스는 실험보다는 논리와 철학이 물리학과 모든 지식 분야를 이해할 수 있는 적절한 방법이라고 생각했다. 확실하게 하기 위해 관찰도 했지만 그의 물리학에 대한 접근은 실증적인 관찰보다는 논리적 추론에 기반을 두었다. 캘리포니아주 버클리 대학의 천체 물리학자 조지 스무트(George Smoot)는 이를 다음과 같이 설명했다.

> 아리스토텔레스의 물리학에 경험과 관찰이 어느 정도 있기는 했다. 그러나 과학을 철학적으로 접근하는 것이 중심이었기 때문에 자연 법칙이 그 철학적 관점에 맞게 구성되었다. 자연을 이런 식으로 연구한 결과, 아리스토텔레스는 여자가 남자보다 치아의 수가 적다는 이상한 진술도 하게 되었다. 아리스토텔레스는 정확한 관찰자가 아니었거나, 수를 세지 못했거나, 여자에 대한 이상한 취향이 있었던 것이다.[2]

여기서 중요한 것은 현실주의자로서 아리스토텔레스가 관찰보다 자신의 사고를 중요하게 생각했다는 점이다. 이는 단순히 그가 논리와 사고를 진리의 열쇠라고 생각하던 그 시대 사람들의 세계관을 가졌기 때문이었다. 이런 기본적인 신념이 그의 사고를 형성했기 때문에 그는 자신의 인식론이 자신의 형이상학으로부터 단절된 것조차 알지 못했다. 즉, 그가 물리적 세계를 알고자 사용한 방식은 전체보다 개체를 중시함에 따라 논리보다 관찰을 우위에 둔다는 본인의 신념과 일치하지 않았

---

2. 조지 스무트, "아리스토텔레스의 물리학", http://aether.lbl.gov/www/classes/p10/aristotle-physics.html.

다. 자연 세계에 대한 지식을 어떻게 습득할 것인가에 관한 질문에 대해서는 나중에 중세 시대 과학과 과학 혁명을 검토할 때 더 자세히 알아보겠다. 지금은, 전체의 문제에 대한 해결책은 삶의 다른 영역으로 연결된다고 하는 것만으로도 충분하다.

신플라톤학파 종교

플라톤의 형이상학은 전체의 문제를 해결하는 것으로 끝나지 않았다. 플라톤과 특히 그의 추종자들은 신플라톤주의라는 운동에서 그의 이상적인 형이상학을 발전시켜 신의 본질로부터 땅의 존재까지 모두를 설명하는 체계로 만들어 냈다.

플라톤은 무언가 두 개를 측정할 수 있는 완전한 기준이 없이는 그 어떤 것도 다른 것보다 좋거나 나쁘다고 판단할 수 없다고 논평하였다. 우리가 비교를 할 때마다 개체를 전체, 형상 혹은 원형, 즉 비교할 때 사용할 절대적인 기준을 제공하는 이데아의 세계의 이상에 비교한다. 그런데 어떤 영역은 겹쳐서 진리는 분명히 선(善)과 관련이 있고 아름다움도 선과 관련이 있다. 그런데 어떻게 서로 다른 형상의 그림자가 선하며, 진리인 동시에 아름다운 것으로 모아질 수 있을까? 플라톤은 논리적으로 이 모든 것에는 하나의 원형이 있다고 주장했다. 그는 그 원형을 일자(the One), 혹은 신(God)이라 불렀다.

신플라톤학파의 신은 비인격적이고 의지나 욕구가 없기에 그것을 바탕으로 일하지 않는다. 대신 존재의 선함 때문에 (발산이라고도 불리는) 신은 그림자를 드리우고, 그림자는 다른 그림자를, 또 다른 그림자를 드리우며 각 그림자는 결국 점점 덜 순수하고 덜 영적인 것이 되며, 결국 위계 질서 혹은 존재의 사슬의 끝에서는 흙이 된다. 그렇게 이 우주의 모든 것은 서로 연결되며 궁극적으로는 신 안에서 그 근원과 근본적인 성질을 발견한다. 이렇게, 플라톤의 철학은 종교가 되었다.

신플라톤주의는 로마 제국에서 교육을 받은 계층에게 가장 흔한 종교였다. 그 목적은 영적인 사색을 통해 신과 신비롭게 하나가 되는 것이었다. 그러나 신플라톤주의자에게 존재의 사슬 끝에는 신이 하나만 있더라도 여러 이교 종교 집단이나 황제 예배에 참여하는 것은 아무런 문제가 되지 않았다. 다른 신들은 일자(the One)로부터 발산된 것처럼 보였고, 신적인 면에서 예배를 받을 가치가 있었다. 이것은 황제의 지휘권과 어떤 문제도 일으키지 않았다.

중요한 차이점이 있지만, 신플라톤주의는 많은 면에서 불교와 비슷했다. 둘 다 모든 것과 근본적으로 연결된다고 믿었지만, 불교는 모든 것이 하나라 믿었고 신플라톤주의는 존재의 위계 속에서 서로를 연결시켰다. 둘 다 사색이나 명상을 통한 근본적인 현실을 신비적으로 경험하는 것을 그 목적으로 삼았다. 둘 다 궁극적인 현실은 비인격적인 것이라 보았다. 둘 다 그들의 종교적 믿음의 하부를 구성하는 것으로써 많은 신들을 숭배하는 것을 용인했다. 둘 다 본질상 철학이 종교가 된 것이다.

- **철학과 신화**

신플라톤주의의 이교와 이교 신화와의 관계는 사실 단순히 의식에 참여하는 것보다는 훨씬 깊다. 플라톤보다 앞서 있었던 많은 그리스 로마 신화는 플라톤의 사고와 공통된 세계관을 가지고 있다. 가장 좋은 예는 신화에 나오는 생물이 다른 생물로 계층을 넘나들며 변신하는 것이다.

그래서 님프가 꽃이나 나무로 변하고, 사람이 신이나 동물로, 조각상이 살아나거나 신이 사람과, 사람이 동물과 자손을 낳기 위해서 관계를 하기도 한다. 사실 '황금가지(The Golden Bough)'나 불핀치(Bullfinch)의 '신화(Mythology)'와 같은 신화에 대한 고전적 연구를 보면, 한 장 전체가 한 생명체에서 다른 생명체로 변신하는 이야기로 되어 있다. 로마 제국 시대에도 이는 잘 알려져 있었다. 오비디우스는 '변신 이야기'라는 책을 썼는데, 이런 종류의 이야기를 모은 모음집이었다.

이것이 세계관과 무슨 상관이 있을까? 이 이야기들이 단순한 마법이나 기적의 이야기가 아니라는 것, 순전히 분량만 봐도 뭔가 중요한 것이 있음을 알 수 있다. 이것들은 자연 세계와 신과 인류가 서로 연결되어 있다는 근원적인 세계관이 반영된 것이다. 현실의 다른 단계들 간에 연결이 매우 강해서 적절한 상황에서 존재들이 하나에서 다른 것으로 변신이 가능할 만큼 그 상관관계가 엄청나다.

결국 위계가 있기 때문에 당연히 계층 간 모든 존재들이 평등하다는 것을 뜻하지는 않는다. 일자(The One)에 가까울수록 영이 순수한 존재이고 우주 질서 안에서 신분이 높다. (이원론으로 불리는 것처럼) 영은 물질보다 우월하고, 영적인 존재는 물질적인 존재보다 높다. 그러므로 신들은 엄밀히 말해 물리적 존재는 아니지만 물리적 대상에 연결되어 있는 님프보다 우월하다. 님프는 순전히 물질적인 생명체보다는 우월하다. 이성적인 존재로서 사람은 동물보다 우월하다. 감각이 있는 존재로서 동물은 식물보다 우월하다. 살아 있는 존재로서 식물은 바위보다 우월하다.

로마 사회에서 이 모든 것은 무엇을 의미하는가?

존재의 위계라는 것은 고대 이교 문화의 일부였던 계층의 가치를 철학적인 용어로 설명할 수 있는 편리한 방법이었다. 다시 말해서 그것은 단순히 형이상학적 체제가 아니었고 (어떻게 인지하는가의 문제인) 인식론과 윤리학의 바탕이 되었다. 우리는 무엇이 우세하고 열등한지 알기 때문에 무엇이 옳고 그른지 결정할 기본을 갖추게 된다. 계급이 높을수록 아래에 있는 것들보다 권력이 있고 권리와 특권을 주장할 수 있다. 초식 동물은 음식으로 식물의 생명을 요구할 수 있다. 육식 동물은 초식 동물의 생명을 가져갈 수 있다. 인류는 둘 다 죽일 수 있다. 그리고 신들은 인간에게 어떤 헌신이든 요구할 수 있다.

- **인간 생명의 가치**

대부분의 이교는 역사상 반드시 인신 제사를 행했다. 켈트족에게 중요했던 세 종류의 신은 각기 다른 방법으로 인신 제사를 요구했다. 타라니스는 머리를 도끼로 후려치는 것이나 번제를 요구했고, 에서스는 교살을, 테우타테스는 익사를 요구했다. 이 제사를 주도하던 드루이드교 사제는 전쟁 포로를 버들상자에 넣어 산 채로 그 신들에게 태워 바치는 것으로 잘 알려져 있었다. 고대 노르웨이에서도 인신 제사가 널리 퍼져 있어서, 스웨덴 웁살라의 한 신전에서 행했던 인신 제사에 대한 기록은 문서로 가장 잘 기록되어 남아 있다.

그리스와 로마 사람들도 역사 초기에 인신 제사를 지냈다. 그리스 전설은 미케네 시대의 인신 제사를 이야기한다. 그러나 플루타크에 따르면 그리스 사람들은 기원전 480년 살라미스 전투 직전, 페르시아 전쟁

때까지도 인간을 제물로 바쳤다. 로마 사람들은 보통 신들에게는 인간을 제물로 바치지 않았지만, 공화정 시대에는 인간을 *조상(망자)의 영혼*에게 제물로 바쳤다. 고고학자들이 이런 희생자 일부의 무덤을 발견했는데 산 채로 로마의 벽에 묻히기도 했다. 로마인은 다른 경우에도 희생자를 산 채로 벽에 묻었는데 칸나이에서 한니발에게 패하자 인신 공양을 벌인 일은 가장 유명하다. 이 모든 경우에 이유는 대부분 같았다. 신(또는 망자의 영혼)이 인간의 생명을 원했거나, 아니면 적어도 가치가 있다고 여겼기 때문에 그 신들에게 경의를 표하거나 신의 비위를 맞추기 위해 사회에서 처분이 가능하다고 본 사람을 죽이는 것은 완전히 적절한 일이었다.

공화정 후기와 제국 시대에 이런 관행은 거의 없어졌지만, 로마인은 켈트인이 인신 공양을 계속했기 때문에 이들을 야만인이라 여겼다. 그러나 로마인이 신들이나 조상의 영을 위해서 사람을 더 이상 죽이지 않는다고 해서 그들이 갑자기 인간 생명을 가치 있게 여긴 것은 아니다. 그들은 죽은 사람을 기리기 위해 경기를 열어 사람들을 죽기까지 서로 싸우게 하는 에트루리아의 관행을 이어받아 그것을 장례식이 아니라 대중 오락의 한 형태로 만들었다. 경기장에서 싸우고 죽은 노예의 피의 대가로 검투사의 결투와 서커스의 다른 구경거리는 대중을 즐겁게 하고, 후원자의 명성을 높였다. 로마의 권위자가 감히 그 권위를 의심하거나 권위에 도전하는 사람에게 타의 추종을 불허하는 잔인함으로 대한 것은 일상이었다.

사람들 사이에서도 자연스러운 계급이 있었기 때문에 이것도 존재의 위계를 표현했다. 사람을 동물보다 높은 위치에 둔 까닭은 이성 때문이었다. 이성은 사람을 영의 세계와 이데아와 형상의 세계에 가깝게 했다. 가치 체계 안에서 영으로 인도하는 것은 물질로 인도하는 것보다 우월했다. 그러나 모든 사람이 다른 사람만큼 이성적인 것은 아니었다. 예를 들어 남자는 물리적으로 명백히 여자보다 우월했을 뿐 아니라 본질적으로 여자보다 이성적이라고 여겨졌다. 따라서 남자가 여자보다 권위가 있는 것이 당연했다.

- **노예 제도**

그러나 남자 중에서도 어떤 사람은 다른 사람보다 지적으로 더 능력이 있었다. 그리고 이 우월한 사람들이 사회를 지배하는 것은 적절했다. 플라톤의 공화국에서는 철인왕이 통치해야 했고 그 사회 질서에 따른 위계에서 각 사람은 능력에 따라 본인에게 알맞은 위치가 주어졌다. 현실 세계에서 거의 다윈의 적자생존적인 사고방식이 우세했다. 재산과 혈통과 권력은 누가 누구보다 더 우월한지를 결정할 기준이 되었다. 사회에서 가장 높은 계급에 있는 사람들은 대중보다 우월하다는 점 때문에 사회에서 자연스럽게 지도자로 보였다. 사실 *귀족(aristocracy)*이라는 단어는 문자 그대로 "최고위층의 통치"로 번역된다. 나머지 시민은 (부와 교육을 받은 정도에 따라 단계별로) 그 다음에 있었고, 노예가 사회의 밑바닥에 위치했다.

노예는 자유인에 비해 본질적으로 열등하여 삶에서 그 자리보다 더 나은 것을 받을 자격이 없는 사람으로 여겨졌고 아리스토텔레스는 그들을 동물보다 조금 나은 "살아있는 도구"라는 서열을 매겼다. 빚을 진 사람은 자신과 가족을 돌볼 능력이 없음을 보여주었기 때문에 진짜 그렇게 여겨졌다. 패자는 승자보다 열등하다는 것을 나타냈기에 범죄자나 전쟁 포로도 그렇게 여겨졌다.

만약 노예가 자격이 있다고 증명되면 그는 "노예 해방(manumission)"이라는 과정을 통해 자유를 얻을 수 있었다. 자유의 몸이 된 노예는 평범한 노예보다 훨씬 우월하며, 사회 안에서 자신의 적절한 위치를 나타내 주는 것으로 보아 자유인이라는 신분을 메달로 여겼다. 즉, 그들도 사회가 존재의 위계에 따른 자연 사슬을 따랐다는 것을 알았고 스스로 다른 노예보다 우위에 있다는 점을 보여주기 원했다.

- **일과 부**

이러한 세계관의 또 다른 결과는 경제에 대한 사고방식과 관련이 있다. 로마 공화국의 초창기(로마 제국 전) 및 초기 그리스 시대에 귀족들은 자기 땅에서 하인과 노예들과 땅을 경작했다. 공화국이 확장되면서 카르타고와 헬레니즘의 그리스 문화를 만나게 되고 이 사상이 로마로 퍼져 들어가 로마 지식인 사이에서 눈에 띄는 태도의 변화가 나타났다. 과거 그리스에서 그랬던 것처럼 이제는 영적인 사색이 물리적 세계에서 노닥거리는 것보다 고상한 것으로 보였다. 로마의 귀족은 *장원(latifundia)*이라고 불리는 노예가 일하는 큰 농장을 만들고, 아름다운 미술품과 정원, 집 등과 함께 점차 사치스러운 생활을 하기 시작했다. 영적인 것을 사색하고 아름다움 가운데 사는 것보다 인생을 더 잘사는 방법이 있을까? 결국 일자(the One)는 선(Good)과 참(True)과 함께 아름다움(Beautiful)의 근원이 아니던가?

안타깝게도 로마인이 영적인 사색을 하며 추구했던 사치로 인해 그들은 육체를 충족시키는 행위를 거침없이 하게 되었다. 자주 그렇듯 사치는 폭음과 성적으로 난잡한 무절제로 이어졌다. 점토로 만든 석유등으로부터 로마 가옥의 벽을 장식했던 다양한 외설적인 형상은 로마 제국 시대 로마인의 성에 관한 집착을 충분히 증명한다. 게다가 사회 계층이 높아질수록 성적인 행위는 더욱 변태적이고 그 수위가 높아지는 경향이 있었다. *펜트하우스* 잡지가 로마 황제 칼리굴라의 인생에 대한 자전적인 영화를 제작했던 것을 그 증거라고 보면 된다.

엘리트 계층의 사람들이 세련되고 방탕한 삶을 즐기는 동안 누군가는 그들의 생계를 책임져야 했다. 생산적인 노동은 물질 세계의 일을 다루기에, 아래 계급 사람이나 노예처럼 열등한 사람에게나 어울리는, 품위를 손상시키는 일로 보였다. 귀족의 장원은 로마 경제의 중추였던 작은 가족 농장을 무너뜨렸고 농업 생산은 노예에 의존하는 산업이 되었다. 로마 제국 전성기에 말 그대로 모든 경제는 노예 노동에 의지하고 있었다. 사실 로마인은 물레바퀴와 노동력을 아낄 다른 기술을 알면서도 사용하지 않았다. 일해 줄 노예가 있는데 왜 굳이 설비 투자를 하겠는가?

그러나 개인적인 산업만 노예 노동에 의존했던 것은 아니었다. 국가도 노예를 부려 물건과 특히 군인을 제국의 이곳저곳으로 보낼 길을 만들었다. 황제와 귀족의 위세를 강화할 거대한 모든 공공 건축물도 노예 노동에 의존했다. 존재의 위계에 의한 가치 구조는 열등한 자가 우월한 자를 섬기고 높여야 한다고 했다. 신들이 자기를 영광스럽게 할 사원과 신상이 필요하다면 황제와 귀족도 *자신*을 영화롭게 할 것이 필요했던 것이다.

부분적으로는 일자리를 제공하기 위해, 부분적으로는 반란을 방지하기 위해, 또한 로마가 가장 위대한 문명이라는 것을 가능한 한 과시하기 위해, 노예와 하층민들은 (황제의 분수를 위한 것 등) 수로와 항구, 하수구, 평민을 위한 고층 건물 또한 지었다. 그러나 로마 제국에서 도시에 거주하는 사람들은 형편없이 불결하고, 질병이 만연한 공동 주택에서 근근이 먹고 살았고 기대 수명은 30년 정도에 불과했다. 공학과 건축의 업적은 확실히 주로 엘리트 집단을 위한 것이었다. 그들은 대중에게 일자리를 제공하는 것 외에 다른 것은 거의 해 주지 않았다.

- **인구 억제주의: 피임, 낙태, 영아 살해**

물질적인 세계와 인간의 생명, 그중에서도 약자를 가치 있게 여기지 않았던 탓에 특히 로마의 엘리트 집단 내부에서 근본적으로 반출산주의적인 경향이 생겨났다. 첫 번째 황제인 아우구스투스 시저는 전통주의자였고 로마의 귀족이 결혼을 하거나 아이를 낳지도 않는 데 대해 매우 분개하여 젊은 귀족을 결혼시키려는 법안까지 통과시켰다. 그러나 그것은 효과가 없었다.

로마인은 성욕 과잉의 사회에서 살았지만, 그들의 성행위는 다른 종류의 육체적인 자극을 즐겼던 이유 외에도 일부러 피임하려는 시도 때문에 반출산적이었다. 성행위로 임신할 수 있을 때에도 로마인들은 여러 종류의 약초와 다른 피임 도구를 써서 이를 피했다. 모두 실패했을 때는 산아 제한을 위해 낙태 수술을 했다. 만일 간통의 결과로 아기가 생겼다면 낙태는 더욱 흔했다. 로마인은 소독할 비누도 없었고 낙태 기술은 정교하지 않았다. 많은 여자들이 낙태 수술, 혹은 수술로 인한 감염으로 죽거나 불임이 되었다.

모든 것이 실패하여 결국 아기가 태어나면 영아를 살해했다. 로마의 가정에서는 보통 가능한 많은 건강한 아들과 한 명의 딸을 두었고 나머지 아기들은 그냥 버렸다. 사실 가장 초기에 집대성된 로마의 성문법인 12표법에 따르면 눈에 띄는 장애를 가지고 태어난 아기는 가정에서 아버지가 죽일 것을 의무화하였다. 그런 관행이 건강한 사회를 위해 꼭 필요하다고 여겨졌고, 플라톤과 아리스토텔레스, 키케로 외에도 여러 중요한 사상가들은 이를 지지했다.

먼 훗날 고고학자들은 태어난 지 일주일이 채 안 되는 100구의 영아 해골을 고대 팔레스타인에 있는 작은 도시 아쉬켈론의 로마식 목욕탕 아래 하수관에서 발견했다. 그 아기들은 불필요했거나 불편했기 때문에 문자 그대로 하수구로 버려졌다.

어떤 사람은 단지 아이를 키울 돈이 없어서 버렸을 수도 있겠지만, 부자들은 그런 문제가 없는데도 가난한 사람만큼이나 피임과 낙태, 영아살해에 동참했다. 이것은 경제적 조건이 아니라 문화적인 경향이 그 원인이었다고 밖에 달리 설명할 수가 없다.

이런 인구 억제적인 문화는 로마가 정치적으로 생존하는데 중요한 영향을 주었다. 로마가 더 이상 확장되지 못하고 전쟁 포로가 줄어들자 노예의 공급은 끊어졌고 새로운 일꾼이 들어오지 않았다. 로마인은 출산율이 떨어지자 로마 통치의 이점을 누리고자 국경을 넘어 들어오는 게르만 민족 이민자를 더 많이 받아들일 수밖에 없었다. 3세기 후반에는 인구의 비중과 마찬가지로 군대도 게르만 민족의 비중이 증가했다. 이것은 로마 제국 안에 문화적 변화를 일으켰고 로마적이라는 의미 자체를 변화시켰다. 4, 5세기 야만족이 제국으로 이주해 왔을 때에는 이미 다른 사람들이 닦아 놓은 길을 따른 것이었고, 라틴어를 쓰는 로마 제국의 서쪽에서 변화는 이미 일어나고 있었다.

그러나 또 다른 힘은 이민자를 따라 밖에서 들어온 것이 아니라 제국 내의 변화 때문에 일어났다. 잘 알려지지 않은 유대 종파의 하나가 1세기에 시작되었고, 인기가 없었음에도 불구하고, 제국의 근본적인 세계관을 바꾸는 새로운 힘이 되어 오늘날 우리가 서구 문명이라 일컫는 것이 발전하게 되는 기반이 되었다. 다음 장의 주제인 그 힘은 바로 기독교이다.

Chapter 03

기독교와 이교도 세계의 변화

기원 후 303년, 로마 황제 디오클레티아누스는 로마 제국 내, 인기 없는 소수 종교인 기독교에 대해 심한 박해를 시작했다. 교회를 파괴하고 기독교 서적을 불태우는 것으로 기독교에 대한 공격이 시작되었는데, 곧 성직자들이 감옥에 갇히고, 고문을 당하고, 때로 죽임을 당하는 것으로 이어졌다. 이듬해에는 그 공격이 평신도에게까지 확대되었다. 그러나 박해가 시작된 지 십 년 만인 313년 기독교는 로마 제국의 공격 대상에서 제외되었다. 시간이 지나면서 기독교는 다수의 종교가 되었고 로마를 정치, 사회, 경제, 문화적으로 변화시키는데 성공했다. 다시 말하면, 기독교는 로마 제국 후기의 세계관을 형성하고 사람들이 스스로에 대해서 생각하는 태도와 인생을 사는 방식을 바꿔 놓았다.

기독교의 무엇이 로마 제국을 그토록 강력하게 바꾸어 놓았을까? 그 질문에 대답하기 위해 기독교의 유대교적 뿌리를 살펴보도록 하자.

유대인과 "하나님을 경외하는 사람들"

유대인은 로마 제국 내에서 독특한 세계관을 가지고 있었다. 그들과 나머지 로마 세계가 명백히 다른 점은 그들이 철저하게 유일신을 믿는 사람들이었다는 점이다. 그들은 신은 오직 한 분이라 믿었다. 예배하던 다른 신들은 많은 면에서 이스라엘의 신보다 그 본질이나 성격상 중요하지 않았다. 모든 이교는 자신의 신들의 기원에 대한 이야기가 있었지만 유대교는 달랐다. 이스라엘의 하나님은 원래부터 존재했고 지금도 존재하며 영원히 존재할 것이었다. 즉, 이스라엘의 신은 스스로 존재했다.

더욱이, 하나님은 존재하는 모든 것을 창조했고 자연 세계 위에 위대했다. 자연의 신이나 자연의 힘들과 관계된 신은 아니었지만 자연 세계는 하나님으로부터 왔고 그에게 반응했다. 이것은 신플라톤학파에서 말하는, 초월적인 존재이며 발산되어 나와서 존재의 위계를 만드는 모든 것의 근원인 일자(一者, the One)에 대한 개념과 비슷하게 보일지도 모르겠다. 사실 알렉산드리아의 필로 같은 어떤 유대 사상가들은 유대교를 플라톤의 철학적 렌즈를 통해 해석했다.

하지만 유대교와 신플라톤학파의 신에 대한 개념에는 아주 중요한 차이점이 있다. 신플라톤학파의 신은 인격적이거나 의지가 있는 존재도 아니며 그 존재의 성격상 발산할 뿐이다. 한편 이스라엘의 하나님은 인격적이며 자발적으로 세상을 창조했다. 그리고 신플라톤학파의 우주는 영원하다. 그 일자가 존재하는 한 그 우주도 그렇다. 하지만 유대교의 우주는 창조된 특정한 시점이 있었다.

모든 것을 창조한 인격적인 하나님에 대한 개념은 유대인에게 인간이 무엇인지에 대한 이해를 형성했다. 히브리어 성경은 하나님이 인류를 그의 형상을 따라 만들고, 창조 세계를 대신 다스리고 관리할 청지기로 창조했다고 말한다.

이런 가르침은 생태계에 대한 생각을 하게 하지만 이 책의 목적상 우리는 두 가지만 기억하면 된다. 첫째, 하나님은 죄가 세상에 들어오기 전에 에덴에서 인간에게 할 일을 주었다. 둘째, 창조 질서 속 우리의 특별한 위치는 하나님에게 특별한 가치가 있기에, 사람을 공격하는 것은 하나님의 형상을 따라 만들어진 존재를 공격하는 것이며, 이는 하나님을 공격하는 것과 같다. 그래서 유대인들은 영아 살인을 강력하게 거부했는데 로마의 역사가 타키투스는 이를 혐오스럽고 역겹다고 묘사했다.[1]

하나님의 형상이라는 개념은, 유대교의 또 다른 독특한 요소로서, 도덕률을 하나님의 성품과 그에 대한 인류의 관계에 근거하게 한다. 하나님은 그냥 단순히 인격적이며 초월적인 존재가 아니고 거룩하고 의로우며 인류에게서도 그러한 성품을 기대했다. 대다수의 이교도적 세상에서 도덕은 철학의 일부였지 종교의 일부가 아니었다. 그리스와 로마의 신들에게서 강력한 도덕적 기준을 찾기는 힘들다. 예를 들어 제우스(Jupiter-Zeus)는 걸핏하면 여인을 임신시켜 자신의 부인인 헤라

---

1. Tacitus, *Histories* 5.5; Rodney Stark, *The Rise of Christianity* (Princeton, N.J.: Princeton Univ. Press, 1996), 118.

(Juno)를 자극하고 질투하게 만들어 그 자녀들에게 복수하도록 만들었다. 아테나(Minerva)는 여인이었던 아라크네(Arachne)가 여신보다 옷감을 더 잘 짜서 대결에서 이기자 그녀를 거미로 만들어 버린다. 하데스(Pluto)는 페르세포네(Proserpina)를 납치하고 억지로 부인으로 삼아 세상에 겨울이 왔다. 반대로, 이스라엘의 하나님에게는 의로움이 중요하고 사람들이 그가 세운 기준을 어겼을 때 그들을 심판한다. 하나님은 전 지구의 하나님이고 자연 세계뿐만 아니라 인간사를 모두 통치하기 때문에, 국가도 심판하는 존재였다.

하나님은 모든 나라 위에 하나님이지만 이스라엘과는 특별한 관계에 있다. 지구의 모든 나라 중에서 이스라엘을 자신의 것으로 삼았다. 그는 자신을 드러내고 율법을 주고 구별하여 특별하고 가까운 관계를 허락했다. 주어진 율법은 도덕적인 문제와 정부에 대한 것이지만 주로 죄를 덮고 하나님 앞에 정결함을 유지하여, 이스라엘을 세상에서 구별된 독특한 민족이 되게 하기 위한 행사와 의례, 식사, 정결 행위로 이루어져 있었다. 또한, 가장 중요한 율법으로써 하나님의 언약 백성의 표시인 할례를 모든 이스라엘 남자가 받도록 했다.

하나님이 선택한 민족은 엄청난 특권이 있었지만 책임도 그만큼 많았다. 하나님이 그들을 선택했고 누구보다 특별하게 드러냈기에 아주 높은 기준이 있었다. 히브리어 성경에 기록된 이스라엘의 역사는 하나님이 세운 높은 거룩함의 기준을 충족시키지 못하고, 하나님께 정결한 예배를 드리지 못했던 이스라엘이 실패한 이야기이며, 그들의 죄를 하나님이 심판한 이야기이다.

유대인은 세상과 그들의 위치를 주변의 이교도와는 아주 다르게 보았다. 유대교적 생활 방식과 믿음, 종교적 행위들은 다음의 두 가지가 아니었다면, 로마 정부와의 사이에서 많은 어려움을 주었을 것이다. 첫 번째는, 주변 잔인한 왕국들로부터 지켜 주는 대가로 로마가 자신들의 영토로 확장하는 것을 지지했다. 또한 이렇게 도움을 주었기 때문에 유대인은 로마 황제를 숭배하는 것과 같이, 유일신 신앙을 배반해야 하는 종교 행사에 참여하지 않아도 되었다.

둘째, 유대인은 역사를 통해 주변 이방인과 섞여 살며 잘못된 이방신을 섬김으로써 하나님의 심판을 받으면 안 된다는 점을 배웠다. 유대인은 이방인과 너무 가까이 교제하면 종교적으로 오염된다고 믿어서 유대인끼리 어울렸다. 교역은 했지만 이방인과 자연스럽게 어울려 지내거나 결혼을 하지는 않았다.

유대인이 자기들끼리만 어울리는 데는 다른 이유도 있었다. 많은 유대인은 아브라함의 후손으로서 하나님의 율법을 받은 민족이라는 특별한 지위를 주변 다른 민족보다 우월하게 보았고, 다른 사람을 유대인으로 개종하도록 만들어야 할 어떤 이유나 명령도 없었다. 그래서 유대인은 오직 한 신만 온 지구를 통치하는 진짜 신이라는 매우 배타적인 종교를 가지고 있었지만 그들은 자신의 신앙을 전파하지 않았다. 그것은 그들이 위협적이지 않다는 의미였다. 그래서 로마는 그들이 그 고유한 관습을 행하도록 내버려 두었다. 사실 그들은 로마가 봐줄 만한 그냥 또다른 이상한 종교 집단이었다.

일반적인 반응과는 달리, 로마에서는 아주 가끔 예외적인 경우도 있었다. 유대인의 하나님에 대한 개념과 그들이 지키는 높은 도덕적 기준에 대해 존경하는 경우도 많았고, 아주 가끔 몇몇 이방인들은 유대교로 개종했다. 그러나 이들에게 할례는 넘어야 할 벽이었다. 그리스인은 옷을 하나도 입지 않고 운동을 했다. 운동장(*gymnasium*)이라는 말 자체가 '옷을 벗는 장소'와 비슷한 의미이다. 할례를 받고자 해도 다른 사람들과 함께 만나서 운동하고 어울린다면 개종은 너무나 두드러진 일이었다.

사람의 몸을 숭배하는 문화에서 얼마나 유대인을 존경하는가와 상관없이, 대부분의 사람은 그런 흔적이나 할례로 개인적으로 당혹스러운 상황에 처하게 되는 것을 주저해서, 공식적으로 개종하지는 않았다. 이처럼 "하나님을 경외하는 사람들"은 가능한 많이 유대법의 도덕적 윤리적 기준을 따르며 유대 지역 사회를 지지하거나 주변인으로 살아갔지만 할례는 받지 않았다. 유대인과 같이 특혜를 받지는 못했으므로 황제의 동상에 향을 피우는 등 국가적 제례 의식 역시 따라야 했다. 할례를 거부하는 것과 이러한 상황 때문에 그들은 유대인 사회의 주변에 머물렀다.

기독교의 기원

기독교는, 로마 통치 아래 유대 지역에서 유대교의 한 분파로부터 시작했다. 그 지역에서 유대교는 특히 바리새파, 사두개파, 에세네파와 같이 몇몇 경쟁적인 집단으로 나뉘어 있었다. 이들은 서로 좋아하지 않았고, 종종 서로 험담했다. 처음 예수가 나타났을 당시, 바리새파와 사두

개파 사람들에게는 그가 어쩌면 아마도 혁명적일 수도 있는, 다른 분파를 하나 시작하려는 것처럼 보였을 것이다.

예수의 제자들이 그가 메시아이자 하나님의 아들이며 하나님 자신이자, 모든 인류의 구원자임을 증명하며 죽음에서 부활하여 승천하심을 전파하고 다니기 전까지는, 로마군이 예수를 노예나 아주 천한 사람에게나 해당되는 죽음인 십자가에서 처형시킨 것은 단번에 그 문제를 해결할 것처럼 보였다. 다시 말해 초기 기독교인은 유대인처럼 배타적이었으나 주류 유대인과는 달리, 예수님을 통한 구원의 메시지를 전 세계에 선포하려는 선교의 열정이 있었다. 결과적으로 유대인 사이에서 (유대 민족은 아니었으나 유대교와 관련된 종교를 믿던) 예수의 제자는 늘어 갔고, 사마리아 지역과 로마 제국의 가장 큰 도시인 시리아 안디옥의 이방인에게까지 퍼져 갔다. 기독교는 그리스어를 쓰던 로마 제국 동부의 유대인 지역 사회와 하나님을 경외하는 사람들 사이에서 계속 퍼져 나갔다. 더 더디긴 했지만 라틴어를 쓰는 서로마에서도 결국에는 마찬가지였다.

초기 기독교는 회당 예배를 그들의 예배의 기반으로 삼았으나 거기에 (유대교로부터 온) 새로운 교인의 침례, 성찬식이나 성만찬을 더했다. 조직에 대해 말하자면, 처음에는 장로(priest라는 단어는 그리스어 *presbyteros*, 라틴어 *presbyter*에서 유래)와 구호품을 나누고 장로의 일을 돕는 집사가 인도하는 가정 교회에서 만났다. 1세기 후반에는 교회에서 나이가 많은 장로는 도시의 "감독자"가 되거나 그 마을과 주변 시골 마을의 주교가 되었다. 교회는 주변 시골 지역까지 다스리는 도시를 중심으로 한 로마의 행정 방식을 따라가게 되었다.

기독교의 전파는 교회에 몇 가지 어려운 도전을 주었다. AD 70년 즈음 성전이 파괴된 후 바리새파 유대인은 남아 있는 유대 지역 사회의 주류가 되었다. 유대교 지도자는 18개의 축복 기도문을 가지고 회당 예배에서 기도하기 시작했는데, 그 중에는 나사렛 사람에 대한 저주의 기도도 포함되어 있을 만큼 기독교는 위협적으로 느껴졌다. 스스로의 파멸을 위해 하나님께 기도할 수 없기에, 이러한 조치는 유대인 기독교인이 회당의 지도자가 되는 것을 막기 위한 시도로 보인다. 만약 교회가 유대교에 도전이 된 것이 아니라면 회당 예배에 저주가 포함될 이유가 없다. 따라서 18개의 축복 기도문은 1세기 후반 유대 사회에 기독교가 주었던 도전에 대한 간접적 증거이다.

그러나 교회의 입장에서 가장 큰 위협은 유대교가 아니라 이방 세계에서 왔다. 기독교가 유대교의 분파로 보여지는 한 기독교인은 황제의 동상에 향을 피우는 등 로마의 의식에 참여할 필요가 없었다. 더 많은 이방인이 기독교로 개종하자 유대 사회는 그들이 할례를 행하지 않는 한 받아들이지 않았고 로마에서는 그들을 유대교로 고려할 이유가 없었다.

처음에 로마인은 기독교를 동쪽 신비주의 종교 중 하나로 인식했었다. 침례는 정결 의식 행사와 비슷해 보였고, 성찬식은 신비주의 종교의 흔한 의식적 식사와 비슷해 보였다. 그러나 신비주의 종교를 믿는 사람들은 황제에게 향을 피우는 것에 아무런 거부감이 없었으나, 기독교인은 달랐다. 점점 유대인이 아닌 이방인이 기독교의 주류가 되면서 황제를 예배하는 것을 거부하는 것은, 그들이 반역죄를 범하는 것과 같았다. 적어도 이것은 로마인이 기독교인을 박해하는 것을 정당화하기 위해 공식적으로 가장 흔히 대는 이유였다.

하지만 그렇다고 이것이 로마인이 정말 기독교인을 위험한 혁명가로 생각했다는 것을 의미하지는 않는다. 기독교인은 로마에 대항하여 일어나지 않았다. 그들은 로마의 권력이 그들을 위협할 때 힘을 사용하거나 자신을 보호하려 하지 않았다. 그러거나 말거나 그들은 제국에서 인기 없는 소수 집단이었다. 일단 첫째로 기독교의 어떤 사상은 로마에 명백히 불쾌한 감정을 불러일으켰다. 십자가를 소망의 상징으로 삼는다는 생각은 터무니없는 것이었다. 로마에서 십자가 처형은, 오직 노예나 반역자, 사회의 쓰레기에게나 적당한, 흉악하고 불명예스러우며 가장 고통스러운 처형 방식이었다. 십자가를 종교의 상징으로 쓰는 것은 유대인이 우리를 향한 하나님의 사랑을 대표하는 것으로 나치 독일의 아우슈비츠 가스실을 쓰는 것만큼이나 충격적이고 천박한 것이었다.

게다가 기독교인은 로마인에게 그들의 영원한 운명이 유대 지역에 살던 그것도 반역죄로 십자가형을 당한 한 유대인에게 달려 있다고 믿으라고 하는 것이었다. 이것은 십자가의 불쾌함뿐 아니라 그들에게 있던 반유대적 편견과도 충돌했으며, 세계적이고 열린 마음의 세계관에 자부심을 가진 문화에서는, 기독교가 진리이며 이에 반하는 모든 것이 거짓이라는 배타적 주장 자체가 용서할 수 없는 것이었다. 관용을 주요 미덕으로 삼은 그 어떤 사회와 마찬가지로 거기에는 한계선이 있었는데, 기독교의 배타적인 주장은 명백하게 그 선을 넘었다.

초기 기독교 세계관과 생활 방식

더욱 나쁜 점은 기독교인이 이웃과는 다르게 행동했다는 점이었다. 그 이유는 간단했다. 기독교는 이교도와 유대 세계관 모두에 대안적인 세계관을 제공했기 때문에, 기독교인은 그들 집단과 다르게 행동할 수밖에 없었다. 한 가지 요소는 유대교로부터 온 신념으로 인간이 하나님의 형상으로 만들어졌다는 점이었다. 이는 유대인처럼 기독교인도 검투사 경기와 낙태, 영아 살해 풍습에 반대하는 것을 뜻했다. 그것은 또한 창세기에서 하나님이 말씀하신 창조 질서의 하나로 교회가 성관계는 결혼 안에서만 허용되어야 한다고 믿는 것을 뜻했다. 사도 바울 시대에도 교회는 동성애적 행위를 반대하는 입장이었으며, (필명일 것으로 예상되는) 1세기의 바나바 서신에서는, 성관계는 하나님이 특정한 목적을 위해 만드신 도구이므로 생산적이지 않은 이성 간 성행위 또한 비판하였다. 이교도는 기독교의 성에 대한 입장을 이해할 수가 없었고 사실 몇몇 작가들은 오히려 기독교가 이교도의 제례 의식보다 더욱 난잡한 잔치를 한다고 비난하였다. 기독교인은 자신들의 모임을 "사랑의 연회"라 불렀는데, "사랑"이 무엇을 뜻하는 코드인지 우리 모두 알지 않는가! 기독교인 작가는 이 비난에 반박하며 종종 그들의 이웃인 이교도뿐 아니라 이방 신들의 방탕함을 지적했다.

게다가 기독교인은 사람들이 하나님의 형상으로 만들어졌을 뿐 아니라 더 나아가 모두가 하나님 앞에서 영적으로 동등하다고 말했다. 이것은 무엇보다도 당시의 민족 종교였던 유대교로부터 기독교를 분리하는 것이었다. 유대인과 이방인, 남자와 여자, 노예와 자유인, 로마인이나 야만인 모두가 교회에서는 평등하게 환영받았다.

이런 신념은 몇 가지 혁명적인 결과를 가져왔다. 첫째, 이것은 결국 영아 살해와 혼외 성관계 금지와 더불어, 여성의 지위를 신장시켰다. 영아 살해 풍습 때문에 로마에는 여자보다 남자가 훨씬 많았다. 로마의 성비는 남성 130명 대 여성 100명, 이탈리아의 성비는 남성 140명 대 여성 100명으로 추정되었다. 남성은 여성을 보호해야 할 재산으로 보았으며 자유를 제한했다. 그리스인은 특별히 더 여성을 혐오했다. 예를 들어 아리스토텔레스는 여성을 본질적으로 일종의 선천적으로 모자란 상태라고 주장하였다. 그는 여성이 임신 기간 동안 열기가 부족해져 성기가 뒤집힌 채 절반만 구워져 나오는 것이라 하였고, 불완전한 남성이므로 육체, 정신, 도덕, 영적으로 열등한 존재라고 주장했다.

시간이 지나면서 이런 신념 중 일부는 교회 안으로 몰래 스며들기도 했지만 기독교는 여성에 대하여 훨씬 긍정적이었다. 여성은 남성보다 복음에 훨씬 더 많이 반응했고, 기독교 가정에서는 여자 아기들이 버려지지 않았으므로 교회는 로마 세계보다 더욱 균형적인 성비를 구성했다. 사회학자들은 실제로 이로 인해 집단 내 여성의 신분이 상승되었다고 하는데, 이는 그 당시 몇십 년간 왜 여자가 남자보다 더 많이 기독교에 끌리고 수적으로 늘어 갔는지를 설명해 준다. 분명한 것은, 당시 교회에서는 여성에게 이교 사회에서는 금지되었던 자유가 허락되었다는 것이다. 그들은 교회 내에서 집사로 지도자의 역할을 할 수 있었고 몇몇 부유한 여성들은 가정 교회를 후원하였다. 이렇게 일반적으로 알고 있는 것과는 달리 기독교의 성장은 사회 내 여성의 위치에 매우 긍정적인 결과를 가져왔다.

그러나 영적 평등에 대한 개념은 노예가 더 이상 "살아 있는 도구"가 아니라 사회에서 가장 존귀하게 여겨지는 사람과 마찬가지로 하나님 앞에 동등한 존재라는 것을 뜻했다. 사실 교회 초기의 몇몇 주교는 원래 노예 신분이었던 것 같다. 그러나 여기서 더 나아가 신약 성경의 작가들은 예수 그리스도가 우리를 위해 노예가 되시고 우리를 자유롭게 하기 위해 죽으셨다고 말한다. 만약 예수님이 우리를 자유롭게 하셨다면 우리도 그의 제자로서 그를 따라 다른 사람을 자유하게 해야 하지 않는가?

기독교와 노예제의 관계는 매우 잘못 알려져 있는 또 다른 부분이다. 기독교인은 역사에서 노예제에 조직적으로 반대한 첫 번째 사람들이다. 초기 기독교인은 해방시킬 바로 그 목적을 위해서 시장에서 노예를 샀다. 훗날 7세기에 (독일 서부와 프랑스 지역을 지배하던 게르만족 사람들인) 프랑크족은 기독교인이던 발틸드 여왕의 영향으로 노예제를 법적으로 금하기 시작한 역사상 첫 번째 왕국이 되었다. 중세 시대 중반 가톨릭교회는 전쟁 배상이었던 무슬림 포로를 제외하고는 서구 유럽에서 노예제를 완전히 폐지하였다. 1200년대에 토마스 아퀴나스는 노예제를 죄라고 선포했다. 1400년대 아프리카 노예 무역이 시작되었을 때 교황은 그것을 여러 번 비난하였다. 따라서 교회의 가르침에도 불구하고 노예 산업을 지지한 가톨릭 국가였던 포르투갈과 스페인이 한 행동에 대해 가톨릭교회를 비난하는 것은 전혀 정당하지 못하다.

기독교인은 민족과 성별과 사회적 지위를 극복한 것은 물론, 교회뿐 아니라 사회 내 가난하고 아픈 사람을 돌보는 데에도 열성적이었다. 너무나 열성적이어서 콘스탄티누스가 기독교를 허용한 후에 로마 제국을 다시 이교도로 돌리려고 했던 배교자 율리아누스 황제는 기근이 있을 당시 이렇게 불평했다. "이 불경한 갈릴리인(기독교인)들은 그들의 가난한자 뿐 아니라 우리의 가난한 자들까지 돕는다."[2]

더 놀라왔던 것은 전염병에 걸린 사람에 대한 기독교인의 반응이었다. 생명을 위협하는 질병 앞에서 의사 등 대부분의 사람들은 멀리 도망갔다. 어차피 곧 죽을 것 같은 사람을 위해 자신들의 삶을 위험에 빠트리려고 하지 않았던 것이다. 기독교인의 반응은 달랐다. 일단 그들의 신앙은 죽으면 천국으로 가는 것이어서 죽음을 두려워할 필요가 없었다. 이것을 세계관의 용어로 말하자면, 그들은 사후의 일에 관해 이교도와 아주 다른 답을 가지고 있었다. 게다가 그들은 인생의 의미를 주는 것이 무엇인가에 대해서도 다른 답을 가지고 있었다. 기독교인에게 의미 있는 인생은 예수님이 하신 것을 따라 다른 이들을 위해 희생하는 삶을 사는 것이었다. 그리고 예수님은 치료자였다.

그 결과 기독교인은 자신의 위험을 감수하고 아픈 사람을 돌봤다. 알렉산드리아의 디오니시우스는 도시를 완전히 파괴한 역병의 시기에 대해 이렇게 기록했다.

> 우리 대부분의 형제들은 넘치는 사랑을 가지고 형제로서의 친절을 베풀고 있습니다. 그들은 서로 의지하며, 두려워하지 않고 환자들을 방문하며, 예수님 안에서 계속 돌보고 섬깁니다. 그리고 그들은 아픈 이들의 아픔을 같이 짊어지고 이웃으로부터 병이 전염되는 고통조차 기꺼이 감수하면서 이들과 함께 가장 기뻐하며 죽어 갔습니다. 아픈 자들을 돌

---

2. Stark, *Rise of Christianity*, 84.

보고 도우며 힘을 주던 사람들은 죽음까지 함께 했습니다.[3]

그리고 기본적인 돌봄 자체가 환자의 회복에 효과가 있었으므로 기독교인의 돌봄 덕분에 환자의 생존률이 증가했다.

이 모든 일은 로마 사회에서 기독교인을 타협할 줄 모르는 사람들로 만들었다. 그리고 그런 관대한 사회에서는 관용의 관행을 따르지 않고 타협하지 않는 것은 죽음에 처할 만한 죄였다. 50년 이후부터는 기독교인이 황제에게 분향하는 것을 거부하는 것이 체제 전복을 위한 것이라는 법리적 논쟁으로 인해, 로마의 신들을 인정하지 않는 무신론자라는 이유로 기독교인은 박해를 받거나 고문당하고 죽임을 당했다.

박해가 있던 그때만큼 기독교인의 죽음에 대한 무관심이 명백하게 드러난 적도 없었다. 남자나 여자, 노예나 자유인이나 모두, 가능한 한 고통스럽고 잔인하게 대중 앞에서 눈요깃거리로 고안되었던 고문을 당하고 처형을 당했다. 그런데 기독교인들은 저항하지 않고 찬양을 부르고, 말씀을 전하며, 그들이 감내해야 하는 학대에 절대로 주눅들거나 겁먹지 않고 죽음을 맞이했다. 그것은 많은 면에서 박해의 효과를 무력화시켰다. 경기장의 관중은 기독교인들이 담대하게 죽음을 맞이하는 것을 보았다. 그리고 그들의 담대함을 보면서 자신에게는 그러한 두려운 일을 감내하며 지킬 만한 것이 있는지, 그리고 자신의 삶에는 멸시당하는

---

3. Eusebius Pamphilius, *Ecclesiastical History* 7.22 (Nicene and Post-Nicene Fathers, second series, vol. 1, Grand Rapids: Eerdmans, n.d.), 650. 위대한 로마의 의사였던 갈렌은 심각한 전염병이 덮치자 피신했던 것을 시인하면서, 로마 황제이자 스토아 철학자인 마르쿠스 아우렐리우스가 했던 것(http://www.earlychristianwritings.com/aurelius.html)과 마찬가지로 기독교인들이 죽음을 경멸한 것을 언급했다. (http://www.earlychristianwritings.com/galen.html)

기독교인들에게서 볼 수 있는 그런 자신감과 목적을 주는 것이 있는지 자문하게 만들었다. 초기 기독교 작가인 테르툴리아누스는 순교자의 피는 교회의 씨앗이 되었다고 말한다.[4] 그가 옳다. 기독교는 인기 없는 소수 종교에 지나지 않았지만 계속 커져 갔고 이교 사회에서 존경을 받을 수밖에 없었다.

변증론자와 영지주의자

당연히 기독교인은 자신을 변호하기 위해 최선을 다했지만 무력이 아니라 사상을 통해 변호했다. 오늘날 변증론자(apologetic: 변호를 뜻하는 그리스의 apologia에서 비롯)라 불리는 한 집단은 기독교에 대한 공격을 논박하고자 최선을 다했다. 그들은 신앙에 대한 오해를 바로잡았다. 예를 들어 성찬식에 쓰는, 예수님의 살과 피를 먹고 마신다는 언어 때문에 식인종이라 불리는 것, 혹은 난잡한 잔치를 한다는 비판에 대해서 말이다. 이교도 세상과 그 신들의 부도덕함에 대해서 선제 공격을 하기도 하고, 기독교의 진리됨에 관하여 성취된 예언을 가지고 논증을 펴기도 하고, 마지막 심판에 대해 경고하기도 했다.

그러다 변증론자들은 어떤 특정 논증부터, 그리스 철학에서 가져온 용어로 기독교를 설명하기 시작했다. 가장 초기 변증론자 중 한 명인 순교자 유스티누스는 철학의 옷을 입은 그의 가르침이 예수 그리스도의 철학이라고 불리는 진짜 철학이라 가르쳤다. 신플라톤학파의 용어를 써서 기독교를 설명하자, 곧 뒤이어 신플라톤주의와 다른 이교적 신념들

---

4 Tertullian, "Apology", Ante-Nicene Fathers, vol. 3, 55; Gregory A. Boyd, *The Myth of a Christian Nation* (Grand Rapids: Zondervan, 2005), 181.

이 기독교에 포함되게 되었다. 가장 뚜렷한 예로 창조와 하나님과의 관계를 신플라톤주의 이념을 사용하여 논의한 것이다. 다시 말해서 신플라톤주의자들은 일자(the One)가 모든 것의 근원이지만, 모든 것은 로고스를 통하여 창조되었다고 믿었고, 이 개념은 "말씀" 뿐 아니라 논리와 합리성, 혹은 사유까지도 모두 포함한다. 이런 개념은 창세기에 하나님이 말씀으로 세상을 창조한 사상과 어우러져 요한복음의 도입부에도 이어졌다. 이것은 결국 정교한 우주의 체계로까지 이어져, (5세기 후반) 위 디오니시오스의 글을 통해 널리 알려지게 되었다.

이러한 신플라톤학파의 영향은 기독교에 몇 가지 중요한 결과를 가져왔다. 첫째, (개체로서) 성경에 대해 좀더 비유적으로 접근하여 성경을 문자 그대로 이해하는 것도 중요하지만, 더 중요한 것은 그 문자 그대로의 해석이 가리키는 깊은 영적인 의미(전체)라고 주장하게 되었다. 이는 또한 교회가 물리적 세상을 영적인 세상보다 덜 중요하게 여기기 시작했다는 것을 뜻했다. 그래서 교회는 계속 가난한 자를 먹이고 병든 자를 돌봤지만 그들은 이제 순교나 그것이 안 될 경우 금식, 가난, 고독, 특히 순결의 금욕주의를 강조하기 시작했다. 유대교에는 본질적으로 성과 영성에 아무런 관련성이 없었는데 이교에는 신전 매춘 행위의 형태로나 완전히 금욕하는 형태로 성과 영성 간 관련이 있었다. 점차 이교의 사상이 기독교의 신념과 관행에 영향을 주기 시작하자 순결은 이제 더욱 인생 전체에 걸쳐, 특별히 여성에게, 중요한 가치가 되었다. 그리스의 여성 혐오 경향은 교회에도 스며들어 여성들이 성에 집착하며 만족하지 못한다는 신념이 들어와 자신들의 자연스러운 욕구를 조절하고 제어함으로써, 달리 말해 순결을 지킴으로써 거룩한 삶을 살 수 있다고 여겨졌다. 이런 신념은 나중에 기독교가 합법화된 이후에 완전하게 발전하게 되지만 신념의 중요한 요소들은 일찍 나타나기 시작했다.

신플라톤주의의 영향에도 불구하고 교회는 자연 세계의 선함과 유대 세계관의 다른 요소를 강조했다. 그러나 기독교의 한 분파는 그렇지 못했는데 지금은 영지주의(그리스어 *gnosis* 혹은 영어 knowledge에서 온 말)라고 알려진 이 집단은 자신들에게 사람들을 구원으로 인도할 비밀스러운 지식이 있다고 주장했다. 전부는 아니지만 이 중 많은 사람은 예수님과 자신을 결부시켜 예수님이 제자에게도 맡기지 않은 은밀한 가르침을 자신이 받았다고 주장했다. 이들의 "영지주의 복음서"는 신약성경의 복음서가 기록되고 한참 뒤인 2세기부터 약 5세기까지 있었다.

자세히 얘기할 것도 없이 영지주의는 극단적인 이원론의 경향이 강하다는 말로 충분할 것 같다. 그들은 물리적인 세계가 그저 영적인 세계보다 열등한 것이 아니라 완전히 악하다고 믿었다. 이를 가장 잘 보여주는 예는 유대인 성경에 대하여 영지주의자들이 갖고 있던 태도에 있었다. 영지주의 복음에 의하면 예수님은 유대인이나 구약 성경을 가지고 말씀하시지 않고 이교 철학, 특별히 극단적인 플라톤학파를 근거로 말씀하셨다. 이것은 유대교 랍비로서는 기대하기 어려운 행동이었다. 가끔 유대교에 관한 언급이 있을 때에는 부정적인 것이었다. 사실 어떤 영지주의 문서에서는 구약에 나오는 신을 하나님으로부터 발산된 악한 파생물로 묘사하고 있다. 이 유대교의 신은 성질 자체가 악한 물질 세계를 창조한 것만 봐도 알 수 있듯이 무식하고 악하다.

이런 이원론은 영지주의자의 삶에 몇 가지 중요한 영향을 주었다. 예를 들어, 많은 영지주의 문헌은 성관계에 반대하고 결혼에 반대한다. 그 이유는 결혼은 출산으로 이어져 본질적으로 선한 영을 악한 물질에 갇히도록 만들기 때문이다. 일례로 영지주의 학자 카렌 킹[5]이 요약하기를 변자 도마서(the Book of Thomas the Contender)는, "성관계와 육신에 애착을 갖는 것에 대한 비난으로 가득하다"고 하였다. 그 결과, 영지주의는 (적어도 그 가르침에 있어) 주류 교회보다 더욱 금욕적이었다.

영지주의 사회에서 여성들도 성관계를 자제하고 여성성을 부인한다면 지도자가 될 수 있었다. 예를 들어 영지주의 복음서인 도마서 114장을 보면 "시몬 베드로가 '여성은 가치가 없으므로 막달라 마리아를 떠나 보내시오.' 라고 하자 예수님이 대답하셨다. '내가 직접 그녀를 남성으로 만들어 그녀가 남성을 닮은 산 영이 되게 하겠다. 왜냐하면 자신을 남성으로 만드는 모든 여자는 천국에 들어갈 것이기 때문이다.'"라고 기록되어 있다.[6]

영지주의는 중동과 특히 이집트 근방 고립된 몇몇 지역에만 제한되어 널리 전파되지 못했지만, 변증론자들은 영지주의에 반대하는 논문을 썼다. 최근까지, 우리가 아는 영지주의에 관한 글의 대부분은 그에 반대하는 사람들의 글로부터 나왔지만 최근에 발견된 문서들을 보면 영지주의자의 가르침에 대해 변증론자들이 요약한 내용은 무척 정확한 것 같다. 밝혀진 바에 따르면 영지주의자의 이교 사상 위에 씌워진 기독교의 얇은 껍질은 오래가지 않았다. 4세기 초반 유대교와 그리스 사상의 교류가 활발해질수록 주류 교회는 극적인 방식으로 승리를 얻었다.

---

5. Karen L. King, *The Gospel of Mary of Magdala: Jesus and the First Woman Apostle* (Santa Rosa, Calif.: Polebridge, 2003), 213.

6. King, Gospel of Mary, 61.

콘스탄티누스와 기독교의 공인

313년 콘스탄티누스 대제가 밀라노 칙령을 공표하자 로마 제국 내 기독교의 법적인 상황은 변화되었다. 콘스탄티누스는 312년 밀비안 다리 전투 직전, 하나님으로부터 환상을 받았고 꿈에 예수가 나타나서 무엇을 해야 하는지 설명했다고 주장했다. 콘스탄티누스는 그의 군사들이 방패에 기독교의 상징을 그려 넣게 했다. 적들이 힘에 있어 우세한 상황에서도 승리를 거두었을 때 그는 이것이 하나님이 그에게 기독교로 개종하라고 하는 징후로 여겼다. 곧 밀라노 칙령이 공표되었고 기독교는 합법적인 종교가 되었다. 종종 묘사되는 것과는 반대로 그 칙령은 단순히 기독교 교회를 합법화하는 것이었다. 콘스탄티누스의 개종은 확실히 기독교를 선호되는 종교로 만들었지만 그렇다고 이교를 금지하거나 기독교를 공식적인 제국의 종교로 만든 것은 아니었다.

콘스탄티누스의 개종이 순수한 것이었는지, 정치적 계산에 의한 것이 없는지에 관하여는 무수한 글이 쓰였다. 한편, 기독교는 도시에 자리잡고 성장하는 상당히 잘 조직된 종교였다. 그리하여 기독교는 콘스탄티누스가 의지할 만한 중요한 기반을 제공하였을 것이다. 다른 한편, 기독교는 아직도 인기가 그다지 많지 않았고 현대의 추정으로 본다면, 로마 세계의 10-15%에 불과한, 결코 많다고 할 수는 없는 비중이었다. 게다가 물론 313년 이전에도 기독교인이 군대에서 복무하기도 한 것으로 보이지만, 기독교인의 대부분은 평화주의자들이었다. 그러므로 기독교를 포용하는 것에 어떤 정치적 이득이 있었는지는 확실하지 않다.

황제로서 콘스탄티누스의 행동은 그의 개종에 관해 몇 가지 질문을 야기한다. 일단 그는 하나님 아버지를 그가 가장 선호했던 신, 불굴의 태양신(Sol Invictus)과 헷갈려 했던 것 같다. 기독교에서 예수님을 해의 이미지를 사용하여 세상의 빛, 정의의 아들로 묘사한 것 등등[7]도 영향을 주었는지 모르겠다. 게다가 개종 이후에도 콘스탄티누스는 십년 이상, 그의 동전에 이교의 신들을 사용하였고 가장 높은 교황(*Pontifex Maximus*)이라는 명칭까지 얻었다. 그 명칭은 로마의 이교 제사장을 칭하는 것으로 나중에 로마 교황에게도 붙여졌다.

기독교에 관해서 콘스탄티누스는 교회의 문제를 해결하는데 일찍부터 관여하기 시작했다. 첫 번째 도전은 도나투스파에 관련된 것이었다. 그들은 핍박의 위협에 굴복했던 사제는, 신실하게 믿음을 지킨 주교에게 용서받고 받아들여지지 않는 한 진짜 사제가 아니라고 주장했다. 법원과 콘스탄티누스가 도나투스파의 의견에 반하는 결정을 내리자 그들은 폭동을 일으켰다. 이에 콘스탄티누스는 힘으로 맞섰고 이것은 교회 역사상 처음 있는 일이었다. 그의 억압이 별 역할을 못하자 그는 도나투스파에 반하는 법령을 철회했지만 그의 행동은 교회에 대한 국가의 개입과 강제라는 선례를 남겼다.

그리고 예수님이 (아리우스파의 주장과 같이) 대천사인지 아니면 (아타나시우스파의 주장과 같이) 하나님인지에 대한 논란도 있었다. 이 문제를 해결하기 위해 콘스탄티누스는 로마 제국 내 주교들의 공의회를 현재 터키에 있는 니케아에서 열었다. 그 모임은 아타나시우스의 주장이 맞는 것으로 결론 내렸고 그것이 교회의 "정통" 입장이 되었다.

여기서 질문은 콘스탄티누스가 니케아에서 도나투스파에게 교회에

---

7. 요한복음 1:4, 8:12, 12:46, 이사야 9:2, 말라기 4:2, 누가복음 1:78

관한 자신의 의견을 어느 정도 강요했는지에 관한 것이다. 그는 어떤 교리가 맞고 틀렸는지 결정함으로써 기독교가 로마 사회로 통합되는 조건을 지시하려 했던 것일까?

그의 의도는 그렇지 않았을 것이다. 첫째, 이교 사회인 로마에서 사람들이 신과 올바른 이해 관계 가운데 있게 하는 것이 황제의 역할이었다. 콘스탄티누스는 그저 단순히 그런 전통을 따랐을 뿐이다. 둘째, 교회가 가진 기독교 황제의 유일한 모델은 구약에 나오는 이스라엘의 왕들이었고 그들은 사람들이 하나님을 제대로 섬기도록 만들 책임이 있었다. 셋째, 도나투스파가 그에게 접근한 것이지 그가 접근한 것이 아니었다. 결과가 그들에게 반하도록 나오자 그들은 폭동을 일으켰고 어떤 정부도 그런 행동을 용인하지는 않는다.

니케아에서 콘스탄티누스는 이전 황제들에게 고문당했던 주교들을 찾아가 그 상처에 입을 맞추기도 했다. 이것이 정치적인 쇼처럼 보일 수는 있지만 그런 것 같지는 않다. 게다가 박해 가운데 입장을 지키던 주교들이 콘스탄티누스가 자신에게 무엇을 하라고 하거나 혹은 믿으라고 한다고 해서 고분고분하게 말을 들었을 것 같지도 않다. 그보다는, 콘스탄티누스는 아마 진실된 교리를 정하고 교회를 하나되게 하고 싶었던 것 같다. 기독교인이 자기끼리 무엇을 믿어야 하는지 논쟁하지 않더라도 로마 제국을 기독교화하는 것은 충분히 어려운 일이었을 것이다. 니케아 공의회 이후에도 콘스탄티누스가 살아 있는 동안 아리우스파는 제국에서 용인되었다. 회개한 아리우스파를 교회의 일원으로 받아들이지 않는다는 이유로 아타나시우스파가 유배되기도 했다. 달리 말해, 콘스탄티누스는 자신이 소집했던 교회의 공의회에서 내린 결정에 따르지 않을 때에도 무력을 사용하지 않았다.

콘스탄티누스의 개종의 진실성을 가늠해 볼 수 있는 또 다른 요인은 그가 자신의 어머니 헬레나를 예루살렘과 그 주변 지역에 보내 역사적 증거와 예수님의 삶의 유적을 찾아보려 했다는 점이다. 이것은 그 시점에 콘스탄티누스가 기독교로 거의 완전히 개종하였다는 사실을 강하게 시사한다.

사람들은 자주 그가 임종 직전까지 세례를 받지 않은 것을 지적하며 그가 진짜 기독교인은 아니었다고 주장한다. 그러나 그 당시 기독교인들은 세례가 자신의 모든 죄를 씻는다고 믿었고 만일 세례 받은 후에 다시 죄를 범한다면 어떻게 되는지에 대해서는 알지 못했다. 그 결과, 기독교인들은 세례 받는 것을 미루었고 죽기 직전에 세례를 받음으로써 세례의 효과를 다시 망치지 않도록 하는 것을 이상적이라 여겼다. 점점 신학이 발달하여 이것이 더 이상 문제가 되지 않게 되었지만 콘스탄티누스 당시에는 신앙 가운데 성장한 기독교인이더라도 임종 시에 세례 받는 것이 흔한 일이었다.

우리가 콘스탄티누스에 대해서 어떻게 평가하든 그의 행동은 기독교와 로마 제국 모두에 엄청난 영향을 주었다. 가장 명백한 영향은 교회와 국가와의 관계를 변화시킨 것이다. 박해를 받던 소수 종교에서 황제가 선호하는 신앙이 된 것은 교회와 국가의 관계를 강화시켰다. 그 이래, 이는 서구 정치적 생명의 원동력이 되었다. 중요한 사실은 교회가 이미 300년간 국가와는 별도로 독립적으로 존재하였기에, 교회는 정부와 별개로 잘 정립되어 있었다. 바뀐 것은 이제 국가가 교회와 일하고자 하였으며 그 전에는 불가능했던 방법으로 서로 협력하고 상호 교류하고자 했다는 점이다.

아무도 종교와 정치가 분리될 수 있다고 믿지 않았다. 기본적으로 신들에 대한 이교의 개념은 신들이 삶의 한 영역에서 최고의 권위자라는 점을 생각해 보라. 그리고 도덕이나 정의에 대한 교회의 관심과 국가의 이해 관계가 충돌할 때도 있었다. 교회 기관과 시민 기관의 구조, 권력과 책임 사이에서 서로 균형을 이루는 방법에 대한 어쩔 수 없는 문제는 금방 발생했다. 추는 때로는 교회 편으로, 때로는 국가의 편으로 기울었는데, 이러한 역동성은 앞으로 서구 역사에서 중요한 요소가 된다.

콘스탄티누스가 기독교를 합법화한 것이 교회를 위해서 좋은 일이었는지에 대해서는 의문이 남는다. 그것이 교회 지도자들이 정치에 참여하고 세속적인 힘을 얻을 기회를 준 것은 분명하다. 그러나 이때부터 그들이 천국보다는 이 땅에서의 돈과 권력에 더 관심을 가지게 되었고 심하게 부패한 시기를 거치게 되었다. 그러나 동시에, 콘스탄티누스가 교회를 합법화하고 후원하기는 했지만 그가 기독교를 공식적인 국가의 종교로 만들거나 이교를 금지한 것은 아니라는 점을 기억해야 한다. 콘스탄티누스의 행동과 그 영향에 대해 비판적인 사람들은 불과 10년 전까지만 해도 그들이 겪어야 했던 박해를 고려해 봐야 한다. 조금 전까지 고문과 죽음을 겪었던 교회가 콘스탄티누스를 포용하게 된 것을 비난하기는 어려울 것 같다.

또 다른 변화는 교회에 이교도의 요소가 들어온 것과 관계가 있다. 1세기부터 기독교인이 부활을 기념하기 위해서 일요일에 예배를 드렸다는 강력한 증거가 많기는 하지만, 321년에 콘스탄티누스는 아마도 전부터 있던 무적의 태양신(Sol Invictus)에 대한 신앙 때문에 한 주의 첫째 날(Sunday)을 쉬는 날로 지정했다. 그러나 (성탄절로 알려져 있는) 탄생 기념일은 부분적으로는 이교의 농신제와 겨루기 위해서 태양의 탄생일인 12월 25일로 정해졌다. 그 전에는 이교와 관련되어 있어 기피되던 촛불과 화환, 향과 같은 이교적 예배의 요소들이 천천히 교회 안으로 들어오기 시작했다. 성모 마리아가 중요해졌으며 때로 이시스와 같은 이교의 여신들과 연관이 되기도 했다. 기독교 성인들이 때로 이교의 신들을 대체하게 되며, 성자와 순교자를 숭배하는 일도 늘어났다. 엄밀히 말해서 성자들이 숭배의 대상이 되면 안 되지만 이교적 배경에서 온, 그동안 자신의 성자에게 기도하도록 배웠던 사람들은 기도와 숭배의 다른 점을 이해하지 못했다.

이러한 관습이 훨씬 더 기독교화되어 가면서 이 모든 것들과 이교 세계에 대한 관련성은 점점 미약해졌다. 더 눈에 띄는 것은 교회 안에서 그리스 사상의 영향이 커져 간 것이다. 기독교가 합법화됨에 따라서 금욕주의, 순결, 여성 혐오의 분위기가 증가한 것도 그 중 하나이다. 이유는 간단하다. 콘스탄티누스 이전 사람들은 실제로 순교를 그들의 신앙이 진실하다는 증거로 여겼다. 나중에 나이가 들어 중요한 신학자가 된 오리게네스의 젊은 시절, 핍박이 심하던 당시 그는 신앙을 위해서 고문 당하고 죽고 싶어서 스스로 정말 체포되기를 원했다. 그의 어머니는 그의 계획에 대해 듣고 그의 옷을 숨겼고 오리젠은 사람들 앞에 벌거벗고 나서는 것을 부끄러워했기 때문에 순교 당할 기회를 놓쳤다. 기독교가 합법화되자, 사람들은 순교 당할 기회가 없어졌다. 그러자 사람들은 신앙을 증명하기 위해서 순교의 대체물로, 엄격하게 금욕적인 삶을 사는 "백색 순교(white martyrdom)"를 하였다. 은둔자가 되어 사막으로 가거나 음식과 잠을 제한하며 독신주의자로 살았다. 가장 유명한 금욕주의자 중 하나인 성 시메온(Simon Styletes)은 그의 인생에서 많은 시간을 높은 기둥 위에서 지냈다. 그는 바구니를 내려 음식과 물을 받았고 그 기둥을 떠나지 않았다. 그것만으로는 불충분하다고 여기게 된 그는 한 발로 서 있기로 했다. 그것으로 인해 그는 현인으로 알려지게 되었다. (사실 그는 현인이었다. 사람들이 그에게 문제에 도움을 받고자 왔고 그는 좋은 조언을 주었다. 그러나 기둥 위에서 한 발로 서 있었기 때문에 그러한 지혜가 생겼는지는 알 수가 없다.)

결국 이런 금욕주의적인 관행은 사람들이 모여 엄격한 법칙에 따라 함께 사는 수도원 생활로 발전했다. 수도원은 보통 은둔자처럼 음식을 제한하진 않았지만 독신 생활과 금욕적인 삶의 방식을 요구했다. 수도사와 수녀는 시간에 맞추어 기도와 공부와 생산적인 노동을 하는 삶을 살았다.

특히 (학습과 노동이라는) 이 두 가지에 주목해야 한다. 로드니 스타크는 기독교가 행위보다는 사상에 기반을 둔 종교라고 하였다. 그러나 성경에는 그 가르침에 대해 자연스럽게 떠오르는 몇 가지 질문에 대해서는 확실한 답이 없고 체계적인 교리나 믿음의 기본을 지키는 몇 가지 목록이 있지도 않다. 결과적으로 교회는 (교리보다는 행위에 많은 중점을 두는) 이교나 유대교, 이슬람교와 달리 역사적으로 연구와 논리, 사고를 <u>종교적 행위로 가치를 두게 되었다.</u>[8]

8. Rodney Stark, *The Victory of Reason: How Christianity led to Freedom, Capitalism, and Western Success* (New York: Random House, 2005), 5~9.

수도사와 수녀에게는 연구가 명상 기도의 기본으로서 특별히 중요했다. 5세기 때부터 카시오도루스라는 로마의 상원 의원은 비바리움이라는 수도원을 설립하여 그곳 생활의 중요한 일부로서 기독교와 이교 사상가들의 사상을 공부하고 필사하는 것을 포함시켰다. 카시오도루스와 다른 사람들은 모든 진리가 하나님의 진리라고 믿었고 연구는 영적으로 발전하는 길이라고 여겼다. 모든 초기 수도원이 카시오도루스의 관점을 따른 것은 아니지만 몇 세기가 지나지 않아 그의 사상과 책 목록은 수도원 영성의 중추가 되었다.

수도사들은 기도와 공부처럼 분명히 영성 활동도 했지만 생산적인 노동에도 참여해야 했다. 로마 사회는 일을 비하하고 노예에게 일을 미루었지만, 수도원은 그렇지 않았다. 수도사가 일을 해야 한다는 개념은 겸손함을 고취하도록 만든 것이기도 하지만, 주로 성경적으로 하나님이 일을 하시기에 그의 형상으로 만들어진 우리도 일을 해야 한다는 의미였다. 창세기에서 아담은 에덴 동산에서 죄를 짓기 전에 일이 주어졌다. 따라서 일은 죄의 결과가 아니라 우리가 만들어질 때부터 하도록 만드신 것이다. 시간이 지나면서 이것은 삶의 목적에 대해서 확연히 다른 관점을 갖게 하였다. 뒤에서 다루겠지만, 세계관의 이 특별한 변화는 후에 서구 경제 발전과 활력의 근간이 된다.

이렇게 연구와 노동을 강조한 결과, 기독교가 이교적 세상으로부터 영향을 받기만 한 것이 아니라, 제국 내에 우세하던 세계관이 점차 기독교의 영향으로 바뀌어 갔다. 이것은 특히 인간의 생명을 바라보는 관점에서 더욱 극명해진다. 콘스탄티누스 시대부터 노예의 삶을 개선시키기 위한 법령이 만들어졌다. 점차 영아 살해와 십자가형, 그리고 결국 낙태가 금지되었다. 검투사 결투는 텔레마코스라고 하는 용감한 수도승이 경기장으로 내려가서 사람을 죽이는 행위를 멈추게 하려다가 결국 그 자신이 그 과정에서 사망한 사건을 필두로, 없어지게 되었다.[9] 변화는 천천히 일어났지만 로마 제국에서 인간 생명의 가치는 점차 인정받게 되었다.

그러나 슬프게도 로마 제국에는 문제가 생겼다. 몇 세기에 걸친 인구 억제 정책의 결과, 인구의 수를 채우기 위해 이민 정책에 너무 의지했던 것이 행정, 군사적 실책들과 더해져, 야만 민족들에게 로마의 경계를 허물어 내어 주는 꼴이 되고 말았다. 라틴어를 쓰는 서쪽 로마의 권력은 스스로의 무능함과 게르만 족의 공격으로 무너졌다. 로마와 게르만과 기독교 전통의 점진적인 융합은 중세 유럽의 새로운 문화와 세계관을 낳는 결과를 가져왔다. 그러나 이것은 아주 길고 점진적인 변화였다.

---

9. Charles Colson, *Loving God* (Grand Rapids: Zondervan, 1987, 1996), 242-43.

Chapter 04

중세 세계관의 출현

다음과 같은 이야기가 익숙해 보이는가?

강력하고 발달된 문명사회가 내부적인 타락, 자연재해, 외부 침략으로 붕괴된다. 남은 사람들은 살아남으려 몸부림치면서 조금 남아 있는 문화와 교육의 잔재라도 지키려고 작은 공동체로 옹기종기 모여 산다. 점차, 절반만 기억하고 대개는 다 이해가 되지 않는 옛 제국의 문화와, 제국의 붕괴 뒤 새로 발달한 전혀 다른 문화가 지향하는 바가 서로 융합하여 새로운 문명이 발현한다.

이것은 스타워즈 영화 다음 편의 줄거리가 아니다. 과학이나 판타지 소설의 줄거리도 아니다. 이것은 문자 그대로 중세 유럽의 역사이다. 그리고 중세의 문명을 이해하기 위해서는 서구 로마 권력의 붕괴를 이해하는 것이 중요하다.

사태의 수습

로마는 쇠퇴했다기보다는 스스로의 무게를 지탱하지 못해 붕괴했다. 게르만족의 유입과 부패하고 무능한 정부, 제국 내 불안감, 교역의 실패, 노예제 위에 세워진 경제, 더 이상 영토가 확장되지 못하고 새로운 노예도 유입되지 못하게 된 상황이 모두 합쳐져 결국 로마 사회를 불안정하게 만들었다. 게다가 더 춥고 습해진 기후로 농작물이 자라기 어렵게 된 것이, 적어도 라틴어를 사용하는 서로마 지역에서는 완전히 재앙이 되었다.

로마 통치의 중추적 역할을 했던 소도시들은 이 도시를 운영하던 지도층이 본인들의 시골 사유지로 돌아가자 줄어들거나 버려졌다. 이탈리아에서만 몇백 개의 소도시가 이 시기 동안 말 그대로 사라졌고 프랑스에서는 아를이라는 도시의 전체 인구가 고대 로마의 원형 경기장으로 이주했다. 로마의 행정은 서부 지역 전체에서 무너졌고 사회의 중심은 도시에서 시골로 옮겨갔다.

자유 농민은 경제적 위기로 자신의 땅을 지주에게 넘기고 한때 자신의 소유지였던 땅에서 소작농으로 살아가는 경우가 많았다. 노예들도 경작할 땅을 받았는데 점차 두 계급이 합쳐져 자기 땅을 소유하지는 못했지만 땅에 묶여 떠나지 못하는 절반만 자유의 몸인 소작농, 즉 농노가 되었다. 그들은 쫓겨나지 않기 위해서 자유 대신 안전을 보장받았다.

전체적인 경제는 인구수와 함께 쇠퇴하였고 교역이 줄어들자 사유지마다 자급자족할 수밖에 없었다. 이것은 지주가 자신이 가장 잘 하는 일에 집중하지 못하고 필요한 것을 생산하기 위해서 마땅한 기반이 있든 없든 자원을 다른 곳으로 돌려야 했다는 의미이다.

이 모든 혼돈 속에서 한 기관만은 잘 서 있었다. 그것은 바로 교회였다. 시민 정부가 무너졌기에, 어떤 행정 절차라도 계속적으로 유지되게 하려면 주교들이 이를 어떻게든 수습해야 했다. 많은 곳에서 주교는 도시의 정치적 지도자가 되었는데, 그들이 권력을 원해서가 아니라 누군가는 민정이 돌아가도록 해야 했기 때문이었다. 게다가, 보통의 경우 주교들은 교육을 받았고 행정 경험이 있었을 뿐 아니라 도와주는 사람들이 있었고, 그렇게 할 대중적 지지를 받는 유일한 사람들이었다.

여러 야만족이 제국의 이곳저곳을 장악하고 로마의 행정을 유지하면서 자신의 사람으로 감독하려고 했지만 성공하기는 어려웠다. 기독교로 개종하면서 그들은 자신의 정권에 종종 주교를 넣기도 했다. 불행하게도 게르만과 로마의 행정 원칙은 근본적으로 달랐다. 그 결과 로마와 게르만의 문화와 기독교가 잘 융합된 안정적인 체제가 구축되기까지는 수 세기가 걸렸다. 봉건 제도라고도 불리는 그 체제는, (게르만 문화의 요소인) 맹세로 통제되는 개인적인 유대와, (로마 문화의 요소인) 법적인 계약에 기반을 두고 있었다. ("장원 제도"라 불리는) 이것은 기본적으로 한 명의 영주에게 충성을 바치고 그를 섬기는 것이 올바른 사회 구조라고 전제한다. 이것은 정치 영역뿐 아니라 경제 영역에도 적용되었다. 여느 사회와 마찬가지로 정치와 경제는 사람들이 서로 잘 지낼 수 있는 "자연스러운" 방법에 대한 핵심적인 신념에 강하게 결부되어 있었다.

아일랜드와 교육

주교들이 물론 민정을 잘 유지하려고 노력을 했지만 너무 많은 일을 한꺼번에 해야 했다. 그래서 그들이 포기한 한 가지가 있었는데 그것은 바로 교육이었다. 다른 일들이 너무나 시급하게 필요했기 때문에 옛 로마 도시의 학교들은 대부분 로마 정부가 붕괴될 당시 없어졌다. 일부 수도원은 수도사에 대한 교육을 계속했지만 이것으로 충분하지 않았다. 결과적으로, 사람들의 글을 읽고 쓰는 능력과 교육은 급격하게 내리막을 달렸다.

그러나 이런 추세에서 아일랜드만은 예외였다. 아일랜드는 로마의 통치 아래 있었던 적이 없었다. 아일랜드의 고대 문화는 씨족에 기반을 둔 것으로, 종교는 드루이드 사제의 지휘에 따라 인신 제사 등 다른 신들의 요구를 만족시키기 위해 여러 방법을 취했다. 놀랍게도 그 드루이드 사제들은 교육을 많이 받은 사람들이었다. 사제가 되기 위해서는 몇 년간 고행과 공부를 해야 했다. 그런데 사제들은 단 한 번도 기록이란 것을 해본 적이 없었다. 그래서 사제가 되기 위한 과정에는 평범한 종교 의식을 실행하는 방법, 신화, 마법뿐 아니라, 역사, 법, 자연, 음악, 웅변 등 여러 다른 주제에 대해 구전으로 배우는 것이 포함되었다.

5세기 성 패트릭이 기독교를 아일랜드에 전파했을 때, 기독교는 정복이 아니라 설교라는 평화로운 방법으로 대중의 마음을 사로잡았다. 이는 의심할 바 없이, 성 패트릭이 매력적인 방법으로 복음을 전한 덕분이기도 하지만, 전달한 메시지 또한 놀라웠다. 그것은 자신을 위해 우리 사람의 아들을 죽으라고 요구하는 신이 아니라, 자신의 아들을 우리를 위해 죽도록 내어 주신 하나님에 관한 것이었다.

종교 지도자와 학자를 동일하게 여겼던 당시 세계관을 고려하면 놀라울 것도 없이, 아일랜드의 수도사들은 기독교에 대해, 그리고 기독교가 발전했던 로마 세계에 대해, 배울 수 있는 한 모든 것을 배우기 시작했다. 그렇게 하기 위해서는 읽는 것이 필요했다. 그리하여 아일랜드 사람들은 성경을 공부하기 위해 라틴어와 그리스어를 (때로는 히브리어까지) 배우기 시작했다.

그러나 문제가 하나 있었다. 로마와 그리스어는 끊어지지 않고 쭉 이어지며, 대문자나 마침표, 단어 사이에 띄어쓰기 없이 쓰여지는 문자였다. 그 언어를 모국어로 쓰는 사람이야 꽤 쉽게 읽을 수 있었지만 외국어로서 이런 언어를 판독하기는 거의 불가능했다. 그래서 아일랜드 사람들은 띄어쓰기와 기본적인 대문자, 가장 기본적인 마침표를 넣어 본문을 조금 더 읽기 쉽게 만들었다. 그들은 또한 할 수 있는 모든 본문을 필사했고 성경처럼 중요한 책들의 경우, 그 과정에서 엄청난 예술 작품을 생산해 냈다.

아일랜드의 기독교는 씨족 사회 속으로 빨리 흡수되었다. 소도시 기반의 정부와 주교가 기독교적으로 통치하는 유럽 대륙과는 달리, 아일랜드의 시골 문화에서는 수도원이 교회의 중심이 되고 씨족 지도자들이 수도원장으로 수도원을 대표하는 동시에, 지방의 정치적 지도자 역할을 했다. 아일랜드의 수도원은 종종 아주 엄격했다. 심지어 수도원이 아주 척박하고 외진, 해안선에서 멀리 떨어진 섬의 바위투성이 땅 같은 곳에 자리잡고 있는 경우도 있었다. 어느 정도였는지를 스켈링 마이클이 기록한 내용에 따르면, 어쩔 때는 그 섬들이 너무 척박해서 수도승들이 먹을 양식을 기르기 위해 흙을 배에 한가득 싣고 들어가야 했다.

수도승 중 어떤 사람은 계획도 없이 수도원, 씨족, 가족을 떠나 (때로는 영원히 떠돌아다니는) *순례(peregrinatio)*의 길을 떠나기도 했다. 성 브렌던이 한 그룹의 수도승들과 함께 가죽으로 선체를 만든 작은 배를 타고 떠나, 북대서양을 건너 북아메리카로 추정되는 곳에 갔다가 돌아온 이야기는 가장 유명한 예라고 할 수 있다. 다른 사람들은 아일랜드와 스코틀랜드 사이의 섬들에 이오나 같은 수도원을 세우고 거기서 스코틀랜드와, 남쪽으로 당시 이교도였던 앵글족과 색슨족으로 가득하던 영국까지 기독교를 전했다. 그리고 또 다른 사람들은 유럽 대륙을 향해 가면서 (스위스의 장크트갈렌 수도원 등) 수도원을 세우고 독일과 프랑스에서 설교했다.

그리고 그들은 이교도 시절부터 교육이 하나님의 사람에게 꼭 필요한 것이라 여겼으므로 가는 곳마다 학교를 설립했다. 아일랜드의 수도원은 6, 7세기 유럽에서 주된 교육 기관이 되었다. 여기에는 룩쇠이와 프랑스 보비오에 있는 유럽 대륙의 주요 필사실(원고를 필사하는 장소)과, 특히 아일랜드 선교사가 세운 또 다른 교회인 영국 요크 지방의 주요 학교가 포함된다. 실제로 700년대 후반, 유럽 대륙에 교육이 다시 도입된 지 거의 1세기가 지나 샤를마뉴 (대제)가 나라의 교육을 정비하고자 했을 때 그가 찾을 수 있는 가장 훌륭한 학자는 요크 지방에서 부제였던 알퀸이었다. 샤를마뉴 대제는 그를 데려왔고 알퀸은 학교와 본문 연구, 복제 체계를 만들었는데, 이는 나중에 유럽에서 교육이 널리 부활하게 되는 근간이 되었다.

샤를마뉴 대제와 알퀸의 교육 개혁에도 불구하고 로마 제국이 서부에서 붕괴된 후 500년 동안 독창적인 학문적 연구는 별로 이루어지지 않았다. 대신 학자들은 격언과 토막토막 남아 있는 고대 세계의 정보를 수집하여 본문을 정리하고 사본을 베끼는 일에 집중하였다. 그 시대의 독창적인 사상가는 당연히, 아일랜드 사람인 요하네스 스코투스 에리우게나였다. 에리우게나는 플라톤주의에 많은 영향을 받았다. 그의 신학적 사상은 정통적인 범위에서 조금 벗어날 때도 있었지만 그것 때문에 곤경에 빠지지는 않았다. (그 이유는 그의 사상이 너무나 복잡하여 아무도 이해할 수 없었기 때문인 덕이 컸다). 그는 "*자연구분론*"이라는 저서에서 플라톤주의 전통에서 가져온 위계 질서를 바탕으로 자연 세계에 대한 체계적 이해를 제시하였는데 이것은 훗날 중세 과학 발전의 초석이 되었다. 그는 다소 신랄한 경향이 있었다. 어느 날 저녁 그가 샤를마뉴의 후계자인 경건왕 루도비쿠스와 식탁을 사이에 두고 앉아 있었다. 루도비쿠스가 "아일랜드 사람과 주정뱅이의 차이가 무엇입니까?" (What is the difference between a Scot (an Irishman in this period) and a sot?) 라고 묻자 에리우게나는 "3피트 정도(90cm)", 즉 그들 사이의 식탁의 거리라고 답했다. 사후에 그의 전기를 썼던 사람은 "그는 학생들의 펜에 죽었다."라고 했다. 이는 가르치는 사람은 누구나 이해할 수 있는 은유적 표현이다.

전반적으로 "초석을 닦았다"라는 것은 로마 몰락 이후의 500년을 잘 요약한 말이라 할 수 있다. 학문의 발전은 침체되었는지 몰라도 고대의 문서를 잘 보존하였기에 훗날 중세의 학문을 꽃피울 수 있었다. 샤를마뉴는 중세 사회의 정치 권력의 중심인 게르만족의 국가에 신성 로마 제국이 세워지는 기반을 마련하였다. 장원 제도는 시골 경제의 근간이 되었고 봉건 제도는 중세 나머지 대부분의 유럽을 다스리는 기본 정치 체제의 근간이 되었다.

그 시기에 대해 남아 있는 기록이 부족하여 무슨 일이 일어났는지 알 수가 없지만 (알 수 없기에 때로 "암흑 시대"라고도 불리지만), 봉건 제도와 장원 제도를 만든 게르만족과 로마 문화와 기독교의 조합은 이 시기 삶의 모든 분야 전반에 영향을 주었다. 다른 가닥들은 서로 영향을 주었고 차차 서로 합쳐져 새로운 세계관과 새로운 문명을 형성하고, 그 다음 500년으로 들어가는 몇십 년간 이러한 현상이 좀더 일관성 있게 나타나기 시작했다.

새 천년의 도래

900년대 중반, 유럽 사회는 정치, 경제, 문화, 지적 영역에서 주된 변화를 겪기 시작했다. 이보다 앞서 샤를마뉴의 통치 때를 제외하고는 정치 권력은 더 작고 작은 정치적 단위로 나뉘어졌다. 유럽의 정치 권력이 중앙 집권화 되기 시작하며 오토 1세와 창의적으로 이름 붙여진 그 계승자들인 오토 2세와 오토 3세의 통치와 함께 신성 로마 제국은 독일에서 다시 복원되었다. 이 시기는 교황의 정치가 종종 "창부정치"("부도덕의 통치")라고 불릴 만큼 타락해서 권력이 로마의 귀족 가문들 사이를 오갔다. 이를 오토 왕가가 청산시켰고 결국 황제에 필적하는 정치 권력으로 부상했다. 봉건 제도는 노르만족에 의해 프랑스에서, 훗날 영국에서 재구성되어 귀족들 사이에 흩어져 있는 권력을 국왕에게 모아 주게 되었다.

이런 일이 일어나는 동안, 다시 기후가 변하여 바이킹이 그린란드에서 농사를 지을 수 있을 만큼 건조하고 따뜻해졌다. 경작 조건이 나아지자 농사는 확대되고 인구도 늘었다. 유럽의 인구는 1000년과 1300년 사이에 두 배 이상 늘었다. 유럽 전역에서 80% 이상의 인구가 시골에 살았지만 인구의 증가는 도시화에 박차를 가했다. 11세기에만 2,000개의 소도시가 생겼다고 알려져 있고, 현존하던 소도시 또한 성장했다.

- **도시의 삶**

도시의 삶은 중세 유럽이 역동적으로 성장하는데 박차를 가했다. 사람들이 땅에 묶여 살면서 고정적인 노동 인력과 사회적 구조, 토지의 소유가 당연하게 여겨지던 시골 사회와는 달리, 도시의 삶은 이민에 의존했다. 사실, 19세기 후반까지는 도시에서 태어나는 사람보다 죽는 사람이 더 많았다. 이민자 없이는 도시의 인구수가 급격하게 줄었다. 게다가, 소도시에서는 사회적인 이동도 허용되었다. 소도시는 자신의 토지에서 도망쳐 나와 도시에 살러 온 농노가 자유로운 신분이 될 권리를 보호하는 일에 열심이었다. 이렇게 이주하는 것이 권장되었고, 노동자가 경제를 살릴 기반을 마련했다. 한번 소도시의 거주자로 받아들여지면 농노가 신분을 상승시키는 것이 어렵기는 했지만 가능은 했다. 사회 계급의 꼭대기에는 귀족이 있었고 그 밑에는 조상 때부터 돈이 아주 많은 부유한 평민이 있었지만, 때로 농노가 세대를 거쳐가면서 더욱 명망 있고 수익성이 좋은 직업으로 옮겨 가는 것도 가능했다.

도시에는 농부가 별로 없었지만 농산물을 경작하는 것은 소도시의 주된 기능이 아니었다. 대신 그곳은 대개 생산과 상업의 중심지였고 주변 시골 지역들을 지배하는 정치적 중심지가 되어 로마의 소도시처럼 도시 국가가 되었다. 현실적으로 이것은 경제가 주종 관계나 개인적인 관계가 아니라 성문 계약에 기반한 것을 의미했다. 결과적으로 소도시는 계약에 관한 법률이 필요했고 이것은 로마법에 대한 새로운 관심으로 이어졌다. 로마에는 잘 발달된 계약법이 있었고 이것은 (일부 교회의 영향과도 함께) 중세 사회의 필요를 충족시키는데 사용되었다. 이 로마법의 부흥은 합리적인 법적 절차에 대한 관심으로도 이어졌다.

- **법의 발달**

중세 초기의 법률 사건은 종종 신의 중재를 통해 해결되었다. 답을 알기 어려울 경우 흔히 유무죄를 판별하기 위해 불이나 물, 아니면 결투로 가책에 의한 심판(trials by ordeal)을 하였다. 모두 하나님이 무고한 자를 보호하시고 죄 있는 자를 판단하실 것이라는 신념 때문이었다. 1000년경 법학자들은 초자연적인 개입에 덜 의존하는 보다 합리적인 방식의 형사 소송 절차를 진행하기 시작했다. 유럽의 어떤 지역(특히 이탈리아의 도시)에서는 로마법이 되살아났고, 다른 지역에서는 불문법이 성문화되고 합리적으로 개선되어 더욱 체계적이고 성문화된 법적, 형사적 절차를 제공했다.

재판을 하는 두 가지 주된 접근법 또한 발달했다. 규문주의(inquisitorial system)로 알려진 첫 번째 접근법에서는 판사들의 합의체에서 형사 사건을 결정했다. 그 중 한 사람이 수사 치안 판사로서 역할을 하며 증거를 수집하고 증인을 심문하고 법정에 안건을 제시했다. 다른 판사가 증거와 질문을 조사하고 아무리 그럴 듯한 거짓말이라도 자세히 검토하면 밝혀질 것이라는 추정 하에 가능한 여러 각도에서, 필요하다면 여러 번이라도, 증인에 반대 심문을 하였다. 이렇게 진실을 밝힘으로써 유무죄는 결정된다.

또 다른 사법적 접근 방법인 변론주의(adversarial system)는 양측이 서로 논쟁하여 진실을 밝히는 것이 가장 좋은 방법이라는 믿음에 근거해서 법관이나 배심원 앞에서 서로 변론하게 하는 것이다. 상위의 항소법원과 대법원이 어떤 면에선 규문주의의 요소도 가지긴 하지만, 이런 체계는 미국 등 앵글로 색슨 세계에서 쓰인다. 결투 재판 또한 계속되었는데 특히 귀족 간, 혹은 강력 사건의 재판을 위한 충분한 증거가 부족할 경우에 그랬다. 하지만 대부분의 경우 증거나 증언을 바탕으로 한 논쟁에 따라 결정이 되었다. 진리는 시공간의 세계에 뿌리박고 있으며, 합리적인 인간의 이성으로 발견할 수 있는 것으로 여겨졌다. 이것은 11, 12세기 세계관의 주요 변화를 보여 준다.

불행하게도, 로마법이 부활한 데 따른 부정적인 면도 있었다. 앞서 로마의 세계관은 인권에 대한 개념이 없었는데 이러한 태도는 법전에도 반영되어 있다. 중세법에 로마법을 적용한 것은 유죄를 증명할 극히 높은 수준의 증거를 포함하였기 때문이다. 아이러니하게도 이것은 중세에 문제가 되었다. 법관이 신의 인도를 받는 대신 인간의 이성에 의지하였으므로 유죄의 확실성은 오심을 막기 위해서 아주 중요했다. 특히 강력 사건에서 중세 법률가들은 두 명의 증인이나 자백을 필요로 하는 로마의 반역죄를 따르고 있었다. 대부분의 강력 사건에서 이런 기준을 충족하는 증거는 찾기 어려웠다. 대체 누가 두 명의 증인 앞에서 중대한 범죄를 저지른단 말인가? 유죄의 증거는 있지만 확신할 정도가 아니라면 사법적인 고문을 통해 피고가 자백하도록 "장려"했다. 이것은 소송 절차에 연루된 노예와 반역죄에 해당하는 자유인을 일상적으로 고문했던 로마의 관행이 되살아난 것이었다. 로마 제국이 기독교화되었을 때 많은 기독교 작가가 기독교인은 치안 판사로 일할 수 없다고 주장했다. 사람들을 고문하라고 명령하는 일이 생길 수도 있는데 기독교인은 그렇게 할 수 없었기 때문이었다. 그래서 로마법이 부활하기 전까지는, 특히 교회 법원에서 소송 절차 상 고문이 점진적으로 폐지되었다. 민사 재판의 경우에는 1228년, 교회 법원에서는 1252년에 이르러서야 중세 재판에서 고문이 행해졌다는 기록이 있다.

로마법의 반역죄를 강력 사건에 적용한 것은 숱한 학대로 이어졌다. 특히 민사 재판소에서는 최소한의 증거만 가지고 고문을 했고, 어떤 고문을 얼마나 가할지에 대한 원칙은 자주 무시되었다. 게다가 (15세기에는 마술도 포함되었던) 이단 또한 신에 대한 반역으로 정의해서 이단으로 지목된 사람들은 (교회 법원에서 특별히 이단을 퇴치하기 위해 설립한 기구인) 종교 재판소에서 고문의 대상이 되었다. 그러나 주목할 사항이 있다. 교회 법원은 민사 재판소보다 훨씬 더 원칙을 잘 따랐고 특히 마법의 경우에 그랬다. 15세기 후반 스페인에서는 종교 재판을 국가에서 관할했는데, 이것은 인종 청소에 사용되었다. 최악의 학대는 교회가 아니라 시민 통치 기구가 행했다.

- **학교와 교육**

도시 생활과 계약법의 발달로 교육의 필요성 역시 증가했다. 8세기와

9세기 샤를마뉴가 통치할 때, 알퀸은 궁전과 수도원, 성당에 학교를 세웠다. 그 이후 몇 세기 동안 궁전과 수도원, 성당의 학교는 급격히 줄어들었다. 시골의 수도원 부속 학교들이 유럽에서 대부분의 교육을 담당했다. 11세기 도시가 늘어나고 교회 개혁으로 수도원이 엄격해지자 성당에서 다시 도시에 (기존의 학교를 확장하거나) 학교를 운영하기 시작했다.

민간, 기독교적 관료 체제가 확대되자 교육에 대한 요구는 더욱 높아졌지만 그와 같은 관료 체제의 확장은 성당의 책임이 늘어난 것을 뜻했다. 결과적으로 학교가 성장하는데 필요한 자원을 계속 쏟아붓지 못하자, 볼로냐 법대(1150년)와 파리 대학(1200년)을 시작으로 대학이라 불리는 다소 독립적인 기관을 성당으로부터 분리시키게 되었다. 이러한 학교에서는 사람들이 교회와 정부에서 일하는 데 필요한 기술과 자격증, 여러 종류의 법률, 의학, 신학 분야의 고등 교육까지 제공했다.

플라톤적 인본주의

그러나 이런 대학이 생기기 전에도 성당의 학교에서는 이미, 법률이 초자연적인 개입에 의존하지 못하도록 하는 운동에서 비롯된 새로운 세계관이 나타났다. 역사가 R.W. 서던이 "플라톤적 인본주의"라 명명한 이 세계관은, 세상은 하나님으로부터 왔고 따라서 우리를 하나님께로 이끈다는 사상에 기반을 두고 있다. 플라톤주의에서 말하는 위계 질서까지 갈 것도 없이, 12세기 학자들은, 이 세계관의 "플라톤"적 관점으로, 세상은 세상을 창조한 하나님을 반영했다고 믿었다. 그래서 이 세상을 연구하면 하나님에 대해 알게 될 것이라 믿었다. 하나님이 하나님과 분리된 세상을 창조하신 이성적 존재이므로, 하나님이 창조하신 세상 또한 이성적이며 합리적인 해석이 가능하다. 사람들은 하나님의 형상으로 창조되었으므로 우리 또한 이성적이며 그것으로 세상을 이해할 수 있다. 기적이 일어날 수 있고 실제 일어나긴 하지만, 이 세상과 인간의 본성은 모두 하나님과 분리되는 각자의 고유함이 있으며 신적인 개입에 의지하지 않고도 연구되거나 이해될 수 있다. (이 부분이 플라톤적 인본주의에서 "인본주의적" 내용이다.)

플라톤적 인본주의의 배경이 되는 가정은 중세 나머지 시기의 사상과 세계관을 형성했다. 그러나 지적인 삶은 정지된 상태로 머물러 있지 않았다. 특히 기독교인이 스페인에서 무슬림과 상호 교류하는 과정에서 무어인이 서구에서는 찾아볼 수 없던 많은 고대의 책들, 그중에서도 아리스토텔레스의 작품을 거의 완벽하게 전집으로 가지고 있다는 사실을 알게 되었다.

아랍의 군대가 (로마와 비잔틴 제국의 일부였던) 시리아를 점령하면서, 그들은 시리아어 역본의 그리스 철학자의 작품을 발견하게 되었다. 그 글은 아랍어로 번역되었고 잠깐 동안 무슬림 철학의 바탕이 되었다. 하지만 그 내용이 이슬람교와 모순되었기 때문에 점차 거부당했다. 이슬람교 율법학자인 뮬라들은 무슬림은 정복한 사람들로부터 실용적인 작품을 받아들일 수는 있지만 추측에 근거한 사상은 받아들일 수 없다고 결정했다.

기독교인은 이미 오랫동안 성경과 이교 철학을 무리 없이 잘 통합시켜 왔다. 사실 초기 기독교 저술가 시기부터 신학자들은 기독교에서 히브리 선지자들이 진리를 가장 잘 표현하면서 그 진리로 안내했던 것과 마찬가지로, 철학자들이 이교 세계에서 동일한 진리로 인도한다고 주장해 왔다. 그래서 기독교 학자들이 스페인에 아리스토텔레스의 작품이 있다는 것을 알게 되었을 때, 그것을 교회와 학문의 언어인 라틴어로 번역하기 시작하였다. 그들이 고심하던 모든 중요한 철학적 질문에 답을 제공하는 충분히 발달된 하나의 완성된 세계관이 담긴 새 문집은 즉시 학문 공동체에 관심을 불러 일으켰다. 유일한 문제는 플라톤적 인본주의의 출현으로 이미 존재하는 종합적 지식 체계에 어떻게 이 "새로운 아리스토텔레스주의"를 통합시킬 것인가였다.

스콜라 철학

이 문제에 대한 해답은 스콜라 철학이었다. 스콜라 철학은 보통 철학이나 신학의 한 종류로 알려져 있지만 원래는 어떤 주제에나 적용되던 연구의 한 방법이었다. 스콜라 철학은 몇 가지 핵심 가정에 바탕을 두고 있었다. 첫 번째, 진리는 완전하게는 아니지만 대체로 인간이 마음으로 알 만한 것이라는 가정이다. 우리는 이미 강력 사건을 증명하기 위한 높은 기준에 이러한 가정이 활용되었다는 사실을 알고 있다. 둘째, 진리는 사회에 꼭 필요한 것이라는 가정이다. 어떤 사회이든 진리가 아니라 거짓에 기반을 두면 무너질 것이기 때문이다. 진리가 많아질수록 그 문명은 더욱 견고해질 것이다. 성공적인 문명을 연구하면 그 중심에 있는 진리를 발견할 것이기 때문에 필연적으로 진리를 향한 가장 좋은 안내자는 과거일 것이다.

이것은 둘 다 같은 진리에 대한 표현이므로 이교의 철학이 기독교 안으로 통합되는 것이 가능하다는 사상과 잘 맞아 떨어진다. (당시, 서로 다른 사람에게 서로 다른 진리가 있을 수 있다는 사상은 분명 바보같이 여겨졌을 것이다. 왜냐하면 진리는 현실에 부합하는 것으로 보였고 현실은 사람마다 다를 수 없기 때문이다. 이것은 단순히 하나님이 세상을 만든 방식이며 세상이 작동하는 방식이다.) 그러므로 세상에 대해 새로운 것들을 배울 수는 있겠지만, 세상을 이해하는 기초를 위대한 고대 사상가에게 두는 것이 안전하고 믿을 만하다. 12세기 신학자인 베르나르 사르트르가 이런 태도를 가장 잘 요약했다.

> 우리는 거인의 어깨 위에 있는 난쟁이와 같다. 우리는 그들보다 더 많이, 더 멀리 볼 수 있지만 우리가 시력이 좋아서도 아니고 신체적으로 특별하기 때문도 아니다. 그냥 그들의 거대함에 의해 높이 들려져 있기 때문이다.[1]

라틴어는 작가(author)와 권위자(authority)를 분리하지 않으므로 그리스 로마 세계로부터 남아 있는 어떤 글도 원칙적으로 한 가지 체계로 통합될 수 있어야 했다. 그러나 표면적으로 이 작가들은 어떨 때는 스스로에게 상반되는 말을 했다. 그래서 학문적 방법이 필요했다. 그러한 연구 방법은 다섯 가지 부분으로 구성되어 있었다.

1. 질문을 한다.
2. 그 질문을 언급한 권위자를 쓰고 그들을 장점과 단점의 범주로 구분한다.

---

1. The Oxford Dictionary of Quotations (New York: Oxford univ. Press, 1999), 68-69.

3. 아리스토텔레스의 논리적 도구와 놀라울 정도로 복잡한 언어적 분석 방법을 통해 가능한 많이, 그 권위자에게 있어 명백히 대조되는 내용을 해석하며 분석한다.

4. 그 문제에 대한 해결책을 제시한다.

5. 가능한 많은 각도에서 그 해결 방안에 대해 논증하고 예상되는 반론에 답변한다.

스콜라 철학은 많은 양의 새로운 지식을 기존 지식에 통합시키는 데 적합했다. 이 경우, 아리스토텔레스는 플라톤적 인본주의에 통합되었지만 그 방대한 양과 다양성으로 인해 시간이 지날수록 아리스토텔레스는 유럽의 지적인 삶을 장악하기 시작했다. 아리스토텔레스는, 논리로부터 시, 정치학에 이르기까지 모든 것에 대해 기록했다. 그래서 "지식인의 권위자"로 알려질 정도로 무엇에 관해서든 지식이 필요할 때면 사람들이 찾는 이름이 되었다.

1277년 단죄 심판

하지만 한 가지 문제가 있었다. 고대 그리스인의 사상은 어떤 면에서 성경과 양립할 수 없었다. 예를 들어 플라톤주의자는 세상이 영원하고 의도적으로 만들어진 것으로 생각했다. 그것은 일자(一者; the One)가 자발적으로 창조한 것이 아니었으며 그저 단순히 존재해야 해서 존재하는 것이다. 당신이 태양 아래 서 있을 때 그림자가 생기는 것을 막을 수 없는 것처럼 일자가 우주를 창조하는 것은 막을 수 있는 것이 아니다. 아리스토텔레스는 신을 영원한 과거의 원인 제공자로, 우주를 어쩔 수 없는 영원한 결과 비슷한 것으로 보았다. 반대로 성경은 특정한 시간에 하나님이 스스로의 의지로 세상을 창조하셨다고 가르친다. 물론, 성경에서 이해하는 하나님에 대한 개념과는 반대로 이교 세계의 신에 대한 개념은 인격적이지 않아서 어떤 의미로든 그 신이 하는 것은 무엇이든지 자발적일 수가 없었다.

중세의 학자들은 이 문제를 발견하고 그 해결책을 찾아야 했다. 어떤 학자들은 어떤 것이 철학적으로 진리이면서 동시에 신학적으로는 진리가 아닐 수 있고 반대로 철학적으로 진리가 아니면서 신학적으로는 진리일 수 있다는 "두 가지 진리"라는 개념을 제안했다. 아무도 진짜로 이것을 믿을 수 없었지만 이것은 문제에 대한 가능한 답변으로 제시되었다. 또 다른 그럴듯한 해법은 어떤 것은 성경적 계시에 의해서만 알 수가 있는데 고대 철학자의 도움 없이 추론으로 가능한 한 해결해 보려 했고, 결국 우리는 순전한 인간의 이성에 의해서는 알 수 없는 것을 하나님이 우리에게 드러내셨기 때문에 알게 된 것이다. 완벽하지는 못해도 이런 접근은, 진리가 통합된 전체라는 것을 믿는 문명에게 적어도 모순 없이 성경과 무관한 문제에 관해 철학자에 대한 신뢰, 절대적 진리에 대한 강력한 이해와 함께 말씀의 권위를 보존했다.

신학자들이 이 문제에 대해 논쟁하는 동안 교양 학부 교수들은 자력으로 그 문제를 해결하려 했다. 그들은 아리스토텔레스를 경외했으므로 그가 말한 모든 것이 맞다고 추정했다. 그래서 가르치면서 (창조된 세계의 본성 등) 신학적 문제가 대두되면, 학생들에게 성경보다도 아리스토텔레스의 답변을 가르쳤다. 교양 학부 교수들이 그런 문제를 정의할 만한 사람들이 아니었으며 어떤 가르침은 이단적이었기 때문에, 이것은 대학원 교수인 신학자들과 교회 모두 화나게 했다. 유럽의 가장 저명한 신학교였던 파리 대학의 신학 교수들은 이것과 다른 여러 문제와 관련하여 1277년 단죄로 대응하였다. 219개의 명제의 대부분이 주술과 궁정 연애에 관한 것이었으나 어떤 것은 아리스토텔레스의 사상에 관해 다뤘다. 그 결과 아리스토텔레스는 신학 사상에 관한 독립적인 자료로는 쓰일 수 없게 되었다. 아리스토텔레스로부터 비롯된 사상이 아닐 때에만, 신학적 개념을 보충하거나 확장하기 위해 쓰일 수 있었다.

1277년 단죄는 중세 사상의 변화를 일으키는 중요한 분수령이 되었다. 사상을 비판하는 것이 생각의 자유를 제한하고 지식의 발달을 제한할 것 같지만, 중세 시대에 이것은 사실 아리스토텔레스를 맹목적으로 의지하던 사고를 자유롭게 해 주었다. 이 단죄 조치 이전에 대부분의 학자들에게 아리스토텔레스가 어떤 문제에 대한 해결책을 제시했다면 그것이 곧 정답이었던 것을 기억하라. 그러나 이 단죄로 인해 신학의 영역에서 아리스토텔레스를 인용하는 것을 제한시켰다. 이 일이 상대적으로 그리 큰 일로 여겨지지는 않을 것이다. 사실 이교 철학자로부터 신학적 지식을 얼마나 얻을 수 있겠는가?

하지만 중세 시대의 신학은 오늘날보다 훨씬 더 넓은 주제였다. 우주의 기원에 관한 질문도 분명히 신학적인 영향이 있는 부분이기에 신학의 일부였다. 그러나 신학은 그뿐 아니라 자연 세계에 대한 연구를 포함했다. 오늘날 우리는 그것을 "*과학(science)*"이라고 부르지만 중세부터 18세기까지 그것은 "자연 철학"이나 "자연 신학"이라 불렸다. 그 의미를 이해하기 위한 가장 좋은 방법은 하나님께 우리를 인도할 도구로서 물질 세계를 연구한 플라톤적 인본주의를 살펴보는 것이다. 다른 말로 하자면 세상은 통합된 전체이므로 물질적 경험 세계를 이해하는 것은 더 큰 철학적, 신학적 문제를 이해할 방법이다. 결과적으로 중세의 학자들은 물질 세계로부터 도덕적, 영적인 교훈을 얻는 것이 가능하다고 믿었다. 이것은 자연 세계를 연구하는 것이 신학의 일부로 여겨진 것을 의미한다. 단죄문 덕택에 자연 철학이 아리스토텔레스의 구속으로부터 해방되었다.

중세 과학

중세 과학이라는 말이 모순적으로 들릴 지 모르겠지만 학자, 수도사, 공예가들은 훗날 과학 혁명을 일으킬 기초를 마련했다. 많은 예를 들 수 있지만 그중 두 가지가 눈에 띈다. 첫 번째는 *역학*의 분야이다. 13~14세기 위대한 대성당을 짓기 위해 중세 건축가는 정지된 물체를 다루는 역학의 한 분야인 정역학을 확실히 이해하고 발달시켜야 했다. 중세의 학자들은 움직이는 물체에 대한 역학의 한 분야인 동역학에 대한 기본적인 연구를 해 두었다. 아리스토텔레스는 역학에 관한 완전한 이론이 있었다. 1277년 단죄와 함께 중세의 자연 철학은 새로운 방향으로 발달하기 시작했다. 예를 들어, 떨어지는 물체는 동일한 가속으로 움직인다는 생각이 있어 관성의 법칙에 관한 초기 형태가 잡혀 갔다.

두 번째 예는 *우주론*의 분야이다. 14세기 프란치스코회 회원인 니콜 오레스메, 15세기의 추기경인 니콜라우스 쿠자누스 모두 지구가 태양의 주위를 도는 것일지도 모른다고 주장했다. 오레스메는 우리가 비록 그것이 아니라는 점을 알기는 하지만, 이것이 천문학의 몇 가지 문제를 해결할 것이라고 주장했다. 쿠자누스는 이에서 더 나아가 우주의 중심 또한 그렇고 움직임이라는 것은 서로 상대적인 것이므로 지구가 태양의 주위를 도는 것이 태양이 지구의 주위를 도는 것만큼이나 타당하다고 주장했다.

세계관과 자연 철학

이쯤에서 중세 자연 철학 연구의 바탕에 깔려 있는 세계관의 사상을 되짚어 보는 것이 도움이 될 것 같다. 중세 사람들은 이성적인 하나님이 이성적인 우주를 창조하였고 하나님의 형상으로 창조된 인간도 이성적이므로 우주를 이해할 수 있다고 추정하였다. 기적이 일어날 수 있다고 믿었지만 세상이 정상적으로 돌아가는데 하나님이 적극적으로 개입할 필요는 없다고 믿었다. 하나님은 세상이 특정한 법칙에 따라 운행되도록 지었고, 그 법칙은 사람들의 연구를 통해 발견될 수 있다고 생각했다. 아리스토텔레스 같은 고전 사상가들의 추정과는 반대로 세상을 배우는 가장 좋은 방법은 연역적 추리가 아니고 직접적인 연구와 조사라고 생각했다. 이런 변화는 훗날 서구 과학의 엄청난 성공의 기초가 되었기 때문에 그 중요성은 아무리 강조해도 지나치지 않다.

이러한 세계관의 영향은 서구 유럽과 이슬람 세계를 비교할 때 가장 두드러진다. 중세가 무슬림 과학의 황금기로 묘사되곤 하지만 그것은 일부만 사실이다. 중세 이슬람은 몇몇 중요한 분야에서 탁월했다. 이미 살펴본 것처럼 그들은 고전 사상가, 특히 아리스토텔레스의 글을 보존하고 전파했고, (아라비아 숫자라 불리는) 인도의 수 표기법과 중국의 면직 기술 등, 아시아의 기술과 사상을 지중해의 분지로 확장시켰다. 그러나 (이슬람 율법학자인) 뮬라들은 비이슬람권에서 유입된 (철학 등) 추측에 근거한 사상을 연구하는 것을 금지했다. 예를 들어 저명한 수피즘 학자 (아부 하미드 알) 가잘리는 그의 책 "*철학자의 모순*"에서 코란이나 이슬람의 가르침에 대해 의문을 갖는 무슬림 철학자는 신앙이 없는 것과 똑같다고 주장했다. 이것은 어쩌면 가잘리가 신앙이 없는 자를 죽이는 것이 선한 무슬림의 의무라고도 주장한 것을 제외한다면, '1277년 단죄'와 비슷하게 들릴 수 있다. 이런 생각은 철학의 발달에 찬물을 끼얹었다.

그 결과 무슬림 학자들은 기하학, 천문학, 의학, (대수 등) 수학과 같은 실용 학문에서 탁월했다. 그러나 그들은 *왜* 물리적 세계가 그렇게 작동하는지에 관해 설명하는 *과학*의 발전에 있어서는 그렇지 못했다. 이것은 (가잘리 같은) 정통 무슬림 사상가들과 '1277년 단죄'와의 두 번째 차이점이다. 이슬람은 알라가 모든 것을 직접 통제하고, 그가 원하는 대로 세상이 돌아간다고 가르친다. 그래서 물리적 과정에 대한 설명을 찾는 것은 가능하지 않거나 적절하지 않다. 예를 들어 자연 법칙이 있다는 생각은, 알리기 보기에 좋은 대로 우주를 다스릴 자유를 부정하기 때문에, 가잘리는 이것을 불경스럽다고 주장한다. 비슷하게 (유럽에서 아베로에스로 알려진) 이븐 루시드의 합리주의적인 주장이 왕의 정통 신앙에 부합되지 않아서 (스페인) 안달루스 왕의 통치 때 그의 지위가 박탈되었다.

보다시피 그 '단죄'는 기독교 세계관 안에서 합법적 실체로 물리적 세계를 탐구하는 문을 열었다. 반면 가잘리와 다른 정통 무슬림 사상가들은 바로 그 기회를 효과적으로 닫았다. 한 예로, 14세기 흑사병에 대한 반응만 봐도 그렇다. 이슬람은 알라가 모든 것을 통제하므로 질병은 전염이 아니라 질병이 발생할 때 누가 살고 누가 죽을지를 결정하는 유일한 존재인 알라의 뜻에 의해서 퍼진다고 가르쳤다. 그 결과 (스페인에 살던 무슬림 의사인) 이븐 하티마는 전염병이 전염되는 것이 아니라고 주장해야 했다. 아랍인들은 이슬람 전에는 전염이라는 개념을 믿었지만 이제는 그들이 더 잘 알게 되었다고 여겼다. 그가 진짜로 자신이 말한 것을 믿었는지에 대해서는 논쟁의 여지가 있지만 그가 종교적, 행정적 권위로부터 원치 않는 관심을 피하기 위해서 그렇게 *말해야만 한다*고 믿었다는 것은 확실하다. 스페인에 살았던 또 다른 무슬림 의사 이븐 하팁은 전염병은 분명 전염되는 것이라고 주장했다. 그는 1374년에 비이슬람적 관점을 가졌다고 감옥에 들어갔다. 명백하게 부분적으로 그의 전염병에 관한 관점이 비이슬람적이었기 때문에 한 무리의 사람들이 감옥으로 쳐들어가서 그를 고문했다.

　다른 무슬림 학자들이 그런 종류의 적대감을 경험하는 것을 피해가며 전염병에 관한 책을 쓰는 동안 이븐 하팁에게 닥친 운명은 이슬람과 기독교 세계관의 사이의 중요한 차이점을 보여주는 것이라 할 수 있다. 유럽에서 전염병은 일반적인 히스테리를 야기하긴 했지만 교회와 학자들은 이것이 자연적 사건이라는 점에 동의하고 전염병을 물리적으로 설명하고 치료법을 발견하기 위해 힘썼다. 유대인이 전염병을 돌게 한 사람들이라며 희생양으로 삼으려는 시도에 대해 교회는, 그들도 기독교인과 마찬가지로 죽어 나가고 있다는 사실을 지적하며 반대했다. 교회와 행정 관료들은 '채찍질 고행단' 같은 집단이 주장하는, 전염병은 부패한 사회에 대한 하나님의 직접적인 심판이라는 생각에도 반대했다. 대신 교회는 이것이 자연적 현상이라 주장했다.

가장 흔한 설명은 1348년에 파리 대학의 신학 교수들이 교황에게 쓴 *파리 대학 의학부*의 기록에서 발견된다. *파리 대학 의학부*는 하나님은 일어나는 모든 일, 궁극적으로 전염병도 주관하지만, 그 직접적인 원인은 순전히 자연적이라고 설명하고 있다. 아리스토텔레스와 히포크라테스의 질병에 대한 이론을 따라 그들은 토성과 목성이 겹쳐질 때 지구가 독성 수증기를 내뿜는데 그 수증기가 전염병을 초래했다고 주장했다. 감염을 막기 위해서는 정화된 공기가 필요했다. 그래서 예를 들면 감염되지 않으려고 교황 클레멘트 6세는 맹렬히 타오르는 불 사이에 앉아 있었다. (이 방법이 성공적인 것으로 밝혀지긴 했지만, 그가 생각했던 이유 때문에 성공한 것은 아니었다.) 다른 사람들은 어깨에 꽃을 달고 다니거나 공기를 향기롭게 하기 위해 꽃 꾸러미를 만들었는데 후에 이러한 관행은 코사지로 발전하였다.

우리는 이 *파리 대학 의학부*의 설명이 잘못되었다는 것을 알지만, 비록 공상의 이야기처럼 보일지라도 이것은 자연적 원인에 대한 신앙의 수준을 보여준다. 하나님께서 모든 것을 궁극적으로 통제하신다는 것을 인정하면서도 그 통제가 독단적으로 이루어지지 않는다고 보고, 하나님이 우리가 찾고 발견할 수 있는 부차적인 원인을 통해 이성적으로 일하신다고 보는 것이다. 길게 보면 서구 라틴 세계에서 우주를 보는 관점과 알라가 직접적으로 세상에서 일어나는 모든 것을 즉시 통제한다는 사상과 서로 다른 점은, 과학의 발전이라는 측면에서 서구가 훗날 무슬림 세계를 어떻게 앞지르게 되었는지를 설명해 준다. 중세 시대에 이처럼 대립되는 세계관과 함께 서구가 성공하게 된 밑바탕이 이미 만들어지고 있었던 것이다.

자연 세계의 세부적인 내용에 대해 관심을 갖는 것은 학자에게만 국한되지 않는다. 학자들의 지적 활동이 확산되자 미학에 영향을 주게 되어 중세의 예술은 보다 사실적이 되어 갔다. 이탈리아에서 르네상스 예술가들이 비교적 사실적인 작품을 만들기 시작하게 된 때보다 이미 200년이나 전인 1200년대 초반, 독일의 나움버그 대성당의 익명의 조각가는 특히 사실적인 조각품을 만들기 시작했다.

그 조각상은 유타라는 이름의 한 여성이었고 매우 아름다워서 아돌프 히틀러는 그녀의 모습을 이상적인 아리아인 여성의 모범이라 홍보하였다. 옆에 있는 그녀의 남편(에케하르트)의 조각상은 그리 매력적이지 않아서 히틀러는 유타의 남성 상대로 (아마도 같은 작가가 만든 것이라 추정되는) 밤베르그 라이더라는 다른 조각상을 홍보한다.

나움버그의 조각상이 만들어지고 얼마 지나지 않아 이와 비슷한 정도로 사실적인 조각상들이 프랑스 랭스의 대성당에 등장하기 시작한다. 같은 조각가가 만들었을지도 모르지만 어쨌든 이 조각상들은 예술에 있어 사실주의적 경향이 확대되는 시작을 알린다. 프랑스의 조명, 저지대(유럽 북해 연안의 벨기에, 네덜란드, 룩셈부르크로 구성된 지역)의 미세화, 초상화, 다른 많은 예술 작품은 미학을 형성하는 데 있어 물리적 세계를 더 제대로 인식하는, 중세 후기의 예술적 기교를 보여 준다. 의미 있는 것은 이런 운동이 이탈리아의 르네상스보다 앞서 있었다는 것이다. 그리고 시기적으로 겹치는 경우에도 알프스 북쪽의 예술가에게 이탈리아 예술가가 영향을 주었다는 증거는 별로 없다. 오일 페인트와 이를 사용하는 기술은 저지대에서 이탈리아로 전파되었으므로 영향이 있었다면 그 반대였을 것이다.

중세에는 법률, 교육, 자연 철학 및 경제와 정치 분야에 있어서도 엄청난 변화가 있었고 이 변화가 추후 서구 문명의 발달의 초석을 닦았다. 이것이 다음 장의 주제이기도 하다.

Chapter 05

중세 경제와 정치

다른 세계관과 마찬가지로, 플라톤적 인본주의와 이를 계승한 사상은 단순히 학문과 법을 넘어 삶에 훨씬 큰 영향을 주었다. 특히 추가적으로 성경에서 다른 사상이 합쳐지면서 더욱 그랬다. 그 중에서도 가장 중요한 것은 경제에 끼친 영향이다.

중세의 경제

일이 본질적으로 선하다는 사상 덕분에, 하나님의 성품이 반영되어 있는 그의 창조물인 물리적 세계도 선하다는 신념이 더욱 굳건해졌다. 하나님은 세상을 창조하는 일을 하셨기 때문에 그의 형상대로 창조된 우리도 일을 해야 한다. 게다가 아담이 범죄하기 전에 하나님은 아담을 에덴 동산에서 일하도록 하셨다고 창세기는 말한다. 그러므로 일은 선한 것이다.

- **자본주의의 뿌리**

중세인들은 창세기의 말씀대로 농업이나 제조업 같이 생산을 일로 보았다. 앞서 살펴본 것처럼, (원칙적으로) 수도원의 수도사들은 생산적인 일을 해야 했다. 그러나 그들은 검소하게 살아야 했기 때문에 노동으로 인한 소득을 (역시 원칙적으로는) 과시적 소비에 사용하지 못했다. 그들은 가난한 사람을 도왔지만 그 나머지를 가지고 무엇을 해야 할 지 몰랐다. 만일 생산적인 노동이 선한 것이라면 투자를 통해서 더 많은 생산을 하는 것도 선한 것일 것이다. 그래서 모순적이게도 그들이 수도원의 엄격한 삶을 살수록, 소박한 삶을 살수록, 더 열심히 일할수록 그들은 더 부자가 되었다. 이익을 다시 투자해서 생산을 늘린 것이 바로 그 열쇠였는데, 그것은 자본주의의 핵심 원칙 중 하나였다. 그러나 성경으로부터 비롯된 일과 물리적 세계의 본질적 선함에 대한 이러한 개념이 애초에 없었더라면 이런 사상이 세계의 다른 지역보다 서구에서 더 먼저 나타나지는 않았을 것이다.

재산에 대한 권리 또한 자본주의 주요 핵심 요소였다. 기독교의 영향 아래 중세 시대는 다른 문화권보다 재산권을 강하게 강조했다. 심지어 농노마저도 재산권이 있었다. 그들은 자신의 땅을 떠날 수 없었지만 쫓겨나지도 않았다. 노예 제도가 바탕이 된 경제에서 노예가 그런 대접을 받지는 않았었다. 비슷한 예로 구약의 율법은 재산에 대한 소유권을 다루는 법에 매우 집중했는데, 왕조차 한 일가에 속한 땅을 마음대로 가져갈 수 없을 정도였다. 그래서 토마스 아퀴나스는 재산권이 기본권이라고 주장했다. 오컴의 윌리엄은 재산을 소유하는 것은 권리이므로 이것은 법보다 앞서는 것이자 정부가 임의적으로 빼앗을 수 없는 것이라 주장했다. 이러한 신념은 성경에 기반하지 않는 문화 대비, 사유 재산을 더 강력하게 보호하는 기준을 세우도록 했다. 사람이 자신의 노동의 열매를 누릴 자격이 있다는 성경적 신념과 결합되면서 사유 재산이라는 개념에 대해 강력한 기초를 제공했던 것이다.

이런 신념의 가치를 이해하기 위해서는 레판토 해전(1571)에서 오스만 제국 함대의 총사령관이었던 알리 파샤의 예를 생각해 볼 필요가 있다. 결정적으로 신성 동맹이 승리했던 그 전투 덕분에 오스만 제국은 그 힘을 지중해 서쪽으로 확장하지 못했다. 알리 파샤의 기함이 나포되었을 때 그의 모든 개인 재산이 그 배에 있었다. 비슷한 보물이 다른 무슬림 사령관의 갤리선에서도 발견되었다. 알리 파샤가 오스만 함대의 최고 사령관이며 귀족 가문의 권력자였음에도 불구하고, 그는 어떤 이유로든 눈 밖에 나서 자신의 재산이 왕에게 몰수되는 만일의 상황을 피하기 위해서 모든 보물을 가지고 다녀야 할 필요를 느꼈다. 기독교 세계에서는, 소유권과 노동의 이익을 향유할 권리에 대한 성경의 가르침에 근거한 사유 재산권의 중요성 때문에, 법적인 판단에 근거하지 않고 이런 식으로 임의로 사유 재산을 몰수하는 것은 불법이었다.

재산권에 대한 이 같은 신념과 생산적인 일을 하라는 하나님의 부르심, 수익의 재투자는 생산 활동으로 이어졌다. 가장 기본적인 형태의 생산은 농업이었으나 수공예와 제조업도 정당한 형태의 생산으로 인정받았다. 북부 평원의 비옥하지만 단단한 진흙 토양을 갈기 위해 누군가는 커다랗고 복잡한 바퀴 쟁기처럼 밭에서 일할 때 필요한 도구를 만들어야 했다. 또 누군가는 방앗간, 편자, 마구, 집, 가구, 옷, 무기, 갑옷을 만들어야 했다.

- **길드 체제**

소도시가 성장하며 수공예 산업이 더욱 발전하면서 그 지역 사회의 소비자뿐만 아니라 수출을 위해서 물건을 생산할 만큼 성장했다. 보다 중요한 수공업을 규제하기 위해 마을마다 길드 체제가 발달했다. 각 길드마다 한 종류의 수공업을 담당했다. 이들은 주로 생산을 위한 규칙과 일부 판매 관련 규칙을 수립하는 책임을 맡았다. 그래서 구매자가 생산품을 비교할 수 있도록 하면서 생산 규칙도 준수하게끔, 한 길드의 모든 가게는 같은 거리에 위치했다. 길드는 생산 기준도 정했는데, 예를 들어 양초를 제조하는 길드는 양초의 최소 무게와 양초에 포함되는 동물성 지방의 최소 비율 등을 정했다. 한 가게가 질 나쁜 제품을 수출했을 경우 그 도시 전체의 생산품에 대한 평판이 나빠지기 때문에 품질을 관리하는 것은 수출품의 경우 특별히 더 중요했다. 길드는 (예를 들어, 한 가게에 있어야 하는 수습생과 직공의 수와 같은) 고용 규정을 정했고, 길드에 가입할 새로운 명인에 대한 규제와 더불어, 마을에 있어야 할 가게의 수도 통제했다. 흔히 알려진 바와는 달리, 어떤 길드도 가격을 정할 권한이 없었고, 가격은 오직 경쟁에 의해서 정해졌다. 이는 가능한 길드 상점 간 공평한 경쟁의 장을 유지하기 위해서였다. 뛰어난 장인들이 존재하긴 했지만, 특정한 장인이 부당한 경쟁으로 다른 사람의 사업을 빼앗지 못하게 하고자 했다.

경쟁을 규제하는 것뿐 아니라 이러한 규정에는 명백히 드러나지는 않는 이유가 더 있었다. 길드의 구성원들은 자신이 하는 일이 하나님이 주신 사명이라고 믿었고, 그들은 농부와는 다른 방법으로 하나님의 영광을 위하여 "동산을 돌보라"는 명령에 따르는 것이었다. 생산 기준은 단순히 경제적으로 타당한 이유뿐 아니라 기술 수준 그 자체가 합당한 목적이 되었다. 길드 구성원은 가능한 자신의 작품에 식별 가능한 표시를 남겼는데 이는 광고나 문제가 생겼을 때 찾아올 수 있게 하는 목적이 아니라, 자신의 작품에 대한 자부심의 표시였다.

그들은 자부심을 가질 만한 충분한 이유가 있었다. 중세의 수공업자는 오늘날과 비교하기 힘들 정도로 생산 기술이 뛰어났다. 뉴욕의 클로이스터스에는 한 쌍의 푸른 유니콘 태피스트리가 있는데 그중 하나는 다른 하나가 (위쪽은 아직 푸른 색으로 남아있는) 감청색인 것과는 달리, 아래쪽이 갈색 바탕이 되어버렸다. 그 망가진 태피스트리는 복원할 때 현대의 염료가 쓰였다. 복원 당시에는 색이 맞았으나 불행하게도 몇 십 년이 지나자 푸른색이 갈색으로 변한 것이다. 중세에 만들어진 태피스트리의 색깔은 600년 동안 그대로 남아 있는데 말이다. 요점은 길드의 명인은 자신의 일을 잘 알 뿐 아니라 아주 탁월했고 자신의 작품에 합당한 자부심이 있었다는 것이다. 게다가 수공예마다 그 수공예를 하나님께서 승인하시고 축복하셨다는 표시로 그들만의 수호성인이 있었다. 사실 길드의 구성원은 수호성인의 축일에 함께 예배에 참석해야 했다. 그들은 힘 없는 자를 돌보라는 널리 알려져 있는 성경의 명령에 따르기 위해 길드 명인의 과부와 고아를 돌봤다. 이처럼 길드는 전문가의 동업자 조합이자 플라톤적 인본주의 세계관을 가진 종교와 사업이 결합된 집단이었다.

- **중세의 산업 혁명**

중세 산업에서 잘 알려지지 않은 또 다른 요소는 중세 시대에 있었던 엄청난 규모의 기술 혁신이다. 농업에서 무거운 바퀴 쟁기, 말의 목줄과 편자, 낫은 모두 밭에서의 생산성 증가에 엄청나게 기여했다. 곡물을 갈기 위해 수력이 이용되었는데 이것은 먼저 수도원에서 만들어진 장비이다. 그러나 일단 물레바퀴가 발달하자 이것은 대장간의 풀무를 젓고 직물을 가공하고 종이를 만드는 일에까지 활용되었다. 섬유 산업에서는 실패와 가락이 물레로 대체되어 실을 생산하는 작업이 더 빨라지고 쉬워졌다. 새로운 종류의 베틀이 발명되면서 방직공이 더 많이 일하지 않고도 더 많은 양의 직물을 짜게 되면서 생산품의 품질은 더 올라갔다. 금속 공학의 경우 새로운 종류의 아궁이가 발명되었고 이로 인해 철을 제련하는 것이 더 쉬워졌다. 아궁이에 석회석을 넣으면 철이 더 많이 생산된다는 사실 또한 발견되었다. 15세기에는 실제로 유럽인들이 용광로를 발달시켰다.

이 모든 발명품을 하나로 묶어 주는 생각은, 일이 비록 선한 것이기는 하지만, 힘들기만 하고 단조로운 일은 선하지 않다는 것이었다. 하찮고 반복적인 일보다는 사람들이 창의력을 발휘하는 일에 시간을 쓸 수 있도록, 노동 절약적인 장치를 생산하기 위해 대단히 기발한 독창성과 노력, 비용이 들어갔다. 기술이 일의 의미와 가치를 더욱 높여주는 것으로 여겨졌다. 기술은 생산품의 수를 늘렸고 창세기에 묘사된 동산을 가꾸라는 사명을 더 효과적으로 이루게 하였으므로 당연히 이 또한 선한 것이었다.

- **교역의 증가**

 도시화와 생산의 증가와 더불어 교역이 증가했다. 다시 한번 말하지만, 중세의 상인은 가게 주인이 아니었다. 상인은 원거리 교역과 도매를 담당했고 소매는 거의 하지 않았다. 이들은, 여행의 위험과 비용 때문에 가치는 높지만 부피가 적은 향신료나 비단, 기타 호화로운 옷감, 모피, 호박 등등의 사치품을 중요시하였다. 값이 싸거나 대량으로 유통하는 상품 거래는 단순히 효용이 떨어졌다. 상인은 그들만의 길드가 있었고 보통 마을에서 가장 부유하고 영향력은 있지만 귀족은 아닌 사람이었다.

 그러나 일의 의미와 관련된 문제가 있었다. 수공업자와 농부는 무언가를 생산해 냈으나 상인은 그렇지 않았다. 상인이 파는 물건을 자신이 어떤 면에서 개선시켰는가? 그들이 한 것은 그저 물건을 이곳에서 저곳으로 나른 것뿐이다. 그들은 확실히 그들의 비용과 시간과 노동에 대해 보상을 받을 만했고 이윤을 남길 만했지만, 특히, 실제로 생산적인 일을 한 생산자와 비교해서 교역에서 합당한 대가는 과연 어느 정도인가? 그러나 상인은 부유했고 함께 일하는 어떤 수공업자보다 부유했다. 사실 상인은 무엇이 팔릴지 예상하여 수공업 길드에 무엇을 생산할지를 지시했다. 이것은 사업적인 관점에서 완전히 타당한 것이지만 수공업 길드처럼 진짜 일을 하는 사람이 아무것도 실제로 생산하지는 않으면서 (상품을 실어 나르는) 서비스를 제공하는 사람을 따르게 만들었다. 그리고 중세 시대에 사람들이 일을 이해하는 관점에서 이것은 문제로 여겨졌다.

- ## 이자의 문제

상인의 이익에 대한 논쟁과 단짝으로 등장하는 논쟁은 막 등장하기 시작한 금융 서비스 산업에 대한 것이었다. 10세기 후반 경 자신의 토지에서 이익을 내던 수도원이 봉건 영주에게 돈을 빌려주면서 이자를 받기 시작했다. 이런 행위를 단순히 자신의 이익을 재투자하는 또 다른 방법으로 보았던 것은 틀림없지만 교회의 권한 남용 문제를 정화하는 과정에서 이런 관행은 의문을 불러 일으키게 되었다. 성경은 이자를 받고 돈을 꾸어 주는 것을 금한다. 그것은 생존을 위해 돈이 필요한 극빈자들을 보호하기 위한 것이었다. 돈을 빌려주고 이자를 받는 것은 이웃의 불행으로부터 불공평한 이득을 취하는 것으로 보았기 때문에 금지되었다. 종교 개혁자들은 이 법을 더 넓게 적용하여 기독교인 간 이자를 받고 돈을 빌려주는 모든 행위("고리대금업")를 금지시켰고 이것은 상업적인 투자를 매우 어렵게 했다.

그러나 인구, 도시화, 제조, 교역이 증가함에 따라 어떤 형태로든 대출과 금융 서비스는 불가피했다. 한 가지 해결책은 유대인을 이용하는 것이었다. 유대인은 교회법의 대상이 아니었으므로 그들은 이자를 받고 대출을 해 줄 수 있었다. 왕과 귀족은 유대인에게 대출을 종종 강요했고, 자신들이 편리한 대로 채무를 불이행했다. 그러나 기독교 공동체 안에서도 실제로는 이자를 받고 돈을 빌려주면서 그렇지 않은 것처럼 보이게 하는 방법들이 발달했다.

예를 들어 한 방법은 환어음을 이용하는 것이었다. 환어음을 발행하는 경우, 차용자는 하나의 통화로 대출을 받고 그 대출금을 지정된 나중 일자에 다른 장소(대개 유럽의 주요 통화 시장인 브뤼제)에서 다른 통화로 상환하였다. 그래서 예를 들면, 상환할 때에는 6개월 후에 브뤼제에서 영국의 파운드로 갚기로 하고 대출금은 피렌체에서 플로렌스로 받는 방식이다. 환율은 고정적이지 않으므로 다른 통화를 사용해서 빌려준 금액보다 더 받을 수 있도록 환율을 조작함으로써, 명백하게 이자 거래로 보이지 않게 하면서도 효과적으로 이자를 부과할 수 있었다. 환어음은 환투기나 단순 구매 같은 다른 목적을 위해서도 활용되었지만 특히 고리대금업에 반대하는 교회법을 피하기 위한 수단으로 잘 쓰였다. 교회의 관리들은 꼭 필요한 것이라고 생각했는지 자신들이 이익을 보았는지 그 죄를 입증할 수 없다는 사실을 알았기 때문인지는 모르겠지만, 이를 알면서도 못 본체 했다.

점차 교회는 상인과 대부업자 모두와 합의를 보았다. 신학자와 교회법 학자들은 (과도한 이익은 아니면서도 수익을 내는) 이익을 허용하면서도 그 가격이 공정할 필요가 있다는 생각으로 "공정 가격"이라는 개념을 고안해 냈다. 강제할 수는 없었지만 이 개념은 상업적 활동을 정당화하는데 유용하게 쓰였다. 그리고 13세기에는 신학자들이 소비 대출과 투자 대출을 구분하기 시작했다. 소비 대출은 한 사람에게만 혜택이 가기 때문에 이자를 부과할 수 없었다. 그러나 투자 대출은 대출 기관과 차용자 모두에게 이익을 줄 가능성이 있어서, 그런 경우에는 이자를 부과할 수가 있었다.

채무 불이행의 가능성, 빌려준 돈 때문에 수익성이 있는 투자 기회 상실 등 이자를 정당화하기 위한 몇 가지 특정한 이유가 주어졌다. 그러나 결국 교회법과 신학은 시대의 새로운 환경에 부응하기 위해, 일에 대한 개념과 이익의 타당성을 어느 정도 확장해 가며 진화했다.

- **빈부**

그러나 교회가 자본주의적인 체제를 전폭적으로 지지했다고 결론짓기는 힘들다. 사실, 교회는 부유함보다는 빈곤을 더 선한 것으로 강조했다. 영적인 길 중 가장 높은 길을 가는 것으로 간주되는 수도사와 수녀는 빈곤 서약을 해야 했다. 결국, 예수님도 "가난한 자는 복이 있나니"(누가복음 6:20)라고 하시며 "낙타가 바늘 귀로 들어가는 것이 부자가 하나님의 나라에 들어가는 것보다 쉬우니라"(누가복음 18:25)고 말씀하시지 않았던가. 초대 교회의 금욕의 유산과 신플라톤주의적 탈속주의의 초기 영향은 이 세상을 더욱 불신하도록 만들었다.

이 중세 초기에, (자신들이 부유할 자격이 있다고 믿는 고귀한 귀족을 빼고는) 빈곤은 만연했고, 수도사 말고는 아무도 빈곤을 좋은 것으로 여기지 않았다. 대체로 부유한 축에 속한 사람들만 빈곤을 조금이라도 긍정적으로 바라 보았다. 중세 경제가 성장하고 사람들이 부유해지자 구원에 대한 불안도 커져갔다. 수공예 길드의 구성원은 확실히 자신의 일을 신성한 소명으로 인정받았고 그들의 노동의 열매를 즐기는 것을 정당하게 여겼다. 그러나 그런 주장을 할 수 없던 상인은 특히 부로 인해, 자신의 영혼의 상태에 관하여 근심할 수밖에 없었다. 예를 들어 핀칼레의 성 고드릭(1065-1170)은 물건을 주워다가 파는 가난한 사람이었지만 점차 사업을 확장해 부유한 상인이 되었다. 그러다가 자신의 재산을 다 남에게 나눠주고 은둔자가 되었다. 이로 인해 그는 사후 성인으로 시성되었다.

13세기에는 상인 집안의 자손이던 아시시의 성 프란치스코 또한 자기가 가진 것을 모두 나눠주고 제자들을 모아서 "사도적 빈곤"의 삶을 살았다. 예수와 그의 제자들이 가난했기 때문에 성직자 또한 그렇게 해야 한다는 게 그의 생각이었다. 프란치스코와 그의 제자들은 매일 그날 먹을 음식을 구걸했다. 그날그날 먹고 사는 것이야말로 진짜 믿음으로 사는 가장 좋은 방법이라고 믿었기 때문에 그들은 돈을 받지 않았다. 어떤 면에서 이런 접근은 신앙을 증명하는 방법으로 더욱 과장된 형태의 금욕주의를 추구하던 초기 수도원으로 거슬러 올라간다. 프란치스코의 신념은 매우 유행하여, 과거에는 사도적 빈곤을 강조하지 않았던 도미니크회 수사처럼 새로 등장하는 집단은 대중에게 거룩한 삶을 사는 것으로 보이는 개념에 맞도록 (구걸하며 살아야 했던) "탁발"수도회가 되었다.

프란치스코가 제자들의 개인적 경건 생활을 위해 구걸하라고 했을 수도 있지만 그의 행동은 교회가 축적한 부와 권력을 비판하기 위한 것이었다. 교회가 얼마나 권력을 가지게 되었는지 알기 위해서는 세속적인 정부와 종교적인 정부의 개념과 그 뒤에 있는 세계관에 대해 살펴보아야 한다.

중세의 정치 이론

중세의 정치 이론과 관행은 영지, 봉건, 왕실, 제국, 도시, 교회, 정부와 같은 여러 종류의 정부 형태와, 무엇보다도 중세 시대 천 년 넘게 끊임없이 변화하는 교회와 정부의 권력 분담에 관해 대립되는 사상 등을 포함하는 어지럽고 복잡한 주제이다. 세계관의 관점에서 이 주장과 논쟁을 이해하기 위한 열쇠는 누구보다도 중세의 정치 사상을 형성한 성 어거스틴과 (전혀 놀랍지 않게도) 아리스토텔레스, 이 두 사람의 글에서 발견할 수 있다.

- **어거스틴과 *하나님의 도성***

성 어거스틴은 로마 제국이 멸망해 가던 4세기 후반에서 5세기 초반에 살았다. 그는 신플라톤주의에서 개종하여 나중에 북아프리카의 히포 레기우스에서 주교가 된 사람이다. 그는 정통 기독교에 도전한 (영지주의를 계승한) 마니교, 도나투스주의, 펠라기우스주의 등의 문제를 해결하는데 주력했다. 그의 편지와 글은 이러한 도전과 관련된, 현실적인 정치, 법적 문제에 관한 것이었다. 정치에 대한 그의 가장 중요한 작품인 "*하나님의 도성*"은 로마가 서고트족에게 약탈당하면서 일어난 이교의 부흥과 같은 여러 위협에 대응하기 위해 쓰였다. 이교도들은 로마가 약탈당한 것은 그들이 고대의 신들을 버렸기 때문이라고 믿었다. 그러나 "*하나님의 도성*"에서 어거스틴은 로마의 문제는 너무 기독교화된 것이 아니라 충분히 기독교화되지 않은 것이라고 주장했다.

어거스틴의 정치에 대한 관점을 이해하기 위해 우리는 그가 인간의 본성을 보는 관점부터 알아야 한다. 어거스틴에 따르면 하나님이 처음에 에덴 동산에 아담과 이브를 창조하셨을 때 그들은 순수했지만 마음만 먹으면 *죄를 지을 수 있는 상태*(posse peccare)였다. 그들이 금지된 열매를 먹자 그들과 후손 모두가 죄의 영향을 받아서 *더 이상 죄를 범하지*

않을 수가 없는 상태(non-posse non peccare)가 되었다. 예수님의 죽음과 부활은 그의 제자들이 *죄를 짓지 않을 수 있는 상태*(posse non peccare)를 가능하게 해 주었고 천국의 사람들은 *더 이상 죄를 지을 수 없는 상태*(non-posse peccare)가 된다. 이 모든 것이 뜻하는 바는 현재 우리는 개인적이고 제도적인 수준 모두에서 악의 지배를 받는 세상에 있다는 것이다.

어거스틴은 세상에 두 종류의 도성이 있다고 주장했다. 첫 번째 가장 명백한 것은 사람의 도성, 즉 자기애가 지배하며 제멋대로 구는 방종을 공통 분모로 하는 도성이다. 이 도성에서 선은 아예 존재하지 않는다. 사람들이 사회적 압력이나 정부의 강요에 의해 좋은 습관을 가질 수는 있지만 사람들이 궁극적으로 남들보다 자신을 사랑하기 때문에 진정한 선은 불가능하다. 그들은 도저히 죄를 짓지 않을 수 없는 상태인 것이다. 자신의 주장을 증명하기 위해 어거스틴은 로마의 사회 비평가가 자신과 동일한 문제에 대해 한탄한 내용을 인용했다. 그 사회 비평가와의 차이점은, 그는 이를 새로운 문제라고 주장한 반면, 어거스틴은 이 문제가 로마 역사 내내, 이 세상의 어떤 제국에서도 존재했다고 보았다는 점이다.

이런 환경에서 완전히 도덕적으로 와해되거나 난장판이 되는 상황을 막기 위해서는 정부의 역할이 필수적이다. 악을 억제하기 위해 정부가 존재한다. 그러나 정부 그 자체가 이기심을 바탕으로 해서 세워졌기 때문에 선을 장려하는 것보다는 자기 세력 강화와 권력의 유지에 관심이 있다. 사실상 정부는 체계적으로 억압하는 조직, 즉 한 마디로 (필요악이긴 하지만 어쨌든) 악이다. 어거스틴이 기독교인 황제의 유익에 대하여 어느 정도 입에 발린 말을 하긴 했지만 그래도 사람의 도성의 일부로서 자기 중심적인 부패한 세계의 일부로 보았던 것은 분명하다.

사람의 도성에 반해서, 하나님의 도성의 특징은 하나님의 사랑과 그로 인한 이웃에 대한 사랑이다. 인간 사회가 제대로 기능하도록 하는 모든 것들과 참된 선과 미덕은 전부 이곳에 있다. 그런 것들은 오직, 죄를 짓지 않을 수 있기에 진실한 미덕을 실천할 수 있는, 그리스도께 속한 사람에게서만 발견된다. 어쨌든 사회에서 미덕이 필요하기는 하지만, 실제 인간의 사회는 사람의 도성에 속해 있다. 어거스틴은 최초의 살인자인 가인이 도시를 설립했지만 가인이 살해한 의로운 아벨은 그렇게 하지 않았다고 말했다. 큰 업적을 이룩했다 하더라도 그 업적보다 더 큰 남용으로 사람의 도성은 결국 파멸할 것이고 하나님의 도성과 그 가치만이 영원할 것이다.

그러나 우리는 두 도성이 늘 꼭 전쟁 중이라고 보아서는 안 된다. 일단 사람의 도성은 탐욕과 이기심 때문에 일그러지긴 했어도 결국 어떤 평화의 모습을 띤 나름의 안정성과 평형을 늘 찾으려 한다. 안정성을 위해, 정부는 사회를 유지하기 위한 최소한의 기준에 맞추어 법을 제정한다. 그래서 사람의 도성은 제국 내의 평화를 유지하기 위해 관용을 강조하게 된다. 하나님의 도성도 평화를 구하긴 하지만 그것은 다른 종류의 평화이다. 하나님의 도성은 이 세상에서 순례의 길을 가며 하나님이 주신 사명을 잘 감당하려고 노력하면서 "평안"을 구하는 과정에서 사람의 도성을 돕는 역할을 한다.

이 두 도성은 동일한 자원과 사회 구조를 사용하고 동일한 법을 통해 보호를 받지만, 그 목적과 수단이 다르다. 사람의 도성은 두려움을 이용하여 선한 사람이 악한 사람에게 괴롭힘을 당하지 않고 자신의 삶을 살아갈 수 있도록 법을 강제하고, 선한 행동이나 평화와 안정을 장려하기도 한다. 그 반대로 하나님의 도성이 악에 대해 가지고 있는 무기는 오직 뉘우침과 은혜, 자비이다. 사실 판사의 역할 중 하나는 참회를 장려함으로써 이 두 도성을 서로 가깝게 만드는 것이다.

궁극적으로, 그 두 도성은 실제로 서로 돕는 역할을 할 수 있다. 하나님의 도성은 법을 제정하는 책임을 직접 부담하지 않고서도 사람의 도성을 선으로 이끌 수 있고, 사람의 도성은 (뉘우치기를 바라며) 법원을 통해 선한 행실을 장려하며, 사회를 보호하고 평화를 장려하면서 하나님의 도성이 번영하도록 만들 수 있다.

은혜 없이는 인류가 언제나 이기심과 악으로 향하는 경향이 있다는 사상에 기반한, 어거스틴이 정부를 보는 관점은 완전히 비관적이다. 그러나 동시에, 비록 부패하기는 했지만 세속 정부는 기독교인이 정부에서 봉사할 수 있는 자리를 마련하며, 심지어 정부가 악을 제압하고 뉘우침을 장려하는 역할을 하게끔 한다. 정부에 대한 그의 이러한 이중적인 입장은 신학적일 뿐만 아니라, (우리 안에 있는 악에 대한 경향성인) 원죄에 대한 사상과 우리가 정부에 복종해야 한다는 사상 모두, 성경에 대한 이해에서 비롯된 것이며, 역사적이기도 하다. 교회는 이미 몇 세기 동안 멸시받고 박해받던 소수 집단으로 존재해 왔다. 그러나 그가 살던 시대의 그 제국은 기독교인이 이끌었다. 따라서 교회는 국가로부터 분리되어야 했지만 동시에, 콘스탄티누스 이후 교회가 직면한 새로운 환경에서 이 둘이 함께 일할 수 있도록 도와줄 신학적인 틀이 필요했다.

교회와 정부

중요한 점은, 어거스틴이 다른 방법으로 교회를 전폭적으로 지지했지만, 하나님의 도성을 교회라고 하지 않았다는 점이다. 5세기 말 교황 겔라시우스 1세 때까지 교회는 하나님의 도성과 동일한 것으로 간주되지 않았다. 그는 교회와 황제가 서로를 지지해 주는 서로 다른 기능이 있다고 하면서 동시에 사제가 시민 정부보다 "영적"으로 우월하며 전체 교회보다 교황이 우위에 있다고 주장했는데, 이는 당시로서는 비교적 새로운 사상이었다. (10세기 후반 및 11세기부터) 후일에 신학자들과 교황은 영원이 현세보다 우월하므로 교회가 정부에 우월하고, 교회의 머리인 교황은 이 땅의 모든 왕보다 우월하다는 사상으로 다스리게 된다.

어떤 신학자는 통치자의 일은 공의를 행하는 것인데 교황만 무엇이 공의인지 결정할 수 있기 때문에 통치자가 적법한 사람인지도 결정할 수 있고, 통치자를 마음대로 임명하거나 퇴위시킬 수 있다고 주장하였다. 교회를 하나님의 도성과 동일시하는 견해는 교회가, 특히 교황이 오류가 없다는 신념의 뿌리가 되었다. 사람의 도성에는 오류와 죄, 부패가 발견되므로, 하나님의 도성으로서의 교회에는 논리적으로 이런 악한 영향이 없다는 것이다.

세속 정부에 교황이 직접 관여하게 된 것은 8세기였다. 이 때 교황이 전세계 교회의 지도자로 간주되었을 뿐만 아니라 중앙 이탈리아의 커다란 영토를 받아 그 지역의 세속 통치자까지 되었다. 물론 이는, 과거 주교도 로마의 통치가 몰락했을 때 행정 업무를 대신 맡았었고, 군주도 행정 업무에 주교를 투입하던 관습에 부합했다. 게다가 교회는 보통 행정 부서가 정치적 부서와 비슷했고 교회의 권위자와 정치적 권위자 사이에 갈등이 있을 때의 해결 방안도 알고 있었다.

말할 것도 없이, 황제와 왕은 정치 이론과 교회와 정부의 관계에 대해 다른 견해를 가지고 있었다. 예를 들어 콘스탄티누스 대제는 니케아 공의회를 소집했고, 8세기 후반 샤를마뉴 대제는 통치하는 것은 자신의 역할이며 교황의 역할은 자신을 위해 기도하는 것이라고 했다. 11세기 교황과 황제 간 갈등이 터지자 제국의 이론가들은 비잔틴 전통과 로마법에 점점 더 호소하게 되었다. 그들은 황제를 자연법과 이성의 법칙 아래, 그러나 인간이 제정한 법 위에, 교회로부터 독립적으로 그들만의 고유한 힘과 특권이 있는 하나님이 정하신 영역에 두었다. 성직자가 부를 포함하는 정치적 힘이 있는 이 땅의 권력을 행사하는 것은 적절하지 않다는 주장과 함께 어거스틴이 하나님의 도성과 사람의 도성을 구분했던 사상 역시 적용되었다.

교회의 부

한편 교회의 지배층은 자신의 부를 완전히 적절하게 여겼다. 그들은 어거스틴이 모든 세상이 의로운 자들에게 속한다고 했던 말을 인용하여 하나님의 도성이며 의로운 자의 자리로서 교회로 부가 흘러가야 한다고 주장했다. 게다가 모든 왕의 왕이시고 모든 주의 주가 되시는 그리스도의 주교로서 교황은 자신이 대변하는 하나님의 영광을 드러내야 했다. 왕들은 누더기 차림의 거지를 대사로 보내지 않으며, 자신을 보낸 그 왕국의 위대함과 힘을 보여줄 수 있는 사람을 대사로 보낸다는 것이다.

교회 입장에서는 불행하게도, 많은 사람들이 이 문제를 교회의 지배층이 바라보는 것처럼 보지 않았다. 사실상 모든 중세의 개혁 운동은 (이단 운동 마저도) 교회의 부를 근본적인 문제로 보았다. 정치 권력과 토지, 영향력으로 교회는 매우 부유해졌고, 높은 계급의 성직자와 때로는 수도사조차 사치스럽게 살았다. 가난한 사람이 부유한 주교에게 십일조를 내야 한다는 사실 때문에 분개하거나, 부유한 사람이 구원에 대한 염려를 교회의 부와 권력에 대한 공격으로 돌리기는 쉬웠다. 성 프란치스코가 가난을 주장한 것은 그저 한 예에 불과하다. 그는 교회에 대한 충성을 강조하면서도 분명히 교회의 부와 세속 권력에 대해서는 비판적이었다. 그 결과 황제는 교황을 지적으로 방어하기 위해 프란치스코회 신학자의 환심을 사려고 했다.

- **아리스토텔레스와 정치**

아리스토텔레스에 대한 관심이 거듭 강조되면서 교황의 주장에 대항하는 황제의 무기고에는 새로운 무기가 더해졌다. 아리스토텔레스는 공동체는 유기적으로 생겨나서 자급자족적 공동체로 발달해 가면서 정부를 세우고 자연법, 즉 자연의 일부인 도덕법으로 법을 제정한다고 했다. 이런 공동체는 지배자의 지도 아래 공익을 추구하며 각 영역이 이 목적을 위해 고유하게 기여하는 부분이 있다고 했다.

이를 기독교적으로 설명하자면 죄의 영향에도 불구하고 사회의 그 자연적 목적과 기능은 상실되지 않았기 때문에 이 사회는 선을 합법적으로 추구한다고 주장한다. 그 실질적 결과로 세속 정부는 하나님이 창조하신 자연 도덕 질서의 적절한 요소이며, 그 정당성이 교황의 권위에 의

존되지 않는다. 어거스틴보다 사회를 훨씬 덜 비관적으로 보는, 아리스토텔레스의 이 관점은 황제와 왕, 귀족뿐 아니라 도시의 삶을 장악한 길드에게도 호소력이 있었다. 어떤 경우이든 그들은 하나님의 부르심을 따라 산다고 보았고 그것은 자연스럽게 공동체의 존엄성과 선에 대한 신념으로 결합되었다.

그러나 동시에 신학자들은 죄가 정부에 끼친 영향과 씨름해야 했다. 이번에도 아리스토텔레스가 도움을 주었다. 그는 정부에는 기본적으로 다음과 같은 세 가지 유형이 있는데, 각각은 긍정적이거나 부정적인 형태로 존재할 수 있다고 주장했다.

- 그 첫 번째는 *군주정과 독재정*이다. 둘 다 한 개인이 통치하는 것이지만 군주정에서는 개인이 공익을 위해 통치하고 독재자는 자신의 이익을 위해 통치한다. 군주정의 강점은 위기에 빠르게 대처한다는 점이지만 군주가 실수를 저지를 때 그것을 바로잡을 사람이 없다는 것이 약점이다.

- 두 번째는 *귀족정과 과두정*이다. 둘 다 적은 무리의 사람들 혹은 의회가 통치하는 것이다. 여기서도 귀족은 공익을 위해서 일하고 과두제 집권층은 자신의 이익만을 추구한다는 점이 다른 점이다. 귀족정의 강점은 지혜로운 결정을 위해서 신중하게 생각할 능력이 있다는 점이고 약점은 위기 상황에서 대처가 느릴 수 있다는 것이다.

- 마지막은 *공화정*과 *민주정*이다. 공화정은 대표자가 통치하며 민주정은 말 그대로 민중이 직접 결정하는 방식을 통해 다스린다. 공익보다는 자신의 목적에 따라 사람들을 선동하는 선동 정치가의 지배를 필연적으로 받기 쉽기 때문에 민주주의는 퇴보적인 형태의 정부이다. 공화정은 정부를 운영하는 대표자들이 그런 위험에 완충 역할을 하지만, 그 정부 체계 역시 시민들의 승인을 받아야 한다는 큰 장점이 있다.

원죄와 정부

아리스토텔레스는 이교도였지만 타락한 형태의 정부에 대한 그의 경고는 어떤 면에서 어거스틴의 사람의 도성의 특징이 되는 인간의 죄와 이기심에 대한 분석과 놀랍게 닮았다. 긍정적인 형태의 정부라 할지라도 불완전한 인간의 또다른 요소를 의미하는, 그 정부의 약점이 있었다. 이것은 아리스토텔레스학파의 기독교인 정치 사상가들이 해결해야 할 문제였다. 어떻게 하면 여러 형태의 정부의 장점을 다 취하면서 약점은 없는 정부의 형태를 만들어 낼 수 있는가?

한가지 가능성은 *제한된 정부*라는 사상에 있었다. 모든 사람들은 악을 행하는 경향이 있다는 원죄의 교리를 놓고 볼 때 누군가에게 제한이 없는 권력을 주는 것은 재앙을 초래하는 원인이라는 것이다. 그래서 중세의 모든 정부는 자신의 권력에 대해서 견제와 균형을 위한 체계로서 헌법적 제한을 받았다. 이러한 견제는 전형적으로, 아리스토텔레스가 정의했던 적어도 두 가지 정부 형태가 "혼합된" 정부 형태에서 나왔다. 예를 들면 (군주정의 원칙 하에) 왕에게는 왕실 평의회나 (귀족정의 원칙에 따른) 법정이 항상 있어 그에게 충고를 해 주고 실수를 피하도록 돕는 역할을 했다. 보통 중세 때 공화정의 형태를 취한 마을은 가장 부유한 시민이나 (귀족정의 원칙을 따르는) 귀족 의회, 때로는 (군주정의 원칙에 따른) 베네치아의 (최고 지도자인) 도제와 같은 사실상의 군주를 포함하였다. "혼합 정부"를 세움으로써, 한 체제의 강점으로 다른 체제의 약점을 완화시키고, 권력을 한 사람의 손에 마음대로 쥐어 주지 않음으로 죄의 영향을 최소화하고자 했던 것이다.

교회 안에서의 권력의 제한

한편, 교회에도 제한적이나마 혼합 정부의 요소가 있었지만, 그것은 다른 신학적 바탕에서 생겨났다. 초기 교회는, 교회의 특정 영역에서 지금도 계속되는 관행으로, 교회의 지도자를 선출했다. 수도사와 수녀는 전통적으로 자신의 수도원장과 수녀원장을 선출해 왔고 사실 수도원은 모든 구성원이 선거에서 동등한 권리를 갖는 역사상 첫 공동체였다. 그러나 일단 수도원장이나 수녀원장이 선출되면 순종 서약 때문에 수도사와 수녀는, 적어도 원칙적으로는, 지도자의 결정에 관여하거나 도전하지 못했다. (실제로는 그런 일이 가끔 일어났다. 수도사가 때로, 예를 들어 음식이 마음에 들지 않거나 할 때, 반란을 일으켜 수도원장을 쫓아내기도 했지만 이는 아주 드문 일이었다.) 대성당의 중요한 성직자 역시 자신의 주교를 선출했는데 이 또한 적어도 원칙적으로는 그랬다. 이 경우 누가 선거에 나갈 만한 사람인지를 놓고 세속 통치자와 교황이 엄청난 입김을 주었다. 실제로 교황조차 로마의 사제인 추기경회의 선거로 선출되었다.

그 근거가 되는 원칙은 모든 신자가 영적으로 평등하다는 신념, 즉 교회 내 공동체 구성원은 평등하므로 지도자를 선출할 때 모두 발언권을 가져야 한다는 신념에서 파생된 것이다. 이런 선거는 새로운 정책이나 규제, 법의 영향을 받는 사람은 누구나 그것이 시행되기 전에 말할 권리를 가지고 있다는, 중세법의 가장 근본이 되는 원칙의 한 예이다. 공동체의 구성원은 지도자가 누가 될 것인지에 영향을 끼칠 권리가 있는 것이다.

그러나 선거가 이뤄지고 나면 이런 공화주의적 원칙은 사라진다. 교회는, 특히 11세기 이후부터, 매우 위계적인 군주정의 원칙을 바탕으로 했다. 주교와 교황에게는 함께 일하는 법정(*curiae*)이 있었지만, 영적 상관의 재심만 받는 주교는 교회법의 제약 외에는 자신이 보기에 합당한 대로 교구를 다스렸다. 최상위 계급인 교황청의 결정은 재심을 받지 않았다. 심지어 교황은 교회법을 어길 수 있는 특별 허가조차 발행할 수 있어서 교회 안에서 교황의 힘과 권력을 신학적으로 제약할 수 있는 방법이 거의 없었다.

일련의 서로 다른 왕국에게 각각 지지를 받던 다수의 사람들이 스스로 교황이라고 주장하던 시기를 거친 후, 교황을 교회의 일반 평의회의 권위 아래 두자는 운동이 커졌다. 이 운동은 분열을 끝내고 한 사람의 교황을 세우는 것에는 성공했지만 교황과 그의 계승자들은 그 다음 평의회의 기반을 약화시켰고, 일반 평의회가 교회보다 위에 있다는 사상을 이단이라고 선언할 수 있게 되었다.

자연법과 양도할 수 없는 권리

시민 정부에 대한 또 다른 견제는 *권리*에 관한 사상을 수반했다. 일반적으로 양도할 수 없는 권리라는 사상은 독립 선언 및 영국의 정치 철학자 존 로크의 이론으로부터 주로 영향을 받은 것으로 생각하지만, 그 사상 자체는 중세의 정치 이론으로부터 나온다. 하나님의 형상으로 창조된 존재로써 인간은 국가가 마음대로 할 수 없는 몇 가지 자연권을 가지고 있다. 앞서 본 것처럼, 자연권에는 재산권이 포함된다. 생명권도 상정되었고, 주로 시민과 교회 정부의 권한을 제한하는 형태로 일종의 제한적인 자유의 개념을 지향하는 잠정적인 움직임이 있었는데, 이는 서로 다른 집단의 "자유"를 수호하기 위한 것이었다. 그래서 예를 들어 마그나 카르타는 영국 교회는 "자유"로워야 하며 그 자유는 왕권이 "침해할 수 없다"고 명시하면서, 런던 시의 "자유"도 공인했다.

자연법의 개념은 양도할 수 없는 권리라는 신생 사상을 더욱 지지하였다. 이 맥락에서 자연법은 하나님이 우주에 도덕법을 짜 넣으셨다는 것을 뜻한다. 그 법에 따라 (통치하거나) 살아가는 것은 이 세상의 선으로 인도하며, 그것을 어기면 혼돈과 악에 이르게 된다. "정의롭지 못한 법은 법이 아니다." 따라서 입법은 자연법의 명령에 따라야 한다. 이것은 정부를 비판할 토대를 제공하였고, (선량함과 미덕을 의미하는) 행복 추구권이 양도할 수 없는 권리라는 토마스 제퍼슨의 주장에 영향을 끼쳤다. 이처럼, 가장 제국주의적인 시기에도 왕들은 자연법과 이성의 법 아래 있었으며 자연법에 따라 행동해야 했다.

중세 세계관의 요약

중세를 이루는 거의 천 년의 시간은 정체되어 있었다거나 퇴보하던 시기가 아니라, 사실은 서구 문명의 근간이 되는 역동적인 시기였다. 그 시기를 다음과 같이 매우 짧게 요약한 내용에도 몇몇 세계관적 사고는 두드러진다.

- 중세인은 세상이 실제이고 그 자체로 온전한 상태로 하나님께서 창조하셔서 하나님의 본성과 성품을 반영한다고 추정하였다.

- 우리는 하나님의 형상으로 만들어졌기에, 세상을 이해할 수 있다. 따라서 우리는 세상 그 자체를 연구하거나 우리의 이성을 사용하여 세상과 그 의미를 배울 수 있다.

- 세상은 선하신 하나님이 창조했다. 따라서 세상은 그의 본성을 반영하고 본질적으로 도덕적이다. 우리는 우주로부터 교훈을 배우고 우리의 법은 자연법, 도덕법에 부합해야 한다.

- 우리는 세상을 창조하시는 "일"을 하신 하나님의 형상대로 만들어졌기에 우리도 일을 해야 한다. 우리는 각자가 하나님의 영광을 위해 따라야 할 부르심이 있다.

- 세상은 선하다. 따라서 세상의 자원을 생산에 사용하는 것은 선하고 하나님이 허락하신 것이다. 그러므로 우리는 우리 노동의 열매를 즐길 자유가 있으며, 우리의 수익을 생산을 늘리기 위해 재투자할 수 있다.

- 세상은 선한 것이지만 그 속에는 악도 있고, 악은 인간의 마음속에 있다. 그 결과 정부는 제한된 정부로써, 견제와 균형으로, 자연법과 이성의 더 상위의 법의 제약을 받는 동시에 악을 억제하는 일을 해야 한다.

- 그러나 궁극적으로 이 세상의 어떤 것도 마음의 문제를 해결할 수는 없다. 우리 문제의 해결은 우리가 구원을 얻을 유일한 수단인 (어거스틴의 하나님의 도성과 동일시되는) 교회에서의 은혜와 회개, 용서에 있다. 제도적 교회 역시 문제가 있을 수 있지만 이는 중세인에게 있어 구원의 문제에 있어 유일한 해결책이었다. 그러므로 우리는 선과 정의를 행하며 우리의 부르심을 따라 열심히 일하고, 우리 삶의 목적과 이유인 천국을 얻기 위해 교회의 성례와 예배를 열심히 행해야 한다.

이 세계관의 기본 요소는 중세 이후 몇 세기 동안 중요한 방식으로 수정되면서 중세 시대가 끝나고도 오랫동안 남아 있었다. 사실 (16세기부터 18세기까지) 근대 초기에 잇따라 나타난 주요 문제들이 이 세계관의 중요한 요소에 도전을 한다. 다음 장은 그 도전에 관한 것이다.

Chapter 06

중세 모형의 몰락

중세의 세계관은 경제 발전과 정치의 중앙 집권화, 교회 개혁, 아리스토텔레스의 재발견을 통해 몇 세기에 걸쳐 진화했다. 이러한 모든 변화에도 불구하고, 성경과 교부, 고전주의적 과거에서 나온 몇 가지 기본 사상은 사회의 지도 원리로 비교적 일정하게 유지되었다. 유럽의 30~40%의 인구를 죽인 흑사병조차 그 세계관을 흔들지는 못했다.

그러나 1400년대 후반부터, 중세의 사상을 떠받치던 기둥을 위협했던 일련의 움직임과 발견으로 인해, 유럽은 심하게 흔들렸다. 이탈리아의 르네상스와 종교 개혁, 아메리카 대륙의 발견, 고대 회의주의의 재발견에 따라 유럽의 세계관은 중대한 변화에 직면했다.

이탈리아의 르네상스: 정보의 과다

사람들은 보통 이탈리아의 르네상스라고 하면, 중세의 무지와 미신과 어두움을 떨쳐 버리고, 인생에 대해 보다 진보적이고 낙관적이면서, 합리적인 동시에 세속적으로 접근하게 된, 빛과 발견의 시대인 근세의 시작으로 묘사하곤 한다. 굳이 *카멜롯*에서 아서 왕과 귀네비어 왕비가 '세상은 밝고 만사형통하며 인생은 즐겁고 기쁘다'고 했던 "평범한 사람들은 무엇을 하는가?"라는 제목의 노래를 인용하자면 말이다.

이런 식의 르네상스에 대한 관점은 (이탈리아의 태양이 정말로 밝기는 하니까 "거의 대부분" 잘못되었다고 할 수도 있겠지만) 전부 잘못되었다. 첫째, 우리가 지난 장에서 보았듯이 중세는 위에서 묘사한 것처럼 정적이고 암울하지 않다. 삶의 모든 영역을 관통하는 엄청난 발전과 창조적 에너지가 있었다. 둘째, 르네상스 사상가가 비록 자각하지는 못했지만, 이들은 고대와 근대의 세계관보다는 중세의 세계관과 훨씬 더 많은 것을 공유한다. 셋째, 르네상스의 사상은 거의 혁신적이거나 진보적이지 않다. *르네상스*라는 말 자체가 "부활"을 의미하며, 이는 고대 그리스 로마 시대의 고전 문명의 부활이다. 즉, 그들은 아주 오래된 과거를 모든 것의 기준으로 삼았다. 어떻게 이것이 혁신적일 수 있겠는가?

낙관론에 관해 말하자면 르네상스 시대의 작가들이 애용했던 주제는 *자연의 부패*였다.

- 자연의 모든 것은 죽고 부패한다.
- 인류 사회는 자연 세계에 존재한다.

- 그러므로 (우리를 포함한) 모든 인류 사회도 죽고 부패할 것이다.

로마는 결국 무너졌는데 대체 왜 도피해야 하는가? 르네상스 작가들이 당대 사회가 이룩한 것을 긍정적으로 보았을 수도 있지만, 그것이 오래갈 거라고는 생각하지 않았다.

과학으로 말하자면 르네상스는 물리적 우주를 설명하기 위한 마법 이론의 황금기였다.

세속적이라고? 모든 예술은 종교적이었다. (모든 예술품은 교회를 위해 교회에서 값을 지불했거나 교회에서 전시할 목적이었다.) 모든 주요 작가나 사상가들은 세상을 하나님을 기준으로 보았고, 하나님께서 사회의 가치에 대한 기준을 정해 주신다고 보았다.

- **르네상스의 본질**

만일 우리가 이탈리아 르네상스에 대해 배웠던 모든 것이 잘못된 것이라면, 진짜 르네상스는 어땠는가? 르네상스는 14세기, 유럽 역사상 거의 틀림없이 가장 좋지 않은 시대에 시작됐다. 그 시대는 문제로 가득했다. 경제의 쇠퇴와 대륙 전반적인 흉작, 100년 전쟁, 교황의 아비뇽 유수, 여러 명의 교황, 게다가 물론 흑사병까지 있었다. 이런 상황에서 사람들은 세상이 심각하게 잘못되었으며 무언가 좀 더 괜찮은 것이 있어야 한다고 믿게 되었다. 남부 유럽, 특히 이탈리아에는 더 나은 세상이 있다는 증거, 즉 로마의 기념비적인 건축물과 길, 수로, 미술품이 눈앞에 있었다.

긴 이야기를 짧게 줄이자면, 14세기 이탈리아 사상가들은 로마를 문명의 완벽한 본보기로 여기기 시작했고 로마가 무너지면서 문명도 끝난 것이라고 주장했다. 그러면서 자연스럽게 그 작가들은 로마와 그리스를, 예술, 문학, 교육, 철학, 군사 체계, 정치 구조 등 모든 것에 대한 가치와 기준의 원천으로 보게 되었다. 유럽이 14세기 대대적으로 손상된 상태에서 회복되기 시작하면서 르네상스 사상가들은 문명이 돌아오고 있다고 믿기 시작하였고, (아직도 모든 것을 측량하는 기준이 되는) 고대 문명과 "근대" 문명에 대해 이야기하기 시작했다. 그 사이에 있던 모든 것은 여백, 즉 "암흑기" 같은 것으로 문명이 존재하지 않던 야만의 시대였다. 이것이 *중세*(중간 시대)라는 용어가 나온 이유다. 중간 시대라는 것이 어떤 것 사이의 중간인지 궁금했던 적이 있는가? 르네상스 역사가에게는 이 시기가 고대와 현대 두 문명 사이에 있는 공백기였다는 것이다. 그것이 그들의 자화상이었고 그것은 오늘날까지 르네상스에 대한 우리의 생각으로 흘러온다.

물론 우리가 본 것처럼 중세의 스콜라 철학파 사상가 역시 고전을 진리의 원천으로 보았지만 이탈리아 르네상스의 작가들은 이들보다 고전 문명에 훨씬 더 집착했다. 그 집착은 우스울 정도로 정도가 심했다. 예를 들어 스콜라학파의 방법론 덕분에 북부 지역의 교육 기관이 *논리학*을 교육의 중점에 두었다면, 이탈리아 사람들은 (고대 로마의 선례를 따라) *수사학*이 교육의 중심이 되어야 한다고 믿었다. 로마의 위대한 수사학자는 키케로였으므로 그들은 무엇을 하든지 그를 따라했다. 교회에서조차도 어떤 사람들은 키케로가 사용하지 않은 *어떤 형태의* 단어도 쓰기를 거부했다. 키케로가 이교도였으므로 그런 관행은 문제가 되었다. 키케로가 예수 그리스도의 이름을 쓰지 않았는데 어떻게 그에 대해 이야기를 하겠는가? 결국, "키케로를 숭배하는 사람들"은 그리스도 대신에 신들의 왕이었던 "주피터(제우스)"를 쓰기 시작했다. 어떤 키케로 숭배자는 키케로가 쓰지 않았던 어떤 형태의 말도 쓰지 않을 정도였다. 예를 들어 그가 어떤 말을 소유격으로 쓴 적이 없다면 그들 역시 그 단어를 소유격으로 쓰기를 거부했다.

그러나 그렇게 극단적이지 않은 사람조차 고전의 자료를 스콜라 철학자와는 다르게 사용했다. 이탈리아 학자는, 고전 문서를 더 광범위한 지식에 통합하거나 논리적 구성의 기본 요소로 활용할 문장을 고전 문서에서 발췌하지 않았다. 고전을 존재하는 논리적 체계에 맞추려 하기보다 고전 문서 그 자체로 독립적인 문학 작품으로 보고 작가가 진짜 무엇을 뜻했는지 이해하기 위해 문법과 단어, 수사적 장치 등을 분석했다. 그들이 보기에 고대인이야말로 진정한 천재였다. 따라서 고전을 후대의 무지하고 야만적인 사람들의 사상에 통합할 이유가 없었다.

이러한 고전 세계에 대한 집착은 르네상스 사상가가 동전, 석상, 예술품, 건축의 일부 등, 고대로부터 온 것은 그 무엇이든지 다 구하고 싶어 하는 것을 의미했다. 그들은 특히 고전 작품의 사본에 관심이 있었고 사본은 더 오래될수록 좋았다. 그들의 체계적인 노력에도 불구하고 찾을 수 있었던 고대 문서의 가장 오래된 필사본은 샤를마뉴 대제 시대의 것이었지만, 어쨌든 많은 문서들이 회수되었다. 오스만 제국이 비잔틴 영토를 침략하자 그리스 난민이 유입되었고 이로 인해 그리스어와 문학에 대한 지식이 늘었다. 어떤 학자는 모든 것을 일관된 하나의 사상 체계로 통합시키기 위해서 히브리어와 아랍어를 배웠고, 고대 이집트로부터 온 것으로 추정되는 ("은밀한" 전통이라 불리는) 마법 서적도 연구했다.

- **위대한 통합**

그런데 여기에는 문제가 있었다. 르네상스 사상가는 근대적이라고 하기엔 아직 훨씬 중세적이었다. 그들은 중세인처럼 진리가 존재하며 그것은 확실히 알 수 있는 것이라고 믿었다. 그들은 또한 진리로 안내하는 가장 좋은 인도자는 과거이며 과거의 작가를 연구함으로써 통일된 진리의 체계를 발견하고 인류의 모든 지식에 관한 위대한 이론을 세울 수 있다고 믿었다.

예를 들어, 15세기의 가장 영향력 있는 학자 중 한 명인 마르실리오 피치노는 기독교를 우위에 두면서 플라톤과 다른 고전 작가의 글도 기독교에 통합시켰다. 그는 고대 플라톤의 위계 질서를 발전시키며 (남성인) 사람을 그 위계의 중간 지점에 두었다. 즉 사람을 우주의 축소판으로 만든 것이다. 신과 천사처럼 인간도 영적인 존재였지만 동물처럼 시간에 묶여 있는 물리적 존재였기 때문이다. 이것은 사람에게 특별한 "존엄성"을 부여했다.

피치노는 이생에서 무언가를 사랑하게 되면 사랑의 대상과 영혼을 교환하게 된다고 믿었다. 그래서 적절한 대상을 사랑하는 것이 중요했다. 황금은 영혼이 없기 때문에 황금을 사랑하는 사람은 영혼을 잃어버릴 것이다. 만일 여성을 사랑한다면 여성은 변덕스럽고 그 사랑에 보답할 리 없기 때문에 여성을 사랑하는 사람은 자기 영혼을 위험에 처하게 만드는 것이다. 그러나 당신이 만약, 남자로 추정되는 적절한 사람을 사랑한다면, 그 사랑에는 보답이 있고 영혼을 교환할 수도 있기 때문에 당신은 안전하다. (이것이 바로 뿌리 깊은 여성 혐오자라고도 불리는 수많은 르네상스 위인이 남성 동성애자로 추정되는 이유이다. 어떤 사람들에게 삶은 정말 "즐겁고 동성애적(merry and gay)"일 수도 있겠다.) 그리고 그런 사랑으로 인해 당신은 존재의 위계에서 단계가 올라가고, 인생의 궁극적 목적인 신의 사랑으로 이끌림을 받을 것이다.

피치노의 젊은 제자인 피코 델라 미란돌라는 거기서 한 단계 더 나아갔다. 피코는 명석한 학자이자 이탈리아어, 라틴어, 그리스어에 능통할 뿐 아니라 기독교인으로서 히브리어와 아랍어를 정말로 아는 그 시대의 첫 번째 사람이었다. 그의 이론 체계는 그의 기독교 신앙과는 관계없이, (이교와 유대교, 기독교, 이슬람교를 망라하여) 구할 수 있는 모든 자료를 바탕으로 했기 때문에 교회와 문제가 생겼다.

피코는 사람은 위계 질서에 있어 정해진 자리가 전혀 없으며 자신의 선택이 그 자리를 정한다고 주장하였다. 만일 그가 황금을 사랑한다면 그는 동물보다 아래의 위치로 갈 것이고, 그가 식욕을 위해 살아간다면 짐승과 같을 것이고, 그가 하나님을 사랑한다면 천사보다 위로 올라갈 것이다. 피코의 체계에 따르면 이것은 사람에게 특별한 존엄성을 부여한다. 피코는 "사람이 만물의 척도"라는 고대 그리스 철학자 프로타고라스를 인용하여 이것을 설명했다. 피코에게 이것은, 우리의 선택과 사랑에 따라 전체 창조 세계를 아우를 능력이 있다는 것을 뜻했다. 르네상스 휴머니즘을 요약한 것처럼 사용되는 이 문장은, 사람이 옳고 그름에 대한 자신의 기준을 세운다거나, 인간이 하나님을 떠난 자율적인 존재라는 뜻이 아니다. 그보다는 하나님께 기준을 둔 체계에서만 옳고 그른 선택이 확실하게 존재한다는 뜻을 내포하는 것이었다. 말하자면 이것은 세속적 사상 체계라고 보기는 힘들었다.

피코의 문제는 그의 이론 체계에 원죄나 교회의 역할, 그리고 구원을 가능하게 하는 성례에 대한 설명이 없다는 것이었다. 그가 "900개의 논제"를 발표한 후 누구든지 그 논제에 논박하라고 도전했을 때, 피코가 살던 로마의 종교 재판소에서 논박하겠다는 의견을 내비쳤다. 그러자 피코는 플로렌스가 더 살기 좋은 곳으로 여겨진다며 자신이 살던 곳에서 도망쳤다.

피치노와 피코는 두 가지 가장 잘 알려진 르네상스 이론을 만들었다. 둘 다 각각, 형이상학과 인식론, 윤리학, 인생의 의미와 목적 등, 완전한 세계관을 포함하는 것이었다. 그것들은 완전한 철학적 체계라기보다는 인간의 존엄성에 집중된, 세상에 대한 시적인 서술이다. 그럼에도 불구하고 얼마나 많은 사람들이 그 세계관을 믿었는지 모르겠다.

• 치명적 결함

피코와 교회의 교리 사이의 문제는 피코와 피치노에게 모두 적용되는, 저변에 깔린 더 큰 문제를 단순히 보여 주는 것이다. 그들의 이론에 포함되어 있는 여러 사상 체계는 서로 양립할 수 있는 것이 아니었다. 그래서 그 학자들의 방법론 또한 그들의 목적에 도움이 되지 못했다. 일찍이 13세기 스콜라학파 신학자들은 르네상스 사상가와 비슷하게, 아퀴나스의 *신학 대전* 같이, 지식을 하나로 합쳐 거대한 하나의 작품으로 만들어 보려는 작업을 시도했었다. 스콜라학파의 학자들은 바로 이 과업이 너무나 방대하다는 점과, 하나의 진리가 되는 이론을 만들기에는 자료의 내용이 서로 너무나 상반된다는 사실을 알아차렸다. 15세기경에 이르러서는 더 이상 종합 전집을 만드는 것은 거의 포기하고 그 대신 라틴어로 "*quodlibet* (무엇이든지)"라고 하는, 좀더 한정적인 주제에 관해 글 쓰는 일에 집중했다.

르네상스 사상가는, 스콜라학파의 야만적인 라틴어로 쓰여진 작품을 읽기를 거부했기 때문에, 일찍이 있었던 모든 지식을 체계화하려고 했던 시도에 관해 알지 못하거나 관심이 없었다. 그래서 이들은 계속 중세의 위대한 이론을 하나로 정립하기 위한 목표에 집중했다. 그러나 이제 그들은 스콜라 학자들이 얻을 수 있던 것보다 더 많은, 서로 통합해야 할 로마, 그리스, 유대, 이슬람, "이집트"의 자료가 있었다. 특히나 그들의 주요 도구가 논리학이 아니라 수사학이었기 때문에, 스콜라학파 학자들이 할 수 없었던 과업을 르네상스 사상가들이 해낸다는 것은 불가능했다. 스콜라학파가 그랬듯, 후세 르네상스 학자 역시 자료가 하나의 체계로 통합하기에는 너무나 많고, 내용이 상반된다는 사실을 깨닫고 위대한 하나의 이론을 수립하는 일은 그만두었다.

이것은 더욱 근본적인 문제를 제기한다. 만일 자료가 서로 너무나 상반되고 도저히 화합할 수 없기 때문에 위대한 하나의 이론을 성립하는 것이 불가능하다면, 학문의 목적이란 무엇인가? 본래의 목적이 불가능한 것으로 판명되었다면 학자들은 무엇을 성취하고자 한다는 말인가? 위대한 이론을 찾으려는 시도가 실패했다는 사실은 지식의 본질에 관해 무엇을 말하고 있는가? 진리란 완전하며 인식할 수 있는 것인데, 과거의 작가들이 서로 진리에 관해 동의할 수 없다면 우리는 어떻게 진리를 찾을 수 있는가? 몇 세기 동안 고대의 작가들은 모두 같은 진리에 대해, 서로 다른 관점과 다른 단어를 사용하여 말한다고 추정했었다. 그런데 그들이 정말로 서로 상반된다면 누가 옳은지를 어떻게 결정한다는 말인가?

본질상, 르네상스는 스스로의 성공의 희생 제물이 되어 버렸다. 그들은 고대 세계의 유산인 지식을 되찾고자 하는 목적을 달성했고 방대한 양의 새로운 서적을 만들었다. 그러나 동시에, 압도적인 방대한 양의 새로운 자료 때문에 그들의 폭넓은 지적 과제는 무너져 버렸다. 물론 스콜라학파는 이러한 종류의 실망에 일찍이 익숙했었고, 르네상스 사상가들도 그랬을 것이다. 그러나 이것은 그들에게 닥친 유일한 문제가 아니었을 뿐 아니라, 그 시기의 유럽이 맞닥트린 첫 번째 도전에 불과했다.

평화의 왕을 위한 살상: 종교 개혁과 종교 전쟁

근대 초기의 유럽인이 마주한 두 번째 중요한 도전은 교회 안에서의 노골적 남용에 대한 신학적인 도전에서 시작해, 라틴 세계의 교회를 경쟁적인 몇몇 파벌로 나눈 종교 개혁이었다. 이런 일들이 일어난 이유와 세세한 경위에 대한 정보는 우리의 관심사가 아니다.[1] 그저 르네상스에서 시작된 새로운 연구 방법이 오래된 질문에 대한 새로운 답을 주었고, 가톨릭교회가 신학에 이러한 새로운 접근 방식을 수용할 수 없었기 때문에 일어난 일들이라는 정도면 충분할 것 같다.

개신교의 도전은 구원에 대한 질문과 함께 시작했다. 가톨릭교도는 믿

---

1. 종교개혁에 관한 유용한 요약서는 Glenn Sunshine, *The Reformation for Armchair Theologians* (Louisville: Westminster, 2005) 참조.

음과 행위가 모두 구원에 필요한 것이라고 믿었는데, 개신교도는 행위가 아니라 믿음으로 구원을 받는다고 주장하였다. 가톨릭에서는 성례가 죄를 용서받는 주된 방법이었던 반면 개신교는 믿음에 의해서 구원을 받는다면 죄를 용서받기 위해 성례가 꼭 필요한 것이 아니라고 하였다.

개신교는 신학적 질문에 대한 믿을 만한 답은 오직 성경에 있다고 믿었다. 그들은 진리에 대한 논리적 결론을 가장 오래된 서적으로부터 찾는 르네상스의 경향을 취했다. 기독교의 가장 오래되고 순전한 원천은 성경이었기 때문에 "믿음과 행위"에 대해 권위 있는 유일한 원천 역시 성경이어야 했다. 그래서 개신교는 교회와 교황권, 성경에서 가르치지 않은 전통을 거부했다. 가톨릭에서는 성경과 전통이 모두 권위의 원천이었고, 전통은 성경을 해석하는 인도자의 역할을 했다. 전통은 독립된 권위의 원천이자 성경의 문지기였기 때문에 이러한 접근 방식은 기능적으로 전통이 주가 되게 했다.

- **개신교와 세계관**

종교의 진리를 어떻게 알 수 있는지에 관한 문제 외에도 개신교는 세계관적으로 중요한 몇 가지 문제를 제기했다. 무엇보다도, 현실 세계를 교회와 동등한 중요성을 갖는 위치로 올려놓았다. 개신교에서는 모든 신자가 제사장이라고 주장했다. 공동체 안에서 성직자는 일반인과는 역할이 다를 뿐이지 다른 직업군의 사람과 질적으로 다른 것이 아니었다. 수공업자로 부르신 소명은 하나님께서 보시기에 성직자로 부르신 소명보다 덜 중요하지 않다. 바로 이 점이 길드 체제의 근간이 되었으며, 개개인의 직업이 거룩한 소명이라는 개념은 종교 생활의 중심이 되었다. 이 모두가 공동체의 적절한 질서를 유지하기 위해 필요한 일들이었다.

게다가 개신교의 영역에서 교회와 국가는 가톨릭보다 더 긴밀하게 통합되어 있었다. 개신교 국가에는 외부에 별도로 보고할 의무를 지니지 않는 교회가 있었다. 교회의 구조는 국가의 구조와 일반적으로 비슷해서 군주가 통치하는 지역에서는 주교가 교회의 수장이 되었고, 공화정 형태의 도시에서는 의회가 교회를 치리했다. 대부분 개신교 지역에서 교회는 사실상 국가의 일부로 성직자는 보수를 받고 일하는 공무원이었다.

교황과 황제 사이의 옛 전쟁에서 개신교 지역 황제는 쉽게 승리했다. 그러나 그 유착 관계 속에서도 종교 개혁가는 교회의 책임과 민사상 책임 사이의 경계선을 지키려고 노력했다. 그들은 가톨릭교회에 대해 불평했던 것처럼, 교회가 행정 당국에 대해 "불법적으로 권리를 침해"하는 것을 피하고자 애썼다. 반대로, 순전히 종교적인 사안에 있어서는 국가가 지나치게 교회에 간섭하는 것을 원하지 않았다. 그러한 사안은 하나님께서 공동체 내에 권한을 부여하신 성직자나 신학자가 다루는 것이 맞다고 여겼기 때문이다. 그러나 동시에, 특히 사회 복지와 관련된 일이나 때로 공동체 안에 도덕적 기준을 강제로 집행하는 경우에는 국가와 교회의 기능을 구분하는 것이 어려운 상황도 발생했다.

- **가톨릭의 부활**

개신교가 그렇게 빠르게 성장한 이유는 16세기 가톨릭교회의 상황 때문이었다. 말 그대로 교황에서부터 주임 사제에 이르기까지 교회는 부패로 가득 차 있었다. 물론 신실한 성직자도 많이 있었지만, 문제는 널리 산적해 있었고 대중의 상상 속에서 극대화되었다. 일찍이 교회가 심각한 도전에 직면하지 않았던 유일한 이유는 그들이 모두에게 필요했던 구원이라는 상품을 독점하고 있었기 때문이었다. 일단 마틴 루터가 그 독점권을 깨뜨리자 수문이 열렸고, 개신교는 순식간에 퍼졌다.

가톨릭교회가 이를 막고자 노력은 했지만, 문제가 된 관행을 바로잡는 체계적인 프로그램을 시작하기 전까지는 효과가 없었다. 가톨릭교회는 성직자 사이에서 도덕 기준을 강화하기 시작했다. 주교는 자신의 교구에 살면서 설교해야 했고, 사제는 교육을 받았다. 교황과 교황청은 교회에 대한 그들의 책임을 더 무겁게 보았고, 아시아와 북미와 남미, 유럽의 개신교 지역으로 선교사를 보냈다. 이 모든 노력의 결과, 가톨릭은 부활했고 어떤 지역에서는 재개종이 일어나기도 했다.

• 분쟁의 심화

개신교의 성장과 가톨릭의 부활은 16세기 사람들에게 중요한 문제를 제기했다. 가장 시급한 문제는 경쟁하는 두 교회 중 어느 쪽이 맞느냐는 것이었다. 절대 원칙을 믿는 시대의 사람들은, 잘못된 선택을 한다면 영혼을 대가로 치르게 될 수 있다고 생각했다. 같은 이유로, 대부분의 사람들은 자신의 교회를 열정적으로 신뢰하면서 반대자들을 미신을 믿는 우상 숭배자나 이단으로 생각했다. 종교적 통합은 국가의 존립을 위해 언제나 실제로 꼭 필요한 것이며, 진짜 교회를 지지해야 할 거룩한 책임이 있다고 믿는 통치자에게 이것은 특별히 민감한 문제였다. 영국은 개신교 지역의 대표적인 예시였다. 헨리 8세는 자신과 뜻을 같이 하지 않는 사람마다 잔인하게 대했고, 엘리자베스 1세는 (주 원인은 몇몇 사제가 여왕을 암살할 음모에 연루되었기 때문이었기는 하지만) 가톨릭 사제를 금지했다.

16세기 후반 몇몇 가톨릭 국가에서는, 군주가 전면적인 종교 전쟁을 일으키거나 전면전에 휘말렸다. 신성 로마 제국의 황제 카를 5세는 완전히 헛된 시도였기는 하지만, 개신교 지역을 가톨릭으로 개종시키기 위해 두 차례 슈말칼덴 전투에서 싸웠다. 이후, 카를 황제의 아들이었던 스페인의 펠리페 2세는 소유지였던 네덜란드에서, 스페인에 대한 반민족주의와 종교적 반대로 내전을 치렀다. 결국 네덜란드는 (개신교 지역인) 북부가 독립하고 (가톨릭 지역인) 남부는 스페인 제국의 일부로 남아 갈라지게 된다.

프랑스에서는 극단적으로 보수적인 가톨릭 연맹의 가톨릭 군주와, 다수의 귀족층 고위 인사가 이끄는 강력한 개신교 분파 사이에서 끝없는 종교 전쟁이 연이어 일어났다. 프랑스의 전쟁은 (1562년부터 17세기까지 이어질 정도로) 오래 지속되었을 뿐 아니라 근본적으로 상반되는 세계관을 가지고 서로를 진정 혐오했기 때문에 유독 파괴적이었다. 프랑스의 대중적 가톨릭은 역사가 드니 크루제가 "종말론적 고통"[2]이라고 했던, 징조와 전조에 대한 기록과 종말에 대한 기대, 적그리스도(즉 개신교도)에 대한 두려움에 집착하는 상태에 있었다. 가톨릭교도는 하나님께서 자신들이 하나님을 위해 싸우고 이단을 척결하기 원하신다고 믿었다. 한편, 개신교도는 종교에 대해 이렇게 선정적인 방식으로 접근

---

2. Denis Crouzet, *Les Guerriers de Dieu* (Seyssel: Champ Vallon, 1990), 1:103.

하기를 거부하고, 칼빈주의로부터 온 합리적인 세계관을 선호하여 가톨릭을 무지하고 미신적이라 여겼다.

이렇게 서로 다른 관점과 상대에 대한 두려움과 경멸은 전쟁 기간 내내 잔학 행위로 이어졌다. 가장 큰 사건은 종교 전쟁의 휴전 당시 파리의 개신교인들이 거리에서 잔인하게 학살되었던 (1572년) 성 바르톨로메오 축일의 대학살이다. 이에 대한 소문이 퍼지자 프랑스 전역에서 모방적인 대학살이 일어났다. 파리에서만 이천 명이 죽었고 왕국 전체에서 대략 이만 명 정도가 살해당한 것으로 추정되는, 20세기 이전에 일어났던 역사상 가장 큰 대학살이다. 이후 우여곡절 끝에 개신교 측의 수장(앙리 4세)이 프랑스의 왕위를 이어 받았다. 그는 자신의 지위를 굳건하게 하기 위해서 가톨릭으로 개종하고, 개신교 예배를 제한적으로 허락하고 개신교 공동체에 안전망을 제공하는 칙령을 반포한다. 이러한 조치는 자신의 아들(루이 13세) 제위 전까지 상황을 안정시켰다. 루이 13세 때에는 비교적 짧긴 했지만 또 다른 종교 전쟁이 벌어졌다.

- **정치 이론**

종교 전쟁은 당시 부상하던 두 가지 정치 사상의 발전에 박차를 가했다. 첫째, 성 바르톨로메오 축일의 대학살로 "정부에 저항하는 것이 합당한 때는 언제인가"라는 문제를 다루면서, *저항 이론*에 대한 체계적인 연구가 시작되었다. 중요한 문제는 왕을 어떤 경우에 불법적인 폭군으로 보고 폐위시키거나 처형시킬 수 있는지를 결정하는 것이었다.

두 번째로 발전한 정치 사상은 저항 이론과는 여러 면에서 반대되는 것이다. 이는 *절대주의*라고 알려진 사상으로, 종교적 분열로 어려울 때

유일한 해결책은 왕에게 더욱 더 많은 권력을 주어 조건 없는 순종을 강요하는 것이라고 이야기하는 사상가가 나타났다. 군인에게는 전쟁이 정당한 것인지 아닌지 결정할 권한이 없고 오직 상관이 결정하는 대로 따라야 하는 것처럼, 사람들도 통치자가 옳은지 여부와 상관없이 순복해야 한다는 것이다.

절대주의를 지지하기 위해서 *왕권신수설* 개념이 만들어졌다. 왕을 왕좌에 앉히신 분이 하나님이시기 때문에 왕은 오직 하나님 앞에서만 그 책임을 지면 된다. 다른 모든 사람은 왕의 결정에 복종해야 하며 복종하지 않는 것은 하나님께서 왕국에 세우신 사람에게 대항하는 것이다. 이 개념은 왕이 자기 휘하에 있는 사람들에게 복종을 강제하여 내전을 막을 수 있을 거라는 희망에서 나왔다. 이 개념은 중세의 *제한된 정부*라는 개념과 완전히 상반되는 것이었다. 왕들도 원죄의 영향 아래 있기 때문에 그들에게 제한이 없는 권력을 줄 수는 없었다. 오히려 왕권에는 헌법상 제한이 있어야 했다. 절대주의는 가톨릭 권력과 연관되는 경향이 있어서 그 결과, 특히 앵글로 색슨 세계에서 가톨릭은 독재 체제와 관련이 있었다. 그것은 17세기 종교 전쟁의 한 요인이 되기도 했다.

- **절대주의와 종교 전쟁, 그 결과**

절대주의가 종교 전쟁에 개입되기 시작한 것은 잉글랜드 내전 당시였다. 영국에서는 더 완벽한 신교 국가를 원하면서 가톨릭에서 온 "고교회파"의 관행을 없애고자 했던 칼빈주의자 청교도들이 국회를 이끌었다. 그들은 또한 절대주의 경향을 보이고, 청교도의 입장에서는 너무 가톨릭에 편향되어 보이는 국왕 찰스 1세와 (캔터베리 대주교) 윌리엄 로드의 권력을 제한하고 싶어했다. 로드가 대중에게 너무나 "가톨릭"적인 기도서 형식을 강요하자 전쟁이 일어났다. 전쟁에서는 결국 의회파가 승리하게 된다. 대주교와 왕은 처형되었고 올리버 크롬웰이 영국 연방의 호국경이 되었다.

찰스 1세의 아들인 찰스 2세는 프랑스 루이 14세의 절대주의 체제 하 궁중으로 유배를 갔다. 크롬웰이 죽자 찰스 2세는 왕좌로 복귀했고 종교적 획일성이 강요되었다. 그러나 찰스 2세의 아들 제임스 2세는 가톨릭이었고, 영국은 가톨릭 지도자를 받아들일 준비가 안 되어 있었다. 루이 14세는 프랑스의 개신교도를 박해하는 독재자로 여겨졌는데, 영국 의회는 제임스 2세가 이를 모방할 것을 우려했다. 제임스 2세가 가톨릭 교도를 정부 고위직에 불법으로 지명하려 했을 뿐 아니라 무모하게 후계자를 세우려고 하자, (영국에서의 세 차례 전투, 전투로 보기 어려운 스코틀랜드에서의 싸움 등) 상대적으로 평화적인 쿠데타였던 명예혁명을 통해, 영국의 자유를 지키기 위한다는 명목으로 그를 폐위시켰다. 제임스의 딸 메리와 남편인 오렌지 윌리엄 경은 즉위하자마자 바로, 신중하게 정의된 의회의 권리와, 삼위일체주의 개신교에 대한 종교적 관용을 가지고, 입헌군주제를 확립했다. 명예혁명의 주요 이론가는 존 로크였는데 그의 사상은 먼저 있었던 중세 헌법 정치 이론과 성 바르톨로메오 기념일 대학살로 인해 발달한 저항 이론으로부터 발전한 것이다.

그러나 이 시대의 가장 파괴적인 전쟁은 30년 전쟁(1618-1648)이었다. 이 전쟁은 가톨릭 국가였던 스페인과 신성 로마 제국이, 덴마크, 스웨덴, 네덜란드와 가톨릭 국가였던 프랑스 내 개신교도와 벌인 싸움이었다. 아주 복잡하고 지저분한 전쟁이었고, 서로 라이벌 관계였던 왕조

간 갈등, 절대주의 대 입헌주의의 갈등, 기타 무수한 정치적 사안의 영향도 있었으나 결국 궁극적으로는, 황제와 그의 지배를 받고 있던 개신교도 사이의 종교 차이로 인한 갈등에서 시작된 것이다. 세세한 내용보다는 그 결과가 중요하다. 30년 전쟁은 (1,2차 세계 대전을 포함해서) 독일에서 현재까지 일어난 전쟁 중에서 가장 파괴적이었던 전쟁으로 기억된다. 신성 로마 제국 내 거의 모든 지역에서 삼할이 넘는 인구가 희생되었고, 농업 생산은 백 년 이상 전 수준으로 후퇴했으며 인플레가 만연하고 개인 및 국가 차원에서 부채가 생겼고 사람들은 전쟁으로 진이 빠졌다.

이러한 혼란으로, 사람들의 세계관의 핵심에 타격을 가하는 위험하고 대범한 질문이 나오기 시작했다. 어떤 유형의 기독교의 진리가 다른 유형의 기독교의 진리보다 낫다는 확신이, 전쟁을 일으킬 만큼 가치가 있다는 생각이 가능한가? 종교적 획일성이 사람들을 죽이고 나라를 황폐하게 만들 정도로 사회에 그렇게 중요한가? 이런 질문은, 중세와 근대 초기의 인식론, 즉 진리는 알 수 있고 사회에 꼭 필요한 것으로 추정하는 사상에, 특히 종교와 같이 근본적인 분야에서 위협이 되었다. 이런 의문이 진리 추구와 지적인 삶이라는 목표에 집중했던 이탈리아의 르네상스가 만든 문제와 결합되자, 인식론 그 자체에 위기가 왔다. 그러나 또 다른 세계관적 도전도 존재했다.

신세계와 아르마딜로의 문제

르네상스와 종교 개혁이 유럽 문화의 토대를 변화시키는 동안, 신세계의 발견은 또 다른 성격의 질문을 제기했다. 그러나 다시 한번, 당대 유행했던 몇 가지 근거 없는 신화는 없애야 한다. 콜럼버스가 항해했을 때 그를 지지하던 사람들에게 중요했던 질문은 세상의 형태가 아니었다. 당시 조금이라도 교육을 받은 사람은 모두 세상이 둥글다는 것을 알고 있었다. 그 정보는 (이를 입증할 수 있는 주장과 함께) 고대 그리스에서 왔을 뿐 아니라 아리스토텔레스가 발전시킨 물리학의 전체 체계는 지구가 우주의 중심에 있고 구형이라는 것을 바탕으로 하고 있었다. (아리스토텔레스의 물리학은 1277년 단죄에도 불구하고 여전히 사용되고 있었다. 이 이슈에 있어서는 신학적으로 아무런 문제가 없었기 때문이었다.)

문제는 세상의 형태가 아니라 크기였다. 모두가 (유라시아와 아프리카라는) 하나의 큰 대륙이 있고 유럽에서 서쪽으로 항해하면 아시아까지 가는 중간에는 아무것도 없을 것으로 추정했다. 위험이라고 한다면, 바다가 너무 크다면 도착하기 전에 마실 물이 떨어져서 선원들이 목 말라 죽는 것이다. 대부분 사람들은 그럴 거라 예상했기 때문에 아무도 항해하려 하지 않았다. 그러나 성 브랜든의 전설을 알았던 콜럼버스는 그처럼 여행하는 것이 가능했다면 바다는 분명히 작을 것이라고 생각했다. 그는 피렌체의 지도 제작자인 파올로 토스카넬리의 자문을 구했다. 그는 바다가 태평양 건너 아시아까지 겨우 5,000마일에 불과하다고 확신시켰다. 그 정보를 가지고 콜럼버스는 출항에 필요한 지원을 받을 수 있었다. 운이 나쁘게도 토스카넬리의 계산은 10,000마일이나 어긋났다. 콜럼버스가 실제 거리를 알았더라면 스페인을 떠나지 않았을 것이다.

당시 사람들이 세상을 평평하다고 믿었다는 생각은 어디서 나왔는가?

"슬리피 할로우의 전설"이나 "립 반 윙클" 같은 단편 소설을 쓴 워싱턴 어빙은 콜럼버스의 전기를 썼다. 그는 콜럼버스가 위대한 사람으로 보이게 만들고 싶었다. 콜롬버스가 토스카넬리의 잘못된 숫자를 믿었으므로 영웅이라고 말하기는 어려웠다. 그러자 어빙은 중세가 무지했다는 고정 관념을 이용하여 콜럼버스가 비상한 예지력이 있어 지구가 둥글다는 것을 처음으로 깨닫게 되었다고 했다. 어빙은 위대한 소설가였는데 그것은 전기 작가로서도 마찬가지였다.

신세계의 발견으로 떠오른 문제는 지구의 형태가 아니었다. 더 충격적인 것이었다. 유럽인들은 그곳에 도착해 아르마딜로를 발견했다. 리마와 알파카, 비손과 비버, 유럽에는 알려지지 않은 다른 동물도 많이 있었다. 사람들도 발견했다. 멕시코에만 1,900만 명 정도로 꽤 많은 사람들이 살았다.

이것은 성경 역사의 진실성에 대한 의문을 제기했기 때문에 정말 심각한 문제였다. 성경은 창세기에서 노아가 대홍수로부터 보호하고자 방주를 짓고 동물을 각 종류마다 두 마리씩 넣었다고 한다. 그의 세 아들과 부인들도 방주에 올랐다. 홍수가 나자 모든 사람과 동물의 생명은 파괴되었고, 노아와 그 가족이 동물을 내보내서 번성하고 땅을 채우게 했다. 모든 사람은 노아 가족의 후손이었고 모든 동물은 방주에서 나온 동물들로부터 나왔다.

그런데 문제가 있었다. 유럽, 아시아, 아프리카에 존재한다고 알려진 모든 동물만 생각해도 방주는 꽤나 비좁았을 것 같았다. 이제 방주에 들어가야 할 또 다른 새로운 동물들이 있었다. 그들을 다 어디에 집어 넣을 것인가? 아메리카에 사는 사람들은 어디서 온 것인가? 당시 사람들의 생각으로는 노아의 세 아들이 이미 설명이 되었다. 셈은 중동, 함은 아프리카, 야벳은 유라시아였다. 미국 원주민은 대체 누구의 후손이란 말인가? (당시 사람들이 베링 해협을 건널 수 있는 육로가 있다는 것을 알았더라면 그렇게 고민하지 않았을 것이다.) 이렇게 당시 사람들은 동물과 사람의 존재를 성경의 역사와 조화시키기가 어려웠다. 그리고 성경이 하나님의 말씀이라면 어떻게 이런 부분에서 잘못되었을 수가 있는가? 여기서 이런 내용이 틀렸다면 다른 내용은 어떻게 신뢰할 수 있는가?

더 심각한 문제도 있었다. 기독교인은 예수 그리스도가 세상을 구원하는 유일한 방법이라고 처음부터 믿어 왔고 그 때문에 기독교는 언제나 선교적인 종교였다. 그러나 이제 여기 얼마 동안인지 모르는 시간 동안 복음을 들을 기회가 전혀 없이 살았던 엄청나게 많은 사람들이 있다. 기독교 신학은 그들이 모두 지옥에 갔을 거라 하는데 과연 그게 공평한가? 어떻게 선하신 하나님이 그런 일을 하실 수 있는가? 하나님이 이 많은 사람들에게 적어도 기독교인이 될 기회는 주셨어야 하지 않는가? 다시 말해 미국 원주민의 존재는 성경의 역사적 진실성에 대한 질문과 함께 기독교의 근본적인 교리와 하나님의 선하심에 대해 도덕적으로 곤란한 질문을 하게 만들었다. 중세의 세계관은 인식론적으로나 윤리적으로 더욱 많은 어려움을 겪게 되었다.

지옥에서 온 아이: 피론주의 회의론

마치 이 모든 것만으로는 충분하지 않다는 듯이, 르네상스 학자들은 당시 남아 있던 중세의 인식론과 윤리학, 기타 무엇이든 건드리는 것마다 다 파괴해 버리는 사상의 창시자인 고대 그리스 회의주의자 피론을, 그의 추종자였던 로마 작가 섹스투스 엠피리쿠스의 글을 통해서 발견했다.

피론은 여러 면에서 반철학적이었다. 대부분의 철학자는 진리를 발견하는데 관심이 있었지만 피론은 그렇지 않았다. 대신에 그는 무엇이든 확실하게 아는 것은 (비록 그것이 어리석은 주장인 것을 알면서도) 불가능하다는 것을 밝히는데 목적이 있는 것 같았다. 회의론자가 무언가를 아는 것은 불가능하다고 하면 피론은 "그건 어떻게 압니까?"라고 되묻곤 했다. 당신이 무엇이든 알 수 없다는 주장 그 자체가 자기는 안다고 하는 것이니까 그 자체가 모순이다. 그 말이 진실이면 곧 거짓이 된다.

피론은 긍정적인 주장을 하는 대신 질문을 하곤 했다. 실제로 그의 인식론은, 그조차 결코 답을 하지 못했던, "내가 무엇을 알겠는가?" 라는 문장 한마디로 요약할 수 있다. 그의 질문은 우리가 생각하고 믿는 것이 어떤 확실한 기반이 없다는 점을 밝히도록 고안된 것이었다. 그는 흡사 어른들이 결국 지쳐서 "왜냐하면!"이라고 할 때까지 계속 "왜?"를 반복해서 묻는 어린아이 같았다. 그러나 "왜냐하면"은 답이 아니기 때문에 피론은 사라지지 않는다. 그의 요점은 아무것도 확신할 수 없기 때문에, 어떤 것이 객관적 진실이라는 판단을 중단한 채 긍정도 부정도 하지 말아야 한다는 것이다.

섹스투스 엠피리쿠스는 자신의 글에서 피론주의에서 하는 질문을 무기로 사용하면서 지식에 관한 모든 주장을 무너뜨리면서, 많은 집단을 공격했다. 그의 글은 이런 기술을 다른 분야에서도 사용할 청사진처럼 쓰였다. 그의 글이 발견된 당시, 유명한 출판업자였던 앙리 에스티엔에게도 한 부가 보내졌다. 에스티엔은 우울증이 있었는데 섹스투스의 글을 읽자 바로 기분이 좋아졌다. 그에게는 그 내용이 진지하지 않았을 뿐 아니라 읽었던 글 중에서 가장 웃기는 내용이었기 때문에 우울감을 치료할 목적으로 이 글을 출판했다. 그러나 이것이 농담이 아니라고 인식한 다른 사람들은 자신의 사상에서 피론의 글을 가지고 놀기 시작했다.

피론주의의 영향을 받은 중요한 사람은 16세기 프랑스에서 짧은 글을 '("시도"를 의미하는) *에세이(essay)*'라는 용어로 처음 사용하기 시작한 미셸 드 몽테뉴이다. 이는 자신과 자신의 생각을 쓰려고 "시도"한다는 의미였다. 몽테뉴의 에세이 중, 특히 사회 비판에 관한 글에서 피론주의가 나타난다. 예를 들면 "식인종에 대하여"라는 그의 에세이에서 그는 신세계의 사람들이 식인 행위를 한다고 가정하면서 이를 자세히 묘사하고는, 그런 종류의 행위가 기독교인들이 유럽에서 서로에게 저지른 참상보다 비난할 만한 더 나쁜 행위인지 묻는다. 그는 신세계의 "야만인"보다 유럽의 기독교인이 우월하다는 믿음에 질문을 던지기는 하지만 그에 대해 긍정도 부정도 하지 않는다.

몽테뉴 외에도 다른 가톨릭 작가들이 피론을 활용하면서 가톨릭을 옹호했다. 많은 사람들의 마음 속에 '어떤 형태의 기독교가 진리인가'라는 근원적인 질문이 있었다는 사실을 기억하라. 양측은 자신을 변호하고 경쟁자를 공격하기 위해 가능한 강력한 주장을 최대한 끌어 모았다. 한편, 피론주의 방법론은 양 쪽 모두 확신할 수 없다는 것을 증명하기 위해 쓰였다. 그런 점에서, 한 가지 불확실한 의견에서 또 다른 불확실한 의견으로 옮겨 가는 것은 이치에 맞지 않으니까 차라리 전통을 지키고 가톨릭으로 남는 것이 현명하다는 것이다.

훗날 17세기 예수회 사람들은 피론주의를 활용하는 대상을 확대했다. 개신교인은 교회 안에서 믿을 만한 권위 있는 원천은 오직 성경이라고 믿었다. 문제는 개신교인이 때로 중요한 부분에 대한 해석에서 의견의 일치를 보이지 않는다는 점이었다. 이것은 예수회에게 좋은 기회였다.

예수회 사람들은 "어떻게 성경이 진리임을 확신하는가?"와 같은 질문으로 시작하곤 했다. 보통은 성령이 마음에서 증거하심으로 확신한다고 대답한다. 그러면 예수회 사람들은 "어떻게 그것이 당신 생각이 아니고 성령님이 증거하신 것이라고 알 수 있는가?"라고 반문한다. 이런 식의 질문은 개신교인이 더욱 합리적인 답변을 하도록 압박하지만 그 어떤 대답도 피론주의식의 질문으로는 공격을 당할 수밖에 없다. 또 예수회는 "성경이 있다 해도 그것을 제대로 해석한 것인지는 어떻게 아는가?"라고 물었다. 역시 그 대답은 이해할 수 있도록 도와 주시는 성령님께 의지한다는 것이다. 그러면 예수회는 또다시 이렇게 말한다. "그렇지만 당신들은 서로 그 해석에 동의하지도 않지 않는가! 어떻게 성령님께서 루터에게는 이렇게 말하고, 쯔빙글리에게는 저렇게 말하고 칼빈에게는 또 다르게 말씀하시는가? 성령님께서는 마음을 정하실 수 없는가? 물론 우리는 그런 문제가 없다. 교회 전통이 그 글이 무엇을 뜻하는지 알려주기 때문이다." 그리고는 성경에서 가장 해석이 어렵거나 겉보기에 모순적으로 보이는 문장을 문제로 제시하며 피론주의 논법을 활용하여 어떤 대답이든 공격한다. 그 목적은 개신교를 가톨릭교회와 전통이 제공하는 안심이 되는 확실성으로 돌아오게 만드려는 것이었다.

예수회가 쓰는 수법을 관찰하고 경고하는 가톨릭 신학자도 있었다. 그들은 이런 방법을 쓰는 것이 사람들을 가톨릭으로 돌아오게 하기보다는 성경과 기독교에서 모두 멀어지게 한다고 주장했다. 그러나 예수회 사람들은 그런 경고를 듣지 않았다. 그 결과 실제로 그들은 성경에 대한 신뢰를 무너뜨렸다.

신념에 대한 질문에 대해서는 판단을 보류하도록 만드는 피론주의는 종교에 파괴적인 도구였다. 종교적 신념을 무너뜨리는 이 기술은 신앙뿐 아니라 보편적으로 인정받는 지식, 곧 진리에 대한 어떤 확신도 무너뜨렸기 때문에 이것은 다른 모든 분야에 있어서도 파괴적이었다. 그리고 지식이 없이는 현실이나 도덕률에 대해 아무것도 알 수 없다. 그것에 대해서나, 삶에 대한 의미나 목적에 대해서나 어떤 결론도 내릴 수 없다. 그렇기 때문에 어떤 형이상학이나 윤리학도 있을 수 없다. 피론은 어떤 신념에도 헌신하지 않고 살면 평안할 거라고 믿었던 것 같다. 실제 이런 사고방식은 유럽에 엄청난 혼란을 가져왔고 17세기에 무시할 수 없는 어려움을 주었다.

서구에서 근대 초기의 세계관은 전례 없는 위협을 연달아 만났다. 르네상스인은, 몇 세기 동안 진리를 찾기 위해 썼던 방법과 지적인 삶의 목적 그 자체에 의문을 가졌다. 종교 개혁은 라틴계 기독교 국가가 서로 경쟁하는 여러 교회로 분열된 것처럼, 중세 세계를 하나로 묶어 주던 정신적 지주였던 교회의 연합을 깨뜨렸다. 종교 전쟁은 사람들이 종교가 사회의 중심이 되어야 한다는 신념에 의문을 가지게 만들었다. 신세계는 성경의 역사성과 신뢰성, 나아가 하나님의 공의와 선하심에 대해 의문을 갖게 했다. 그리고 피론주의는 무엇이든 조금이라도 알 수 있다는 가능성을 의심하게끔 만들어서 마치 닿는 모든 것을 부식시키는 산과 같은 역할을 했다.

이 모든 위협 가운데 가장 중요한 문제는 *지식에 관한 문제*였다. 우리는 무엇을 어떻게 알 수 있는가? 이제 필요한 것은 지식에 대한 완전히 새로운 패러다임이었다. 이 새로운 접근법이 나머지 세계관에 영향을 끼치는 것을 피할 수 없더라도 말이다. 이런 모든 위협이 과거의 세계관을 거의 무너뜨렸지만 과학 혁명의 시작과 함께 16세기에는 새로운 인식론에 대한 기초가 세워졌다. 그것이 바로 다음 장의 주제이다.

Chapter 07

지식에 관한 새로운 패러다임

르네상스와 종교 개혁, 종교 전쟁과 신세계의 영향, 피론주의 회의론이 특히 무엇을, 어떻게 알 수 있는가라는 차원에서 중세의 세계관을 무너뜨리는 동안, 뒤에서는 지식에 관한 완전히 새로운 패러다임이 점차 발달하면서 새로운 세계관의 토대가 되는 또 다른 움직임이 진행되고 있었다. 그것은 기독교적 자연 철학에서 비롯된 과학의 출현이었다. 이 시기에 해부학과 생리학과 화학 등 여러 분야가 발달했지만, 우주론과 물리학의 변화가 가장 두드러졌고 과학 혁명의 좋은 예가 되었다.

전통적인 우주의 모델

우주론이 변화한 이유를 이해하기 위해서는 고대로부터 내려온 우주의 모델을 들여다볼 필요가 있다.

우주는 흙과 물, 공기, 불의 네 가지 기본 요소로 만들어졌다고 믿어져 왔다. 아리스토텔레스는 우주 만물은 제자리를 찾아가려는 자연적 경향이 있다고 했다. 가장 밀도가 높은 흙은 우주의 중심으로 가라 앉아서 완벽한 형태인 구형을 형성한다. 달의 궤도로부터 그 다음은 두 번째로 밀도가 높은 물이고, 그 다음은 공기, 그 다음이 불이다. 물론 지구는 완전한 구체도 아니고 물로 균등하게 덮여 있지도 않다. 문제는 달의 높이 아래에서는 사물이 완벽하게 돌아가지 않는다는 것이었다. 우리는 불완전한 물리학인 지상 역학의 영역에 있다. 달 바깥쪽으로는 우주가 천체 물리학의 법칙에 따라서 완벽하게 작동하고 있다.

이집트의 천지학자인 프톨레마이오스는 별과 행성의 운동을 설명하기 위해 근세 초기까지 쓰인 우주의 모델을 고안해 냈다. 그는 우주의 중심에 지구를 고정해 놓고 천체들이 마치 일련의 러시아 인형들처럼 순서대로 서로를 품는 투명 구체들 위에 있다고 했다. 가장 가까운 구체들이 각각 달과 화성, 금성, 태양, 목성, 토성과 같은 행성을 품는다는 것이다. (천왕성과 해왕성, 명왕성은 맨눈으로는 보이지 않는다.)

달과 태양이 왜 행성으로 여겨졌을까? '행성(*planet*)'이라는 단어는 "떠돈다"는 뜻의 그리스어(*planaō*)에서 왔다. 이들 모두 서로 겹쳐져 있는 구체의 가장 바깥쪽에서 발견되는 항성 주위를 "떠돌았다". 별들은 서로 연결되어 이동하지 않았지만 (태양과 달을 포함한) 행성은 그랬다. 밤마다 항성의 천구를 따라 지구 주위를 도는 별들이 있었고 그 운동은 다음 회전을 유발하고, 또 다음 회전을 유발하면서 그렇게 달의 차

례까지 갔다. 이것은 밤하늘의 별과 행성의 운동을 설명했다.

아니, 거의 설명할 뻔했다. 문제는, 행성을 간단한 구체로 보고 궤도를 계산해 봐도 정확하게 다음 위치를 예견할 수가 없다는 사실이었다. 그래서 프톨레마이오스는 말이 되게 하려고 억지로 시스템에 무언가를 끼워 맞췄다. 그는 행성을 포함하는 원으로, 지구 주위를 도는 한 점을 중심으로 돌아가는 궤도인 주전원을 추가시켰다. 이런 설명이 도움이 되긴 했지만 관찰한 것과 딱 들어 맞지는 않았다. 그러자 프톨레마이오스는 지구 주위를 감싸는 가상의 원, 중심을 벗어나는 주전원(이심원)을 더했다. 거기에다, 행성이 각각의 주전원을 돌아 운행할 때 속도를 다양하게 하기 위해 동시심도 더했다.

요약하자면 프톨레마이오스는 이 모든 것들을 더함으로써 "외관상 보이는 대로 설명이 가능한", 다시 말해서 행성의 위치를 정확하게 예측해 내는 체계를 만들어냈다. 특히나 계산기나 컴퓨터, 미적분, 대수학도 없이, 로마 숫자만을 사용하여 이런 체계를 만들어냈다는 것은 실로 주목할 만한 성과였다. (무슨 말인지 모르겠다면 CLXIX 나누기 XIII을 아라비아 숫자로 바꾸지 않은 채 계산해 보라.) 특히 더 이상적인 점은 이 체계가 천 년 이상 잘 통했다는 사실이다.

하지만 안타깝게도 16세기에 이르러 그 모델은 더 이상 쓸 수 없을 정도로 낡았다. 꽤 정확하기는 했지만 완벽하지 못했고, 수백 년 동안 조금씩 오차가 더해져 결국 계절에 대한 날짜가 변했고, 절기와 춘분과 추분, 달의 위상을 정확하게 예측하기가 점점 더 힘들어졌다. 이것은 곧, 라틴 세계에서 춘분 후 첫 보름날 이후 첫 번째 일요일로 정해져 있던 부활절의 날짜를 예측하는 것이 어려워졌다는 의미였다. 교회력은 부활절의 날짜를 중심으로 정해지기 때문에 춘분/추분과 만월을 예측하기 어렵다는 것은 심각한 문제가 되었다. 그래서 역법을 개정하기 위해 사람들이 프톨레마이오스의 시스템을 정확하게 수정하려는 시도를 하게 되었다.

코페르니쿠스 혁명

니콜라우스 코페르니쿠스는 이런 배경에서 작업을 시작했다. 코페르니쿠스는 총명한 폴란드의 수학자이자 학자, 성직자였다. 북부 지방에서 교육 과정을 마친 그는 르네상스 "新 학문"을 더 깊이 공부하고자 이탈리아로 갔다. 거기서 그는 그리스 사상, 특히 철학자, 수학자이자 태양을 숭배했던 피타고라스의 사상에 열정을 품게 되었다.

- **코페르니쿠스와 지동설**

코페르니쿠스는 우주론을 연구하면서 프톨레마이오스의 시스템에 몇 가지 불만족스러운 특징이 있다는 사실을 알게 되었다. 그는 천체에서는 모든 것이 완벽하게 통일된 원을 그리며 움직여야 한다고 믿었다. 그래서 행성의 움직이는 속도를 다르게 만드는 프톨레마이오스의 동시심이 마음에 들지 않았다. 게다가 그는 태양을 중심으로 두는 피타고라스 사상의 영향을 받아 태양이 실제로 우주의 중심에 있는 것이 더욱 적합하다고 생각하였다. 그래서 행성이 태양을 중심으로 돌아가고 달이 지구의 주위를 돌아가는 지동설 체계를 연구하기 시작했다. 계산을 해보면 그 생각도 충분히 정확하지는 않았다. 그러자 그는 주전원을 추가해 보았다. 그것도 정확하지 않자, 동시심을 없애기 위해 프톨레마이오스가 하지 않았던, 두 개의 주전원을 시도했다. 결국 그는 프톨레마이오스보다 사용하기 편리하고 "보기 좋은" 시스템을 다시 한번 만들어 냈다.

그러나 코페르니쿠스의 시스템에도 몇 가지 단점이 있었다. 비록 보다 단순한 계산 방식으로 행성의 운동을 예측하게 해 주었지만 프톨레마이오스의 시스템보다는 복잡했다. 예를 들면, 원의 개수가 더 많았다. 또한 (적어도 코페르니쿠스의 시스템은) 프톨레마이오스보다는 보기는 좋았지만 물리학적으로 상당한 문제가 있었다. 그 당시 모든 물리학은 아리스토텔레스의 사상에 기반했는데 아리스토텔레스의 물리학의 기초가 되는 사상은 물질은 본연의 위치로 돌아가서 거기 머물고 싶어하는 성질이 있다는 것이었고, 이것은 이 시스템이 돌아가기 위해서는 지구가 고정되어 있어야 하는 것을 뜻했다. 만약 지구가 우주의 중심이 아니라면 학자들이 물리학에 대해 아는 모든 것이 아무것도 설명하지 못하는 쓸모 없는 것이 되는 것이었다. 그래서 코페르니쿠스를 받아들인다는 것은, 더 보기 좋은 시스템을 위해서 우주에 대한 이해를 포기하는 것을 뜻했다. 이것은 대부분의 자연 철학자에게 타협할 수 없는 일이었다.

코페르니쿠스는 자신의 모델이 문제를 일으킬 것을 알았다. 그래서 출판을 주저했다. 우리는 한 세기 후에 일어난 일을 알고 있기 때문에 그가 신학적인 문제로 공격받을 것을 우려했을 거라고 추측하는 경향이 있다. 그런 두려움이 있었을 지는 모르지만, 그는 성경 학자 못지 않게 자연 철학자도 그의 모델을 공격할 것을 알고 있었다.

마침내 1543년, 안드레아스 오시안더라는 한 루터교 목사가 코페르니쿠스가 책을 출판하도록 설득하는데 성공했다. 하지만 아무런 반향도 일어나지 않았다. 그 책에 관해 격렬한 반응도 전혀 없었고 아무도 코페르니쿠스를 공격하지 않았다. 여기에는 몇 가지 이유가 있었다. 일단 오시안더가 서문을 덧붙이기를, 이 책은 우주를 물리적으로 설명하고자 쓰여진 것이 아니라 단순히 수학적으로 행성의 운동을 예측하는 계산을 하기 위해 쓴 것이라고 하였다. 책을 읽는 사람 누구나 알 수 있는 뻔한 거짓말이었지만 그 서문은 비판을 미연에 방지했다. 그리고 책 자체가 수학적으로 워낙 복잡해서 그 논증을 따라 이해할 수 있는 사람이 드물었기 때문에, 많이 읽히지 못한 탓도 있다. 약 한 세기 전 니콜라우스 쿠자누스가 태양 중심적인 우주론을 제시했었고, 그보다 한 세기 전 오레스메도 같은 말을 했지만 아무도 문제를 겪지 않았다는 사실도 주목할 만하다. 코페르니쿠스는 그렇게 걱정할 필요가 없었다. 그가 걱정했던 책에 대한 반대는 없었다.

비록 코페르니쿠스가 근대 과학의 선구자로 추대되긴 하지만, 그의 동기나 방법론은 오늘날 과학으로 생각되는 것과는 거리가 있다. 그는 우주의 모델이 미학과 다른 철학 사상과도 연결되어야 한다고 믿는 자연철학자였다. 그는 이성적이고 선하신 하나님께서 만드신 이 세상도 이성적이고 아름다우며, 우리 또한 이성적인 존재이므로, 하나님의 창조 세계를 알 수 있다고 생각하는 기독교 세계관 안에 있었다. 코페르니쿠스가 자신의 모델을 통해 물리학을 설명하는 데 관심이 없었던 것을 보면 그는 세속적인 합리주의자와는 완전히 거리가 있었다. 그는 과학적인 것보다는 미적인 것에 관심이 훨씬 많았다.

- **티코 브라헤와 요하네스 케플러**

코페르니쿠스만 우주에 관한 새로운 모델을 시도했던 것은 아니다. 17세기에 유행했던 시스템은 티코 브라헤가 고안했는데, 변덕스러운 덴마크 귀족이던 그는 결투에서 코가 잘렸던 것으로 유명하다. 그는 순금 등 여러 재질로 만들어진 가짜 코가 있었다. 그러나 티코는 가짜 코를 수집하는 것뿐 아니라 천문학에도 관심이 있었다. 그는 태양과 달은 지구의 주위를 회전하지만 다른 행성은 태양을 중심으로 공전한다고 믿었다. 이것이 바로 '티코계'라고도 불리는 천동설이다.

티코는 충분한 자료가 있으면 우주론과 역법을 개선하는 문제가 해결될 것이라고 믿었기 때문에 덴마크의 왕에게 천문대를 세울 수 있는 섬을 달라고 설득했다. 그는 가장 정확한 과학 기구를 사서 별과 행성을 관찰하고 그 위치를 기록했다. 그는 부지런히 관찰한 결과 그 시대 역사상 가장 위대한 실측 천문학자가 되었다. 그러나 그가 행성 체계표를 완성하고 나자 그 체계가 정확한지 확인하려면 수학적 계산을 해 줄 사람이 필요했다. 흥미로운 점은 마침 한 수학자가 티코에게 그의 자료를 쓸 수 있는지 묻고자 찾아온 바람에 수학자를 얻게 되었다는 사실이다.

그 수학자의 이름은 요하네스 케플러였다. 그는 여러 방면에서 뛰어난 학자이자 코페르니쿠스와 피타고라스의 학설을 숭배하는 헌신적인 루터교 신자였다. 그는 행성이 왜 여섯 개만 존재하는가에 대한 기하학적인 설명과 그 궤도의 비율을 계산한 결과를 *우주의 신비*라는 책에 썼다. 그에게는 목성이 문제였다. 자신의 모형에서 예측한 위치에 근접하기는 했으나 거리가 충분히 가깝지 않았던 것이다. 그는 그 원인이 자료가 불충분했기 때문이라고 믿었다. 그래서 티코에 관해 듣고는, 자신의 책 한 권을 그에게 보내면서 목성에 관한 티코의 자료를 쓸 수 있는지 물었다. 코페르니쿠스를 신봉하면서 동시에 그런 책을 쓴 케플러가 미치광이라고 생각하면서도 이 덴마크인은 진짜 수학 천재를 알아보았다. 그래서 티코는 케플러를 고용하였으나 케플러에게 코페르니쿠스는 잊고 자신의 이론을 증명하는 일에 그 자료를 사용해 달라고 주문했다. 그리고 케플러가 자기 마음대로 하지 못하게 하려고 화성의 자료를 주면서 거기서부터 시작하라고 했다.

케플러는 티코의 체계에 그 자료를 써보려고 했으나 아무리 변수를 바꾸고 어떤 일을 해도 그 문제가 풀리지 않았다. 그래서 지동설로 바꿔봤는데 드라마틱한 변화가 있었다. 그러나 그렇다고 완벽하지도 않았다. 관측 상의 오차는 미세했지만 티코의 기구의 오차 범위보다는 컸다. 화성의 궤도는 원형 곡선에서 단 0.5 퍼센트 벗어났던 터라 대부분의 사람들은 단순히 관측적 실수라고 할 수도 있을 일이었다. 그러나 그는 하나님께서 티코의 자료를 주셨다고 믿었기 때문에 그 자료를 가능한 최대한 사용하는 것이 하나님 앞에서의 그의 의무라고 믿었다.

그래서 이번에는 원운동을 버리고 궤도에 "달걀꼴"을 적용해 보았다. 그러나 달걀은 수학적으로 정의할 수 있는 형태가 아니었으므로 그는 근사치를 내기 위해서 타원을 사용하기로 한다. 그러자 자료가 정확하게 들어맞았다. 그는 행성이 궤도를 도는 속도가 다양하다는 사실을 밝혀내고 태양을 도는 시간과 궤도의 평균 반경, 최저 및 최고 속도의 비율을 밝혀냈다.

케플러는 자신이 대부분의 독자들에게 미묘한 입장에 있다는 사실을 알고 있었다. 무엇보다도 그는 코페르니쿠스의 등속 원운동이라는 가장 중요한 두 가지 개념 모두를 거부하는 입장이었기 때문에, 지동설을 받아들인 몇 안 되는 자연 철학자 사이에서도 환영받지 못할 처지였다. 그렇지 않은 대부분의 사람들은 케플러의 수학적인 천재성과 우주론자로서의 업적을 인정하기는 했어도 그의 이론은 거부했다. 우주의 중심에 지구가 있는 것이 아니라면 물리학적 기초가 없어지는 것이었다. 그러나 케플러는 그렇게 걱정하지 않았다. 하나님께서 우주를 어떻게 만드셨는지 이해하는 한 사람이 나오기까지 (성경에서 지구의 나이처럼 보이는) 6000년이 걸렸으니 케플러 역시 자신이 옳다는 것이 증명될 때까지 한 세기 정도는 기다릴 수 있었다. 그에게 그런 자세가 있었던 것이 다행이었다. 안 그랬더라면 그의 이론을 받아들이는 사람들의 태도에 완전히 실망했을 것이기 때문이다. 오늘날 우리가 진실이라 알고 있는, 행성의 운동에 대한 그의 이론은 받아들여지는데 50년이 걸렸다.

다시 한번, 케플러에게 기독교 신앙이 미쳤던 영향을 언급하는 것은 중요할 것 같다. 그는 하나님이 우주를 창조하시는데 기하학적 구조를 사용하셨고 사람은 기하학을 사용하여 하나님이 무엇을 하셨는지 발견할 수 있을 것이라고 믿었다. 이런 방식으로 성경과 철학을 합치시키는 오랜 전통을 따라 하나님이 주신 달란트를 모두 사용하겠다는 헌신이 바탕이 된 철저한 경험론과, 데이터를 의지하고 타협하지 않는 자세가 더해진 결과, 그는 기독교적 자연 철학과 피타고라스학파를 결합시킬 수 있었다.

- **갈릴레오와 교회**

코페르니쿠스는 숭배하면서도 요하네스 케플러의 업적을 무시하던 사람 중에는 이탈리아인 갈릴레오 갈릴레이가 있었다. 코페르니쿠스의 이론에 대한 갈릴레오의 주장은 코페르니쿠스나 케플러와 달리 수학보다는 관측에 의한 것이었다. 그리고 코페르니쿠스나 케플러와는 달리 갈릴레오는 대중을 위해 글을 썼다. 그래서 그의 업적은 더 많은 관심을 불러 일으켰고 논란도 훨씬 많았다. 게다가 갈릴레오는 자신에게 동의하지 않는 사람을 바보처럼 보이게 만드는 것을 즐기는 버릇이 있었기 때문에 적도 많았다. 그 중에는 가톨릭교회의 중요한 권위자도 더러 있었다.

갈릴레오는 망원경을 사용해 천체를 관찰한 첫 번째 인물이었고 자신이 관측한 결과가 지동설을 보여 준다고 주장했다. 그를 비방하는 사람들은 이에 동의하지 않았는데 사실 그럴 만한 이유가 있었다. 예를 들어, 갈릴레오는 달 표면의 언덕을 관찰하고는 달이 완벽한 구가 아니라고 했다. 그렇다고 이것이 지구가 태양을 도는 증거는 아니었다. 갈릴레오는 금성이 달처럼 위상의 변화를 거친다고도 했다. 이는 금성이 태양을 도는 것을 보여 준다고 할 수도 있지만 꼭 그런 것도 아니었다. 그렇다고 하더라도 대부분의 천문학자들은 이미 금성이 태양을 도는 티코의 체계를 받아들이고 있었다. 어쨌거나 금성의 위상이 지구가 태양을 도는 것을 증명하는 것은 아니었다.

갈릴레오는 행성의 궤도를 지나가는 혜성을 관측하고 그들이 투명 구체 위를 가는 것이 아니라고 하였다. 이것도 새로운 것이 아니었다. 티코가 몇십 년 전에 같은 것을 이미 증명했기 때문이다. 또 갈릴레오는 목성에 있는 달들을 발견하고는, 그것이 우주를 공전하는 행성을 가진 별이 여럿임을 보여준다고 했다. 이 주장도 역시 티코의 체계 중 하나였고 지구가 태양을 중심으로 도는 것을 증명하는 것도 아니었다. 갈릴레오의 주장은 흥미롭고 도발적이었지만 *증거*는 아니었고 물리학을 무너뜨릴 만큼 강력하지도 않았다.

- **천문학과 성경**

갈릴레오를 반대한 사람들은 신학자이기도 했고, 갈릴레오가 너무 짜증나게 굴었기 때문에 어떤 공격이라도 하려고, 성경에서 지구가 고정되었다거나 태양이 움직인다고 암시하는 구절을 처음으로 문제로 제기한 사람들이다. 갈릴레오의 반응은 하나님께서는 자연과 성경이라는 두 가지 책을 만드셨다는 일반적인 자연 철학자들이 하는 답이었다. 둘 다 어렵긴 하지만 둘 중 한 책에서 얻은 통찰력은 또 다른 책을 이해할 수 있게 해준다. 그는 지동설도 유지할 수 있게 해 주면서 말씀도 진리일 수 있도록 성경 본문이 재해석되어야 한다고 제안했다. 사실 그는 성경의 관련 본문들이 전통적인 천동설보다 태양을 중심으로 하는 우주에 비추어 볼 때, 훨씬 더 *문자 그대로* 말이 된다는 것을 보여주기 위해 많은 시간과 노력을 들였다. 그를 반대하는 사람들은 성경적, 과학적 증거를 대며 그에게 동의하지 않았다.

가톨릭교회는 불행하게도 스스로를 궁지로 몰아넣었다. 지동설의 *증거*로 성경을 다시 해석해야 한다는 것을 인정하면서도, 증거가 없기 때문에 그럴 수 없다고 했던 것이다. 게다가 부분적으로 개신교에 대한 반응으로 모인 트리엔트 공의회는, 교회가 그동안 해석했던 것과 반해서 성경을 해석하는 것을 금지했다. 이것은 개신교에 반박하기 위한 것이었지만, 성경의 관련된 본문이 전통적으로 천동설의 우주를 묘사하는 것으로 해석되었기 때문에 결국 지동설을 반대하는 입장이 되었다.

- **지동설과 이단**

이렇게 되자 교회는 지동설이 *사실*이라고 하는 것은 이단이지만 그것을 *이론*으로 삼는 것은 이단이 아니라고 결정했다. 갈리레오는 그 결정대로 하겠다고 동의했다. 그러나 나중에 친구가 교황이 되자 갈릴레오는 그에게 천동설과 지동설의 논쟁에 관한 책을 쓰도록 허락해 달라고 요청했다. 이에 교황은 갈릴레오가 지동설을 옹호하지 않고 단순히 양쪽의 주장만 싣는다는 조건으로 허락했다. 교황은 또한 그에게 하나님께서 지구를 중심으로 하지만 지동설이 옳은 것처럼 보이는 우주를 창조하신 것일 수도 있다고 말했다. 갈릴레오는 그 조건에 합의하고 "*두 가지 주요 세계관에 관한 대화*"를 썼다.

그 대화에는 지동설을 지지하는 사람과 천동설을 지지하는 사람, 심플리쿠스라고 하는, 작품 속에서 동네 바보로 표현되는 중립적인 제3의 인물이 나온다. (갈릴레오는 심플리쿠스가 유명한 아리스토텔레스학파의 자연 철학자의 이름을 딴 것이라고 주장했지만 그런 인물은 없었을 뿐 아니라 그 이름 자체가 얼간이 같은 그 인물의 특징을 보여 준다.) 말할 필요도 없이 갈릴레오의 책에서 지동설을 지지하는 사람이 설득력 있는 주장을 펼쳤다. 그러나 심플리쿠스는 결말 부분에서 하나님께서 지구를 중심으로 하지만, 마치 지동설이 옳은 것처럼 보이는 우주를 창조하신 것일 수도 있다고 말한다. 양쪽 모두 이 현명한 주장에 동의하며 그 대화는 끝이 난다.

그 책이 출간되자 갈릴레오의 적들은 그가 지동설을 사실이라고 가르치는 것을 금지하는 규정을 위반했다고 보았다. 그들은 이 책을 교황에게 가져갔고, 당연히 교황은 갈리레오가 지동설을 옹호했을 뿐 아니라 자신의 말을 동네 바보의 발언으로 표현한 것에 분개했다. 갈릴레오는 다시 이단 재판에 회부되었다. 그는 유죄 선고를 받고 가택 연금에 처해져서 천문학에 대해 가르치거나 글 쓰는 것을 금지당했다.

- **종교와 과학**

이 사건은 다른 무엇보다도 종교(기독교)와 과학 간 갈등의 전형으로 사용된다. 이것은 완전히 왜곡된 거짓이다. 먼저, 이 고정 관념은 불필요한 적을 만들어 내는 갈릴레오의 버릇과 그 *대화*라는 저서에서 갈릴레오가 교황을 배신했던 사실을 무시하는 것이다. 성경에 대한 해석과 자연 철학의 새로운 사상이, 개인적인 적대감과 정치적 가치와 함께 갈등 속에서 위태로워졌다. 이것은 단순히 종교 대 과학의 문제가 아니었다. 갈릴레오가 다른 코페르니쿠스의 신봉자와는 달리 유독 적대적인 관심을 받았던 이유를 이러한 다른 문제들이 설명해 준다.

게다가 양측 모두 이 논쟁에 과학과 성경을 사용했다. 이것은 과학과 종교에 대한 한 가지 관점 대 다른 관점을 중심으로 한 갈등이다. 갈릴레오는 언제나 가톨릭교회에 대한 충성을 주장했고 그의 관점을 성경과 양립할 수 있는 관점으로 발표하는데 관심이 있었다. 그는 자신이 비종교적인 사람으로 분류되는 것이나, 과학과 종교가 대립했다는 주장을 거부할 것이다. 코페르니쿠스와 케플러처럼 그는 기독교 자연 철학자로서 연구한 것이다. 사실 갈리레오가 유죄 선고를 받은 후에도 갈릴레오를 공격했던 예수회를 포함한 다른 가톨릭 학자들은 자연 철학 분야에서 계속해서 독창적이고 중요한 연구를 해 나갔고, 다시 한번, 이것은 교회가 본질적으로 과학 발전에 반대하지 않았다는 사실을 보여 준다.

갈릴레오가 가택 연금을 당했다고 자연 철학 연구를 끝낸 것도 아니었다. 그는 지동설이 받아들여지기 위해서는 아리스토텔레스를 대신할 물리학의 새로운 기반을 다져야 한다는 것을 잘 알고 있었다. 그래서 그 새로운 기반을 다지기 위해 움직이는 물체에 대한 연구인 역학의 여러 분야를 연구했다. 아리스토텔레스는 물체의 밀도가 물체의 떨어지는 속도를 결정한다고 믿었다. 갈릴레오는 물체가 등가속도 운동을 하며 낙하한다는 사실을 보여주는 실험을 했다. 이것은 중세에 이미 제안되었던 것으로 새로운 개념은 아니었으나 갈릴레오가 분명한 증거를 제공하는 실험을 고안했다.

그 다음 갈릴레오는 움직이는 물체에 대한 더 보편적인 이론을 연구했다. 아리스토텔레스는 물체의 자연스러운 상태는 정지해 있는 것이고 물체를 움직이기 위해서는 힘이 가해져야 한다고 믿었다. 힘이 제거되자마자 그 물체는 멈추거나 자연스러운 위치로 돌아간다. 이 신념은 탄도학을 설명하는데 도움이 되지 않았다. 예를 들어, 왜 던져진 돌은 손을 떠나서도 계속 날라가는가? 아리스토텔레스는 돌멩이가 앞으로 나아가면서 밀어 놓은 공기가 그 뒤로 가서 밀어내면서 계속 날아갈 수 있는 힘을 제공한다고 설명하였다. 갈릴레오의 일반 역학 문제에 대한 접근은 중세의 추동력 개념으로부터 시작되었다. 그는 아리스토텔레스의 관점과 반대로 휴지와 운동이 모두 자연적인 상태이며 그 상태를 바꾸기 위해서 힘이 필요하다고 설명하였다. 다시 한번 그는 그것을 증명하기 위한 실험을 고안했다.

그리고 나서 갈릴레오는 포탄이나 던져지거나 발사된 물체에 대한 계산을 완성하기 위해 탄도학을 연구하기 시작했다. 관찰을 이용해 (수평으로 발사된 물 같은) 떨어지는 물체가 곡선으로 떨어질 때 그 운동을 어떻게 분석하는지가 문제였다. 그는 낙하 운동을 수평 운동으로부터 분리하여 각자 따로 분석하는 방법을 생각해 냈다. 수평으로 날아가는 물체는 지속적인 속도로 움직인다. 아무런 힘도 작용하지 않으므로 수직으로 떨어질 때는 동일하게 증가하는 속도로 움직인다. 이 두 종류의 운동이 함께 곡선을 정의한다. 이 분석은 정확했고 중세의 선례를 바탕으로 했지만 정말 획기적인 생각이었다. 이것이 갈릴레오가 물리학에 가장 중요하게 기여한 부분이다. 특히 뉴턴의 중력과 운동에 관한 이론에 대단히 중요하게 기여했다.

피론주의에 답하다.

이 모든 일이 일어나는 동안 피론주의의 도전은 계속되었다. 네델란드로 피난하여 살던 프랑스 개신교도인 피에르 벨의 접근 방법 등, 이 문제를 해결하려는 많은 시도가 있었다. 벨은 신학문의 정보처리 기관의 역할을 하던 *문자공화국신보(The News of the Republic of Letters)* 저널의 편집자였다. 그는 피론주의 논쟁의 본질이 견고하며 모든 지식은 근본적으로 확인할 수 없고 확증할 수 없는 가설 위에 있다는 것을 받아들여야 한다며 피론주의를 수용하였다. 확실성은 불가능하다는 것이다. 그 결과 벨은 중세와 근대 초기의 절대적 지식에 대한 주장을 거부하고 인식론의 토대로써 믿음의 역할에 주목하였다. 가장 근본적인 신념도 확증할 수 없기에 믿음으로 받아들여야 한다는 것이다. 벨은 특히나 종교를 긍정적으로 보았지만, 다른 사람들은 그가 피론주의를 이용해서 종교적 믿음을 약화시키려 한다고 생각하였다. (아직도 그렇다.)

- **데카르트와 데카르트 철학**

다른 사상가들은 벨처럼 확실성을 포기할 준비가 되어 있지 않았다. 그 중 유명한 사람은 프랑스인 가톨릭 신자인 법률가 르네 데카르트였다. 데카르트는 피론주의자의 논쟁이 불편했기 때문에 피론주의에 맞설 진리의 토대를 생각해 내려 했다. 그는 의심의 여지가 없는 핵심을 발견하기 위해 가능한 모든 것을 체계적으로 의심하기 시작했다. 결국 그는 의심할 수 없는 단 한 가지는 자신이 의심하고 있다는 것밖에 없다는 결론에 이르렀다. 여기서 그 유명한 원칙 "나는 생각한다. 그러므로 나는 존재한다.(*cogito ergo sum*)"가 나오는데, 그 핵심은 의심하는 것은 생각을 하기 때문이고, 생각한다는 것은 생각하는 사람이 있다는 것이다. 이것은 끝도 없이 농담거리가 되었다. (데카르트가 커피숍에 가서 커피를 주문했다. 점원은 그에게 빵도 필요한지 물었다. 데카르트는 대답한다. "(그렇다고) 생각하지 않는데요." 그러자 그는 즉시 사라졌다.) 그러나 이것은 사실 인식론적 문제를 해결해 보려는 정말 진지한 시도였다. 재미있는 것은, 성 어거스틴도 학문적 회의론자에게 본질적으로 같은 주장을 했다. 데카르트는 그 사실을 몰랐다고 주장했지만 말이다.

어쨌든, 데카르트는 그 신념(*cogito*)으로 무장한 채, 생각으로 자신의 존재를 증명했기 때문에 자신의 주장은 필연적으로 참이라는 통합적 사고 체계를 만들려고 했다. 다음 단계는 "내가 존재하므로 신도 존재한다"였다. 이것은 매우 자기 중심적으로 들리지만 데카르트가 신이라는 뜻이 아니다. 그보다는 무언가가 아무것도 없이 그냥 생겨나지는 않는다는 뜻이다. 만일 무엇이 존재하게 되었다면 그렇게 만든 무언가가 있다는 것이다. 데카르트는 영원한 존재가 아니었으므로 그를 만든 누군가가 있을 것인데, 그것을 데카르트는 "신"이라 했다. 데카르트의 세 번째 단계는 "신이 존재한다. 그러므로 명석 판명한 사고는 진리이다." 만일 신이 창조자라면 그는 진리를 보증할 것이다. 그 결과 신은 우리를 현혹하지 않을 것이므로, "명석 판명한 사고"는 자동적으로 진리가 된다.

논쟁의 이 지점에서 피에르 벨은, 데카르트가 "나는 생각한다. 고로 나는 존재한다."와 관련된 무언가를 *찾았을지 모르지만* 이러한 생각이 신의 존재로 이끈다는 것은 의심의 여지가 있다고 했다. 이와 완전히 동일한 이유로 벨과 데카르트를 비판하는 다른 사람들은 그의 명석 판명한 지각에 대한 주장을 즉시 거부했다. 즉, 벨은 데카르트는 속이는 거라고 주장했다. 그러나 일단 명석 판명한 지각에 관한 주장을 발전시킨 데카르트는 이를 악물고 더 나아가 전 우주를 순수하게 연역적으로 설명하는 방법을 발전시켰다. 이러한 설명 방식은 연역적이므로 그 전제만 진리이면 결론 역시 확실한 것으로 만들었다. 이것이 바로 그가 피론을 "반박"했던 핵심이었다. 데카르트는 자신의 체계의 나머지 부분을 추론할 확실한 전제를 가지고 있다고 생각했다.

데카르트는 우주에 존재하는 모든 것은 정신과 물질이라고 믿었고 공간을 차지하는 것이 물질 곧, "연장(extension)"이라 믿었다. 물질 세계에서 일어나는 모든 것은 서로 충돌하고 밀어내고 들러붙는 물질 분자 간의 상호 작용으로 인한 것이다. 기계론이라고도 하는 이 철학은 마법을 어디서도 언급하지 않기 때문에 데카르트의 시대에 매우 인기가 있었다.

이전 세기의 르네상스 사상가들은 이 세상의 구조에 숨겨져 (occultus) 연결되어 있는 물리적인 우주를 설명할 정교한 체계를 발전시켰다. 이러한 연계가 "원격 작용"을 가능하게끔 했다. 예를 들어 비록 당신이 별들과 물리적으로 연결되지 않았다 하더라도 별이나 행성이 어떤 특정한 위치에 놓이게 되면 바로 당신에게 영향을 준다. 저주 인형을 생각해 보라. 당신에게 누군가와 똑같이 생긴 인형이 있다. 당신이 어디에 있든지 그 인형에 핀을 찌르면 그 사람은 어디에 있든지 움찔할 것이다. 그 인형과 그 사람 사이의 주술적 관계가 바로 당신이 원격으로 행동을 조종할 수 있게 하는 도관인 것이다.

중세의 학자들이 보다 합리적인 형사 사법 체계를 발전시키고 자연 현상을 기적이나 사탄적 행위에 덜 의존하고자 했던 것처럼, 기계론은 물리적 세상을 설명하는데 마법에 의존하지 못하게 하려는 것이었다.

하지만 안타깝게도 데카르트의 연역주의에는 한계가 있었다. 예를 들어 데카르트는 물질은 연장(extension)이므로 진공이라는 생각은 터무니없다고 믿었다. 특정 용적의 공간이 있다면 물질이 있어야 했다. 피에르 가상디라는 프랑스의 가톨릭 자연 철학자는 다른 방법으로 접근했는데, 그는 에피쿠로스에게서 유래한 물리 세계가 원자와 그 사이의 공간으로 구성되어 있다는 이론과 기독교를 조화시키고자 하였다. 따라서 진공은 원자들 "사이"에서 존재하며 다른 곳에서도 생길 수 있다.

- **파스칼, 개연론, 진보**

이러한 의견의 차이는 또 다른 프랑스의 사상가인 블레즈 파스칼이 해결했다. 파스칼은 수학자이자 사상가였는데 무엇보다도 확률론을 창시한 사람이다. 보수적인 가톨릭 신자로서 그는 수학과 자연 철학을 연구할 뿐 아니라 신학적이고 철학적인 이슈에 대해서도 글을 썼다. 파스칼은 진공이 존재하는지 알아보기 위해 실험을 고안했다. 그는 기압계를 사용했다. 기압계를 만들기 위해 기다란 튜브를 가져다 한쪽 끝을 막고 (처음에는 물이었다가 나중에 수은으로 교체된) 액체로 채운 후 다른 쪽 입구를 막은 뒤 대접에 액체를 담고 물속에 있는 입구를 연다. 튜브에 있는 액체의 일부가 대접에 들어가면 위쪽에 공간이 생긴다. 그 빈 공간에 무엇이 있는가 하는 것이 문제였다. 가상디는 그것이 진공이라고 했다. 데카르트는 그곳에 튜브의 가장자리에서 올라온 물질의 작은 입자들이 있다고 했다. 파스칼은 그 답을 찾기 원했다.

만일 가상디가 맞다면 튜브 안에 있는 액체의 무게는 대접에 담긴 액체에 가해지는 기압과 같을 것이고 이것이 바로 액체 기둥을 받치고 있는 것이다. 그러나 대기의 고도가 높아질수록 공기가 점점 희박해지고 액체에 가해지는 압력도 적어질 것이다. 그렇다면 액체 기둥의 높이는 해수면에서 더 높이 위로 올라갈수록 더 내려갈 것이다. 이것을 확인하기 위해 파스칼은 기압계를 만들어 수레에 실었다. 그는 산밑에서 기둥의 높이를 재고 수레를 산꼭대기로 가져가서 또 쟀다. 그는 다시 아래로 내려와서 높이를 쟀다. 액체 기둥은 가상디의 이론에서 예상한 바와 같았고 파스칼은 데카르트보다 가상디의 이론이 더 개연성이 있다고 주장했다.

이것은 엄청난 진보였다. 이 실험이 데카르트가 틀렸다는 것을 입증하지는 않는다. 그의 설명이 맞을 가능성이 있다. 그러나 가상디의 생각이 맞을 가능성을 높여 준다. 개연성은 분명 후자가 높다. 이것은 서양 사상에서 아주 중요한 인식론의 변화를 보여준다. 전통적으로 지식은 확실한 것으로 여겨졌고 과거에서 가장 잘 찾을 수 있었다. 선조들처럼 데카르트도 지식의 확실성을 주장했지만 과거의 작가를 존경하면서도 결정적인 것으로 생각하지는 않았고, 오히려 진리는 현재에서 더 잘 찾을 수 있었다. 그래서 데카르트는 중세와 근세 양쪽에 양다리를 걸치고 있었다. 한편 파스칼은 이 두 가지 추정을 모두 포기했다. 그는 지식에는 확실성이 필요치 않고 개연성이면 충분하다고 생각한 것이다.

개연론으로 알려진 이 개념은 일단 자리잡기 시작하자 피론을 효과석으로 무력화시켰다. 개연론자들은 확실성을 기대하거나 찾으려고 하지 않았다. 따라서 확실성을 파괴하려고 고안된 피론주의식 질문들은 인식론에 위협이 되지 않았다. 게다가 파스칼은 (특히나 신학에 있어서) 과거를 존중했음에도 불구하고, 종교에 관한 사안이 아닌 경우에는 권위가 있다고 생각하지 않았다. 자연 세계의 진리는 과거의 작가가 내린 결론이 아니라, 현재나 미래의 실험이나 관찰을 통해서 발견될 수 있는 것이었다.

이것은 진보라는 근대적 개념의 전형적인 기초를 닦았다. 우리가 옛날 사람들보다 더 많이 알 수도 있다는 생각, 즉 우리가 발전할 것이고 계속 발전하고 있다는 생각은 이전의 사상가들이 하지 못했던 생각이다. 그들은 모두 과거가 진리, 지식, 사회 모든 면에서 최적의 기준이라 믿었다. 이제 모든 것이 바뀌었다. 진리는 현재나 미래에서 발견되며 사람들은 과거를 기반으로 더 배우고 발전하며 사회는 더 많이 아는 더 나은 세상으로 발전해 가는 궤도에 있다는 믿음이 생겼다.

인식론과 진보의 개념이 변화하자 현대 세계를 발흥시키는 매우 중요한 요인이 나타났다. 지식에 대한 새로운 접근 방법이 얼마나 효과적인지를 보여주는 궁극적인 증거로서, 많은 면에서 과학 혁명의 정점이 된 아이작 뉴턴 경의 물리학적 업적과 놀라운 성공 덕에, 세상을 보는 이 새로운 방식이 지배력을 행사할 수 있는 지위는 공고해졌다.

아이작 뉴턴 경

아이작 뉴턴은 힘든 어린 시절을 보냈다. 미숙아로 태어난 그는 태어날 때 1리터 들이 머그컵에도 들어갈 정도로 작았다고 어머니가 말할 정도였다. 아버지는 그가 어릴 때 죽었고 어머니는 재혼하는 바람에 외할머니가 그를 키웠다. 그는 계부를 너무나 싫어해서, 열아홉 살에 작성했던 자신의 죄 목록에는 어머니와 계부가 집안에 있을 때 그 계부의 집을 불태워 버리고 싶었다는 고백이 있다. 계부가 죽자 뉴턴의 어머니는 집에 돌아와서 그를 농부로 키우려고 했다. 물론 좋은 생각은 아니었지만 다행히 가족들이 이를 알아차렸다. 뉴턴은 학교로 돌아갔고 그곳에서 (특히) 데카르트의 글에 영감을 받아 기하학을 진지하게 공부하기 시작했다. 거기서 자연 철학 연구를 시작한 덕에 뉴턴은 영국의 저명한 학자가 되었다.

뉴턴의 업적의 중요성은 말로 다할 수 없다. 미적분의 발명 등 그는 수학에서 획기적인 업적을 남겼다. 무엇보다도 그는 백색광이 색깔들로 나뉘어질 수 있고 다시 합쳐져서 백색광이 된다는 것을 증명하며 근대 광학 연구의 토대를 세웠다. 그는 색깔이 본질적으로 물체에 속한 성격이 아니라 빛의 특징이라는 것도 발견했다. 특히 물리학과 중력에 관한 연구는 그가 기여한 업적 중에서도 매우 특별하고 중요하다고 할 수 있다. 그의 세 가지 운동 법칙과 중력 이론은 갈릴레오가 찾았던 물리학적 대안을 제공했다. 이것은 지구에서뿐 아니라 천체에서도 적용할 수 있는 역학의 새로운 토대를 마련했다. 그의 이론은 천체와 지구의 역학을 통합하는 첫 번째 이론이었다. 중력의 법칙과 세 개의 운동 법칙은 사과가 왜 나무에서 떨어지는지를 설명했고 행성 운동에 관한 케플러의 세 가지 법칙이 왜 맞는지, 행성이 어떻게 자신의 궤도에 머물러 있는지를 설명해 주었다. 이것은 어떤 면으로 보나 굉장한 업적이었다.

뉴턴은 어떻게 이 모든 것을 다 이루었을까? 가장 중요한 점은 그의 연구가 진공 상태에서 생기지 않았다는 것이다. 그는 데카르트와 그의 이론은 물론, 기계론에 대해 알았다. 그는 코페르니쿠스, 케플러, 갈릴레오, 로버트 후크 등 다른 과학자들도 공부했다. 그는 거기에 실험과 기계적 분석을 가미했다. 간단히 말해서 뉴턴의 연구는 기계론을 수식화하고 그것을 실험 과학으로 전환시켜 다른 많은 근대 초기 자연 철학자의 연구를 확인하고 연장한 것이라 볼 수 있다.

적어도 공식적인 답변은 그렇다. 어느 정도는 정확하다. 그러나 뉴턴의 업적에 있어 그가 연구한 대상과 방법에 영향을 준 또 다른 측면이 있다. 그가 수학이나 물리학, 자연 철학보다 더 관심을 가졌던 분야가 있다면 그것은 신학과 초자연적 현상에 대한 연구였다. 종교에 관해 말하자면, 뉴턴은 성경 공부에 엄청난 양의 시간을 할애했고 그가 과학에 썼던 방법 그대로 성경을 분석했다. 즉 그는 다른 사람들의 업적을 보고 자신만의 사상을 형성한 다음 그 사상을 "검증"해 보았다. 그의 모든 생각이 완전히 정통적이지는 않았고 특히 삼위일체에 대한 생각이 그랬다는 점을 말해 두어야 할 것 같다. (이 방면에서 그는 비정통적이거나 아니면 서구 사상보다는 동방 정교회에 더 가깝다.) 그는 특히 신약의 요한계시록에 관심이 있었다. 그는 역사와 일치하며 세상의 마지막 날을 알려줄 수 있는 해석상의 개요를 발견하기 위해 열심히 연구했다.

뉴턴에게 이런 종류의 사변적 신학은 그의 "과학적" 연구와 별개의 활동이 아니었다. 둘 다 해석에 있어 새로운 방법을 통해 새로운 결론에 도달하긴 하지만, 하나님께서 주신 자연과 성경이라는 두 가지 "책"을 통해 하나님을 알고자 하는 그의 열정을 표현한 것이다. 뉴턴의 세계관은 어떤 면에서는 자연 세계를 초자연적인 것으로 설명하는 데서 벗어나고자 했던 중세의 운동과 비슷했다. 차이가 있다면 중세에는 아직 여전히 어떤 것을 설명할 때 신적 개입이 꼭 필요하다고 본 것이다. 16세기의 장 칼뱅마저 바다가 육지를 덮지 않는 이유는 하나님의 손이 그것을 붙잡고 있기 때문이라고 했다. 그러나 뉴턴은 신적 개입이 계속적으로 필요하다고 믿지 않았다. 그의 과학은 하나님이 세상을 어떻게 작동하도록 지으셨는지를 발견하고 하나님의 성품과 세상을 향한 그분의 계획을 드러내는 데 목적이 있었다.

동시에 뉴턴은 마법 이론과 자연 세계에 숨겨진 초자연적인 힘에 대한 과거의 사고 또한 포기하지 않았다. 연금술과 주술에 대한 뉴턴의 저작은 꽤나 많아서 이런 주제에 대한 뉴턴의 연구를 발견하고 읽게 된 20세기의 경제학자 존 메이너드 케인스는 "뉴턴은 이성의 시대를 연 최초의 사람이라기보다는 최후의 마법사이다."[1]라고 했었다.

뉴턴은 연금술을 연구하는데 열중하는 과정에서 독약에 노출되어 신경 쇠약에 걸렸던 것 같다. 그는 기계론자들이 거부했던 르네상스 시대 자연 세계의 마술적 설명의 중심이었던 원격 작용에 대한 옛 사상을 되살리기도 했다. 뉴턴이 과학에 중요하게 기여했던 만유인력의 법칙은 사실상 원격 작용이다. 태양의 중력이 행성을 자기 궤도에 있도록 하는지 어떻게 기계적으로 설명할 수 있는가? 중력이 작동하게 만드는 물리적 상관관계는 무엇인가? 그런 것은 없다. 오늘날 우리는 시공간의 곡률에 대해 이야기하지만 17세기와 18세기에 그것을 아는 사람은 없었다. 중력은 원격 작용, 즉 순수하게 마법처럼 보였다. 그래서 뉴턴의 생각은 처음에 기계론자들이 거부했다. 그는 신비주의를 연구했기 때문에 원격 작용이 개인적으로 어렵지 않았지만, 중력에 대해 기계적으로 설명을 할 수가 없었다. 설명하는 일에 실패한 그는, 어떤 일이 일어났는지 설명하는 대신 발생한 일을 묘사하는 것이 그의 역할이라고 생각했다. 핑계이긴 했지만 그의 역할은 거기까지였다.

뉴턴과 그의 선조들은 새로운 물리학의 체계를 설립했을 뿐 아니라 유

---

1. John Maynard Keynes, "Newton, the Man," in The World of Mathematics, vol. 1, James Newman, ed. (Mineola, N.Y.: Dover, 2000), 277

럽에 새로운 인식론의 토대를 마련했다. 뉴턴의 연구 방법에 관한 다른 여러 해석이 있기 때문에 그의 인식론이 무엇이었는지 명확하지는 않지만 전반적 개요는 조금 더 분명해진다. 피론이 촉발시켰던 확실성에 대한 거부로부터, 개연성을 충분한 것으로 여기기 시작하게 되었다.

학자들이 과거를 존중하긴 했지만 과거의 업적을 토대로 앞선 사람들보다 더 발전할 수 있고, 심지어 과거가 틀렸다고 증명할 수도 있다고 믿기 시작했다. 고대인은 더 이상 "권위자"가 아니었고 단순히 맞거나 틀릴 수도 있는 생각을 기록한 사람들이 되었다. 단순히 아리스토텔레스를 인용하는 것보다 연구, 분석, 가능한 경우에는 실험을 하는 것이 더욱 중요해졌다. 요약하자면 진보의 개념과 함께 인간의 잠재력에 대한 보다 큰 낙관론이 생겨났다.

인식론과 도덕, 형이상학은 모두 서로 연관되어 있기 때문에 인식론의 이러한 변화는 어쩔 수 없이 세계관의 다른 부분에 영향을 준다. 동시에 과학 혁명에서 중요한 역할을 했던 인물은 모두, 이성적인 하나님께서 만드신 이 세상은 하나님의 형상을 따라 이성적인 피조물로 만들어진 우리가 알 수 있는 것이라는 세계관을 가진, 스스로 기독교 자연 과학자로 인식하고 연구했던 사람들이었다. 다른 문화의 세계관과는 다른 이 핵심적인 개념이 과학의 부상을 가능하게 했다.

하지만 결국, 지난 장에서 논의된 문제들과 자연 철학의 새로운 발전은 과학 혁명의 지도자들을 기본적인 기독교 세계관으로부터 멀어지게 했다. 기독교가 대체되지는 않았지만, 계몽주의 시대의 등장과 함께 다른 세계관들이 서구 문명에 더 큰 영향을 주기 시작했다.

Chapter 08

계몽주의 시대와 혁명들

　중세의 세계관이 물리적 세계를 설명할 때 합리적인 설명의 중요성을 새로이 강조하기는 했지만, 아직 물리적 현상 뒤에 있는 초자연적인 개입과 (라틴어 'occult (숨겨진)'에서 유래한) 불가사의한 힘에 많이 의지했다. 사람들은 마술, 마법, 주술을 믿었고 비밀스러운 지식을 얻기 위해 악마를 불러내는 것도 가능하다고 생각했다. 앞서 보았듯 의술 또한 인간의 삶의 거의 모든 부분에 영향을 주던 점성술을 중심으로 발전했다.

　이런 신념은 르네상스 시대까지 이어졌다. 르네상스 시대가 과학의 탄생과 자주 연관되긴 하지만 사실, 헤르메스주의를 새로 발견함에 따른 마법 이론의 황금기였다고 할 수 있다. 지극히 일상적인 물리적 현상을 설명하는 것조차 의식이나 상징을 사용해서 좌지우지할 수 있는 신비로운 힘에 의존했던 것이다.

그러나 17세기 초반 학자들은 르네상스의 실패, 종교 개혁과 종교 전쟁으로 인한 파괴, 그 밖의 이유로 이런 방식으로 세상을 바라보는 것을 거부하기 시작했다. 중세 후반에 시작된 이러한 흐름은 계속 확장되어 이제 사회는 세상을 합리적인 방식으로 설명하는데 집중하기 시작했다. 부분적으로 과학 혁명은 마법을 제거하고, 비물리적 힘이란 존재하지 않는 인과율의 폐쇄계로 이 세상을 완전히 기계적인 용어로만 이해하려는 열망으로부터 시작됐다. "기계론"으로 알려진 이런 접근 방식은 모든 자연 현상을 물질 세계를 이루는 입자들의 충돌, 척력, 다른 종류의 기계적 접촉으로 설명하고자 했다. 비록 자연 철학자들이 18세기까지는 여전히 물리적 세계에서 도덕적이고 영적인 교훈을 얻고자 했지만, 영적 세계에 의존해서 물질 세계를 설명하려는 시도는 그만두기 시작했다.

종교에서도 이성에 대한 비슷한 경향이 생겨났다. 앞서 나왔듯이 당시 대중적이던 가톨릭보다 종교에 대해 더욱 합리적인 접근법을 대변하는 칼빈주의가 특히 프랑스에서 빠르게 퍼졌다. 17세기에 처음 등장한 개신교 교회들은 자연스레 역사가들이 "신앙 고백(Confessionalization)"이라 부르는 교리적 진술을 만들어냈다. (기독교는 교리의 종교가 아닌가?) 16세기 후반에 나타난 이런 운동은 유럽 전역에 퍼져 경쟁하던 여러 기독교 교회의 신학을 발전시키고 설명하는데 이성을 사용할 것을 강조함에 따라 나타났다.

그와 동시에, 종교 전쟁의 결과, 많은 사람에게 종교적인 열정이 정치,

사회적으로 위험한 것으로 여겨지기 시작했다. 고백 성사가 교회들을 차별화했지만, 종교에 보다 덜 독단적이고 열정적이면서, 더 이성적이고 관용적인 접근을 요구하는 반대 운동도 있었다. 그 과정에서 이 집단을 더욱 극단적으로 대변하던 자들은 이신론이라고 알려진 새로운 세계관을 발전시켰다.

이신론의 등장

 이신론을 이해하기 위해서 먼저 정통 기독교의 하나님에 대한 개념을 설명하는 것이 도움될 것 같다. 기독교 역사에서 하나님의 성품은 부분적으로는 세 가지 용어로 설명이 된다.

- 하나님은 무한하신 분이다. - 그는 시공간, 숫자를 초월한 존재이며 동시에 개인적이다. 삼위일체로서 본질적으로 관계적이므로 사람들과 관계를 맺을 수 있다.

- 하나님은 우주를 창조하셨고 유지하신다. - 우주가 계속 존재하고 작동하는 것은 그분이 계속 유지하시기 때문이다.

- 하나님은 초월적이신 분이다. - 그는 우주 위에 존재하고 인간이 생각할 수 있는 모든 것을 초월하지만 동시에 편재하시며 언제든지 우리와 함께 계신다.

- **하나님과 시계 제조공**

  이신론자는 일반적으로 위의 문장에서 두 번째 부분은 거부하면서 첫 번째 부분의 정의는 동의한다. 다시 말하면 신은 제한이 없는 분이지만 개인적이지는 않고, 창조주이지만 우주는 신의 개입 없이 홀로 작동하며, 초월적이지만 편재하지는 않는다는 것이다.

  이신론자가 사용한 일반적인 비유는 신이 시계 제조공 같은 분이라는 것이다. 뛰어난 시계 제조공이 시계를 만들고 태엽을 감으면 시계가 작동한다. 만일 시계 제조공이 시계를 만들었는데 주기적으로 개입해야 한다면, (태엽 감는 것 외에 초침을 움직이거나 장치를 조작해야 한다면) 그는 해고되어야 하는 형편없는 시계 제조공인 것이다. 그처럼 만일 신이 완전하고 전능하고 초월적인 분이라면 왜 조정이 필요한 우주를 만들겠는가? 만약 신이 세상에 어떻게든 개입해야 한다면 그가 만든 세상이 완벽하지 않다는 것을 뜻하므로 그 역시 완벽하지 않다. 그러므로 신이 이 세상에서 무엇을 행한다는 것은 모욕이고 그의 영광을 깎아내리는 것이다.

- **이신론과 기독교**

  이 사상은 기독교에 엄청난 영향을 주었다. 먼저, 하나님이 기적을 행할 수 없다면 성경의 기적에 대한 기록들이 거짓이라는 것을 뜻한다.

  그리고 예수님이 하나님이라는 것은 하나님 입장에서 상상할 수 있는 가장 엄청난 개입을 한 것이기 때문에 예수님이 하나님이실 수가 없다.

  그러나 이 모든 것을 떠나, 이신론의 근본이 되는 원칙은 종교 생활의 모든 방면에 영향을 끼친다. 예를 들어, 성례는 은혜나 영적인 힘을 전달하지 못한다. (사실 은혜라는 개념 자체가 문제이다.) 그리고 그 자체가 그가 창조한 세상에 개입하는 것이기에 신은 기도에 응답할 수가 없다. 사람들은 특별히 어떤 이익이나 불이익을 떠나서 응당 신과 신의 선물에 감사해야 한다. 그것이 종교 행위의 전부이다.

이신론은 세상의 악에 대해 중요한 질문을 하게 만든다. 세상에 있는 모든 것은 그가 의도한 대로 정확하게 창조되었기에 악이 존재한다는 것은 신이 선하지 않다는 것을 뜻한다. (정통 기독교에서는 하나님이 세상을 창조했으나 인간의 죄로 세상이 망가지게 되어 창조된 그대로가 아니라고 한다.) 그러므로 이신론자에게는 세상에 악은 실재할 수 없고 세상은, 하나님이 그렇게 만드실 수밖에 없기에, 선하고 올바르다. 알렉산더 포프의 글을 인용하자면 "존재하는 것은 무엇이든 올바르다."[1] 신이 모든 것을 창조했으므로 세상이 어떠하더라도 이것이 적절한 것이라는 뜻이다.

개신교는 성경에 의지하고 가톨릭은 성경과 전통에 의지했는데, 이신론자는 종교를 포함해서 인생의 모든 분야에서 이성만이 진리로 인도하는 안내자라고 믿었다. 이성에 대한 이런 특별한 강조는 부분적으로는 성경의 신뢰도에 의문이 커져 가고 있었기 때문이었다. 이신론자들은 보통 성경의 도덕적 가르침은 존중하면서도, 기적이나 기도에 대한 응답, 개입하시는 하나님에 대해서는 거부했다.

종교 개혁, 종교 전쟁, 신세계가 촉발시킨 질문과 더불어, 예수회 수

---

1. Alexander Pope, "Essay on Man," quoted in Paul Baines, *The Complete Critical Guide to Alexander Pope* (New York: Rout-ledge, 2000), 87.

도사가 개신교에 대항하기 위해 사용한 피론주의 논쟁은 그것을 비판한 사람들이 예견한 대로 성경에 대한 신뢰를 무너뜨렸다. 17세기 후반의 *문자공화국신보(The News of the Republic of Letters)*에서 나온 피에르 벨의 논문은 모세 오경의 저자가 모세라는데 이의를 제기함으로써, 모세 오경을 모세의 것으로 보는 성경의 역사성, 율법과 십계명의 권위, (예수님이 직접 하신 말씀을 비롯해서) 구약과 신약 성경의 많은 본문에 대한 영감 모두를 약화시켰다. 이 논쟁은 많은 중요한 인물을 정통 기독교에서 이신론이나 적어도 덜 정통적이거나 "자유주의"적인 기독교로 유인했다. 그런 인물 중에는 우리가 이 장의 후반부에서 다룰 존 로크도 있다.

- **뉴턴의 하나님?**

18세기 계몽주의 사상가는 이성을 사용하여 성취할 수 있는 좋은 모범으로 아이작 뉴턴을 지목하기 시작했다. 그들에 따르면 뉴턴이 전임자들의 누적된 경험에 자신의 연구를 더하고 그것에 대해 정말 열심히 생각하자 짜잔! 하고 우주의 신비를 풀 수 있게 되었다. 다시 한번 알렉산더 포프를 인용하자면 "자연과 자연의 법칙은 어둠 속에 숨겨져 있었다. 하나님이 가라사대, 뉴턴이 있으라! 하시니 모든 것이 밝아졌다."[2]

만약 뉴턴이 물질 세계에서 이 모든 것을 성취할 수 있었다면 이성이 우리를 종교적 진리로도 인도할 수 있지 않겠는가? (물론 이신론자는 편리하게도 뉴턴의 신학과 초자연적 현상에 대한 연구를 무시하고 그를 이성의 수호 성인으로 만들었다. 그들은 뉴턴의 종교 사상을 탐구하

---

2. Alexander Pope, "Epitaph: Intended for Sir Isaac Newton," in The Poems of Alexander Pope, Alexander Pope and John Butt (New York: Routledge, 1966), 808.

기보다는 자신의 종교 사상에 뉴턴을 지지대로 사용하는 것에 더 관심이 있었던 것이다.) 이신론자는 인류의 집단적 경험의 기록인 세상의 종교를 샅샅이 살펴서 자신의 종교 체계에 포함시킬 가장 "이성적인" 점을 찾고자 했다. 그들이 원한 것은 이성적이면서 동시에 교리나 의식에 있어 많은 것을 요구하지 않는 합리적이고 관대한 신이었다. 사실 이신론자는 보통 엄격하게 정통적이면서 그 사실을 드러내는 사람들 외의 다른 모든 사람들에게 관대했다. 정통적인 사람들은 촌스럽고 (당시에는 나쁜 것을 뜻했던) "열정적이고", 무식하고 꽉 막히고 편협한 자들이라며 자주 조롱을 받았다.

이신론과 관련된 어떤 사람들은 보통 전제와 이성을 훨씬 더 많이 사용했다. 예를 들어 존 톨랜드는 *신비롭지 않은 기독교*(1696)라는 책에서 신비성이 있을 곳이 없는 합리적 종교를 주장하였으나 신을 창조물과 완전히 구별되는 창조주로 정의하지 않았다. 대신 신을 창조물과 동일시하고 이 신앙을 설명하기 위해 ("모든 것이 신"이라는 그리스어인) *범신론(pantheism)*이라는 용어를 만들어 냈다.

- ### 기독교적 이신론자

톨랜드의 책이 암시하듯이 이신론자는 전형적으로 스스로 기독교인이라고 생각했다. 교회와 성경에도, 정확히는 어떤 조직적인 종교 단체에도 동의하지 않지만, 그들에게는 기독교 세계관의 많은 면모가 자리 잡고 있었다. 예를 들어 그들은 일반적으로 기독교적 전통에서 온 양도할 수 없는 권리와 특별히 재산권과 같은 정치 경제 이론의 근본 사상을 받아들였다. 그들의 윤리적인 사상 역시 대개 기독교로부터 왔다. (비록 그들 개인의 도덕성의 측면에서 늘 그랬던 것은 아니었다.) 이성의 개념 역시 인간이 발견할 수 있는 이성적인 법칙에 의해 세상이 다스려진다는 중세 기독교의 믿음에 뿌리를 두고 있다.

우리의 세계관은 우리가 무엇을 이성적이라고 생각하는지 결정한다. 따라서 기독교 전통에서 나온 이신론은 자연스레 기독교 세계관을 가지고 왔다. 그래서 사실 그 시대 대부분의 이신론자는 "기독교적 이신론자"로 묘사될 수 있는데 이것은 그들이 전통적인 기독교 신앙을 가지고 있기 때문이 아니라 그들의 생각이 많은 부분 기독교에서 나왔기 때문이다.

이성의 시대

이신론자가 아니더라도, 대부분의 18세기 사상은 삶의 모든 영역에 이성을 사용하는 것이 중심이었다. 아이작 뉴턴에게 영감을 받아 다른 사상가들도 물리적 세상뿐 아니라 인간의 삶과 경험의 다른 측면까지 설명할 수 있는 법칙을 찾기 시작했다.

- **아담 스미스**

그중 가장 중요한 사람은 분명 스코틀랜드의 도덕적 신학자이자 이신론자로 추정되는 아담 스미스이다. 1776년에 나온 그의 책 국부론은 오늘날 "고전 경제학"이라고 불리는 것의 토대가 되었다. 영국과 아메리카 대륙의 자유 무역에 대한 열망을 바탕으로, 스미스는 흔한 경제 이론이나 당시의 관행과는 반대로, 공권력의 행사이든 길드의 규제이든 경제에 간섭하게 되면 국가의 부를 증가시키기보다는 감소시키는 결과를 초래한다고 주장하였다. 규제는 생산 비용으로 들어가 효율을 줄이고 가격을 올려서 결국 수요를 떨어뜨리게 된다.

스미스는 경제를 자유롭게 두면 "보이지 않는 손"에 인도되는 것 같이 효율과 생산성이 높아질 것이라 주장하였다. 근본적인 신념은 사람들은 어쩔 수 없이 자신의 이익을 위해 행동한다는 것이다. 만일 가격과 비용이 자유로우면 사람들은 돈이 되지 않는 산업으로부터 돈이 되는 것으로 옮겨갈 것이고 그러면 생산자가 많아지고 가격이 떨어져 경제가 저절로 균형을 이룬다는 것이다. 효율적인 사람들은 기계, 분업, 기타 다른 방법을 통해 생산 비용과 물건 가격의 차이를 증가시켜 시장 점유율을 높이고 더 많은 이윤을 창출할 것이다. 효율적이지 못한 사람들은 결국 폐업하게 될 것이다. 즉, 만약 정부나 조합이 제약하는 것 없이 경쟁을 허용하여 승자와 패자가 결정되도록 한다면 그 때 경제가 가장 잘 기능할 것이다.

스미스의 업적은 많은 면에서 획기적이었다. 그의 이론은 그 이래로 가장 성공적인 서구 경제의 원동력이 된 사업가들에게 최초로 길을 터 주었다. 그의 계획은 무역의 흑자 유지와 금괴의 축적을 중시하던 중상주의자와, 노동보다는 땅의 소유권을 중시하던 중농주의자의 생각을 해체했다.

동시에 스미스의 업적은 중세와 근대 초기의 도시, 특히 근대 초기 어떤 나라보다도 경제에 대한 규제가 가장 덜했던 네덜란드의 선례를 토대로 했다. 우주를 더 이성적으로 설명하기 원했던 중세인의 욕구를 뉴턴이 더 체계적이고 논리적이고 지적으로 만족스러운 결론으로 이끈 것처럼, 스미스도 노동의 가치와 선함, 사유 재산, 재투자 같은 중세 경제의 많은 선례를, 여러 면에서 도덕적인 요소는 빼고, 더욱 체계적이고 논리적인 결론으로 이끌었다. 스미스는 사업가의 도덕성에 대해 대수롭지 않게 생각했고 사업가의 욕심 역시 사회의 이익에 도움이 되지만, 그들에게 긍휼보다는 욕심이 동기가 된다고 여겨 그것을 자신의 도덕 철학의 기초로 삼았다. 중세의 사람들은 경제 정책이 개인의 도덕성에 주는 영향을 더욱 중요하게 생각했었다.

스미스의 업적은 경제학 분야에서 보다 발전할 수 있는 장을 마련해 주었다. 예를 들면 영국 성공회 성직자였던 토마스 맬더스가 인구 동향 분석을 개발했다. 그는 가능한 모든 자원이 더 이상 늘어난 숫자를 감당할 수 없을 때까지 모든 인구는 계속 과잉 생산하는 경향이 있다고 생각했다. 그러면 불균형을 바로잡기 위해 자연이 기아와 질병, (맬더스가 자연의 대처 방법으로 본) 전쟁을 통해 개입하고 그렇게 인구를 지속 가능한 수준으로 줄일 것이다. 그 과정은 반복된다. (가난한 자를 도우면 그들이 더 많은 아이를 낳고 "위기"가 더 빨리 더 심각하게 오기 때문에 가난한 자를 돕는 것이 실수라는 것이 맬더스의 결론이었다. 이것은 보통의 성직자가 할 만한 발언이 아니지만 당시는 이성과 자연법을 숭배하던 시기인 것을 감안한다면 이해가 된다.)

- **정치와 경제, 세계관**

정부의 개입 없이 시장이 돌아가도록 하는 시대가 도래했다. 아담 스미스는 고전적 자유주의의 아버지로 알려져 있다. 고전적 보수주의의 아버지인 에드먼드 버크는 스미스에게 여러가지로 동의하지 않는 부분이 많았지만 정부의 규제가 경제에 좋지 않다는 점에는 동의했다.

고전적 보수주의와 고전적 자유주의의 아버지 모두 경제 이론의 기초적인 부분에 동의했다는 것은 그 사상이 그 시대의 세계관에 깊이 뿌리박힌 생각이라는 것을 의미한다고 볼 수 있다. 그리고 자연스레 그 사상은 경제뿐 아니라 정치에도 영향을 끼쳤다. 정치와 경제가 모두 사람 간 서로를 이해하는 "자연스러운" 방식에 대한 가정에 지배되기 때문에 자유 시장 자본주의로 이끌었던 이 같은 문화적 맥락은 대의 민주제의 등장에도 기여했다. 본질적으로 선거는 자유 시장의 사상을 정치에 적용한 것과 동일하다. 마치 물건을 사는 것이 상품과 회사를 그 경쟁 상대들을 이기고 사업을 할 수 있게 "투표"를 하는 것처럼, 선거에서 대표자를 선출하기 위해 투표를 하는 것은 경쟁자들이 아니라 자신이 투표한 사람의 정치적 견해를 "구매"하는 것이다. (앵글로 색슨 국가에서 사법 제도는 재판소에서 적대 관계에 있는 두 편이 배심원단의 표를 위해 경쟁한다는 개념을 중심으로 한다.) 그러므로 미국 독립 혁명에 뒤이어 대의 민주제가 등장하고 자유 시장 원리에 입각해서 경제 정책을 제도화한 것은 결코 우연이 아니다.

- **계몽사상가**

거시적으로는 아담 스미스의 업적이 서구 사회에 준 영향이 가장 크지만 다른 사상가 역시 이성을 사용하여 인류의 문제를 해결해 보려 했다. 그런 사상가의 무리를 *계몽사상가*(*philosopher*, 프랑스어로 철학자)라 한다. 이 용어는 사실 잘못된 것이다. 그들은 철학자가 아니라 전통적 방법이 사회 문제를 해결하는데 방해가 된다고 생각했던 사회 비평가였기 때문이다. 그들은 이성을 사용하여 공통적인 인류의 경험을 바탕으로 문제 해결 방안을 도출한 다음, 그것이 효과가 있는지 시험해 봐야 한다고 믿었다. 다시 말해 그들은 뉴턴의 방법을 지지하고 그것을 자연 철학뿐 아니라 사회에도 적용하기 원했다.

*계몽사상가*는 비평가들이 자신의 사상에 대립할 때는 매우 공격적이었지만 지적 독립과 고유한 사고를 중요시했다. 예를 들어 프랑스의 *계몽사상가* 볼테르는 자신의 명작 *캉디드*에서 사회와 종교, 문화, 인간의 본성에 대해 광범위하게 풍자하면서 자신의 연극을 좋아하지 않았던 어느 연극 비평가까지 그 대상으로 삼았다. 이런 규모의 작품에서 비평가를 공격하다니 꽤나 훌륭한 풍자가이자 사상가인 그에게 옹졸하게 보복하는 경향도 있었던 것 같다.

이런 식의 대응에도 불구하고, 지적 독립이라는 이상이 뜻하는 것은 *계몽사상가*가 어떤 단일 프로그램을 추천하지는 않았던 것을 의미한다. 어떤 것은 비교적 보수적이고 어떤 것은 꽤 급진적이었다. 정치적으로 어떤 이들은 자신의 국가에서 계몽주의 사상에 경도된 전제 군주를 뜻하는 "계몽 전제 군주"의 이상을 좋아했다. 독일 프로이센 왕국의 프리드리히 2세도 그 역할을 수행하려 노력했다. 입헌 군주제를 지지하는 사람도 있었다. 공화국을 원한 사람도 있었고 어떤 이들은 대중이 직접 정부를 통제하는 민주주의를 원하기도 했다.

계몽사상가와 종교

많은 계몽사상가는 종교를 공격하는데 특히 관심이 있었다. 어떤 *계몽사상가*는 이신론자였지만 스코틀랜드의 데이비드 흄이나 프랑스의 폴 앙리 디트리히 돌바크 남작과 같은 이들은 무신론자였는데 이는 한 세대 전만 해도 상상도 할 수 없는 일이었다. 이들에게 인간의 이성은 최고의 것이었다. 이성의 기준에 맞지 않는 것은 거부해야 했다. 하나님의 존재에 대한 전통적인 증거가 합리적이고 설득력 있게 들리지 않았기 때문에 그들은 하나님에 대한 모든 것을 거부했다.

흄이나 다른 사람의 주장이 19세기의 철학적 자연주의를 위한 길을 닦았지만 18세기에는 대부분의 지식인들이 유신론적 혹은 이신론적 세계관을 가지고 있었다. 그럼에도 많은 18세기 *계몽사상가*는 사회에 대한 교회의 영향력을 깨기 원했다. 교회와 국가는 국가 교회가 있는 개신교 국가나 군주제와 구교회 성직자가 밀접하게 엮여 있던 가톨릭 국가 모두 여전히 가까이 밀착되어 있었다.

프랑스에서는 이런 유대가 특별히 강했다. 교회는 심지어 시대착오적인 국가 기관으로서 공식적인 역할을 맡고 있었고 다른 종교 집단에는 주어지지 않던 특권과 혜택을 누렸다. 이것은 *계몽사상가*들로 하여금 교회를 신랄하게 공격하도록 했다. 예를 들어 볼테르가 취했던 비공식적인 구호는 *"저 악명 높은 것들(가톨릭교회)을 박살내라!"*였다. 공정하게 말해서 그는 개신교 역시 특별히 좋아하진 않았지만, 프랑스에서 가톨릭교회를 큰 문제로 보았다.

계몽된 세계관

세계관의 관점에서 이 *계몽사상가* 집단은 물질 세계를 유일하게 중요한 것으로 보았다. 이신론자 역시도 하나님은 초연한 존재로서 세상 일에 관여하지 않는다고 믿었다. 지식은 전적으로 인간의 이성에서 나오며 더 많은 경험이 축적되고 시간이 지나며 성장하고 발전하는 것으로 기대되었다. 도덕성은 종교로부터 단절되고 대신 적어도 원칙적으로는 이성의 지배에 기반을 둔다. 개인적인 도덕 기준은 훨씬 느슨해졌다. 예를 들어 제네바 출신의 철학자 루소는 자신의 사생아들이 많았는데 그들 모두를 버렸다. (그에 대한 기록을 보고 있노라면, 그가 아이들을 키우고 교육시키는 적절한 방법에 대한 논의에 중요하게 기여했다고 보는 사람들이 아직도 있는 이유를 도통 알 수가 없다.)

그러나 양도할 수 없는 권리라는 사상과 정치, 경제, 사회적 도덕성의 다른 요소들 또한, 비록 약간의 수정을 거치긴 했지만, 기존의 기독교 사상으로부터 유입되었다. 기독교와 교회의 역할을 거부했지만 이 사상가들의 세계관에는 기독교 사상이 꽤 많이 남아 있었다. 이성에 대해 사용하는 그들의 틀 자체가 성경과 고대 문명의 혼합물로써 중세와 근대 초기 사회에 뿌리를 두고 있었기 때문에, 이는 당연한 것이었다.

- **계몽주의 안에서의 기독교**

사회에서의 입지가 바뀌었다고 해서 기독교가 이 시기에 문화적, 지적 영향력을 잃게 된 것은 아니었다. 종교 전쟁의 결과, 종교는 많은 사람에게 위험하고 분열시키는 세력으로 보였고 종교에 너무 진지한 사람은 "광신"적이라고 비난을 받았다. 그러나 많은 나라에서 개혁 운동은 기독교 신앙을 더 깊이 경험하도록 영향을 미쳤다.

17세기 프랑스에서 얀센주의라 불린 운동이 일어나 엄격한 어거스틴 신학과 진실한 기독교인으로서의 금욕적인 삶으로 돌아갈 것을 주장하였다. 왕실의 타락하고 화려한 삶을 보면 왕이 지옥에 갈 것처럼 여겨졌기 때문에, 얀센주의는 정치적으로 위험해 보였다. 결국, 얀센주의는 예수회 추기경인 리슐리외와 교회의 다른 사람들로부터 이단적이고 "비밀스러운 칼뱅주의자"라고 공격을 받게 된다.

얀센주의는 확률론을 발명한 수학자이자 자연 철학자인 블레즈 파스칼이 열렬히 지지했다. 그는 개인적으로 회심의 경험을 통해 얀센주의자가 되었고, 자신의 탁월한 문학적 재능을 사용해서 예수회에 대한 관심을 돌리는 방식으로 얀센주의를 옹호했다. 궁극적으로 실패하기는 했지만, 기독교 사상이 공격받기 시작한 시기에도 파스칼 같은 초기 계몽주의 사상가가 얀센주의 같은 보수적인 운동에 참여했다는 것은 전통 기독교의 생명력에 대해 많은 것을 말해 준다.

같은 시기 독일에서는, 야코프 슈패너가 개혁 운동을 일으켜서 루터교 교회가 너무 합리주의적으로 되고 신앙도 그저 신학 체계에 동의하는 수준으로 내려갔다고 주장했다. 경건주의라고 알려진 이 운동은 성경을 새롭게 공부하고, 생명력 있는 개인적 신앙과 헌신, 일상을 실제 신앙대로 살아낼 것을 지지했다. 어떤 경건주의자는 기성 교회의 중심에 있던 교리서, 철학 등을 거부한 결과 그 교회에서 퇴출당했다. 그러나 젊은 신학자들은 그 사상을 흡수하여 이를 독일 전역에 옮겼다. 결속력 있는 지도자가 부족해서 경건주의의 기본 사상을 여러 다른 집단이 다양한 방향으로 발전시키게 되었지만 이중 일부는 18세기 다른 개혁 운동에 영향을 주게 된다.

미국 식민지에서는, 1726년 뉴저지의 독일 개혁 교회에서 중요한 종교적 부흥 운동이 일어났다. 대각성 운동으로 알려진 이 부흥 운동은 장로교와 회중교회로 전파되었고 1740년대 뉴잉글랜드에서 정점을 찍었다. 훗날 이것은 버지니아와 남쪽 식민지로도 번졌다. 경건주의와 마찬가지로, 신앙 부흥 운동은 개인적 회심의 경험과 변화된 삶의 증거를 강조했다. 그러나 조나단 에드워즈나 조지 휫필드 같은 지도자들은, 교리 또한 중요하다고 믿었고 부흥 운동과 관련된 사람 중 일부가 지나치게 감정과 경험을 중시하는 경향은 약화시키려 했다. 그러나 경건주의와 마찬가지로 대각성 운동은 "회심자"의 경험이 참된 기독교에 반드시 필요하다거나 가치가 있는 것인지 여부로 교회를 분열시키기도 했다.

조나단 에드워즈는 오늘날 그의 설교의 한 문장인 "진노하시는 하나님의 손에 있는 죄인들"이라는 문구로 기억된다. 이는 매우 슬픈 일이다. 그 인용구가 그의 설교의 맥락이나 중요한 요점과 상관없이 사용되고 있을 뿐 아니라, 에드워즈는 미국이 배출한 최초의 가장 위대한 사상가이기 때문이다. 그의 작품은 철학, 심리학, 신학, 곤충학, 신앙 부흥 운동의 역사에 있어 중요한 논문을 포함하고 있다.

아직 십 대였을 때 그가 썼던 곤충학에 관한 짧은 글은 특별히 흥미롭다. 그는 거미가 "나는" 방법에 관심이 있었다. 가까이에서 거미를 관찰한 그는, 거미가 실을 내보낸 다음 바람에 실려 간다고 결론을 맺는다. 그는 거미들이 무엇보다도 나는 것을 즐긴다고 추측하였고 관찰이 수

천 마리의 새끼 거미가 알집에서 부화하여 어디로 가는 지를 설명하는 데 도움을 주었다고 시사하였다. 산들바람이 주로 바다 쪽으로 불기 때문에 거미들은 바다 위로 날아가 떨어져 물고기의 밥이 된다. 그는 거미들의 "쾌락과 오락"은 결국 자멸하는 도구가 되기 때문에 우리에게 중요한 도덕적 교훈을 준다고 결론을 내렸다.[3]

이런 주장은 오늘날에는 진기하고 기이하게 보인다 그러나 조지 마스덴이 에드워즈의 전기에서 지적했듯이 18세기의 뛰어난 단체였던 왕실 철학 협회의 업적에는 자연의 연구를 통해 얻은 도덕적, 영적 교훈이 가득했다.[4] 즉 18세기에도 당시의 지적 엘리트는 자연 철학과 신학의 관점에서 세상을 공부했다. 이런 종류의 교훈은 당시 지적 엘리트 집단에게 이신론, 합리주의, 혹은 무신론 같은 세속적 사고 보다는 본질적으로 기독교 세계관이 지속적으로 영향을 주었음을 보여 준다.

대각성 운동은 조지 휫필드와 웨슬리 형제가 이끈 영국의 부흥과 함께 일어났다. 웨슬리 형제는 슈패너의 대자였던 진젠도르프 백작이 마련해 준 독일의 안식처에 살던 모라비아 형제단을 통해서 경건주의자의 영향을 특히 많이 받았다. 휫필드와 웨슬리 형제는 개인적인 회심에 대해 설교했을 뿐 아니라 사회 정의의 문제도 공개적으로 지지했다. 존 웨슬리는 영국 국교회의 실세에게 너무 "열정"적이라는 비난을 받자 결국 거기서 떨어져 나와 감리교라는 새로운 교회를 만들었다.

그러나 영국 국교회에서조차 웨슬리 형제는 사회의 중요한 분야에 지속적으로 영향을 주었다. 가장 잘 알려진 예는 (성경을 높이 평가하면서

---

3. George Marsden, *Jonathan Edwards* (New Haven: Conn.: Yale Univ. Press, 2004), 65.
4. George Marsden, *Jonathan Edwards*, 64.

개인적 회심을 강조하고 말씀이 삶의 모든 영역에 적용되어야 한다고 믿는 기독교인을 뜻하는) "복음주의"로 회심한 결과, 의회에서 (20년이 걸린 싸움 끝에) 노예 무역을 폐지시키고, 그 다음에는 (또다시 26년 동안) 노예 제도까지 끝장내도록 싸운 클래펌 파의 중요 인물인 윌리엄 윌버포스일 것이다. 존 웨슬리가 생전 마지막으로 윌버포스에게 쓴 편지에서, 하나님의 도우심으로 그 싸움을 하라고 격려해 준 덕분에 그는 이 일을 할 수 있었다. 또한, 윌버포스는 영국에서 (사회 개혁이라고도 하는) "관습의 개혁"을 위해 성서 협회와 영국 왕립 동물 학대 방지 협회 등 60개의 윤리, 자선 단체의 창립을 도왔다.

• **교회와 사회**

계몽주의적 합리주의와 이신론 사이에서도 기독교 세계관은 잘 살아남았고 서구 세계의 많은 부분에서는 번영하기까지 했다. 특히 대중의 삶에서 종교의 역할에 관한 관점이 어떤 면에서는 진화했다. 그때까지만 해도 종교적인 것은 언제나 좋은 것이라고 여겨졌고 좋은 기독교인은 어거스틴이 말했듯이 가장 선량한 시민이었다. 그러나 종교 전쟁으로 인해 이런 생각은 많은 사람에게, 특히 사회의 권력자들에게 그렇게 보이지 않게 되었다. 너무 종교적인 사람들은 위험할 수도 있었다. 예의 바른 사회에서, "적절한" 종교적 관행은 바른 교리를 형식적으로 수용하고 바른 예배의 형식을 따르는 것에 집중되어 있었다. 성직자조차 종교 생활에 너무 집중하는 것을 말렸다.

그러나 많은 사람들이 적당히 형식적인 종교에 만족할 수 없었다. 그러나 사람들이 윌버포스가 "진짜 기독교"라고 불렀던 것을 회복시킬 방법을 추구하자, 기성 교회는 심각한 장애물을 두었다. 개혁가는 교회의 격려를 기대할 수 없었기 때문에 한편으로는 복음에 대한 개인적인 헌신의 중요성을, 다른 한편으로는 기독교인이 사회적인 책임을 갖도록, 기독교가 삶의 모든 영역에 영향을 끼쳐 개인적인 변화가 사회적인 변화와 사회적 개혁으로까지 이어지도록 주장해야 했다. 이런 개념은 몇 세기 동안 기독교 세계관의 일부였고 새로운 것이 아니었다. 새로운 것은 국가와 교회 모두에 반대하면서 이 개념을 주장해야 하는 상황이었다.

세계관과 혁명

17세기 후반과 18세기에는 (영국, 미국, 프랑스에서 각기 한 번씩 총) 세 번의 혁명이 일어났다. 모두 그 시기에 발달했던 새로운 사상의 영향을 받았으나 그 결과는 다 달랐다.

- **로크와 명예혁명**

첫 번째는 1688년 영국에서 일어났던 명예 혁명이었다. 앞서 본 것처럼 이 혁명은 루이 14세가 1685년 낭트 칙령을 철회하고 개신교를 프랑스에서 금지시킨 것 때문에 더욱 강력해진 가톨릭 정부가 독재적일 수밖에 없다는 인식에서 촉발되었다. 개신교 국가였던 영국은 독재자였던 가톨릭교도 제임스 2세가 가톨릭 신자를 정부의 고위직에 배치함으로써 의회를 피하려 한 것과 왕위가 계승될 그의 후계자 역시 가톨릭교도인 것에 불만이 있었다. 그리하여 제임스 2세는 폐위되고 그의 딸 메리와 그녀의 남편 윌리엄 3세가 (군대와 함께) 들어와 왕위를 차지하게 되었는데 이는 말하자면 대륙의 마지막 성공적 침략인 셈이었다.

존 로크는 이 혁명에 지적 정당성을 제공했다. 그의 사상은 무엇보다도 프랑스 성 바르톨로메오 축일의 대학살(1572)에서 비롯된 개신교의 저항 이론, 중세의 양도할 수 없는 권리, 원죄의 교리와 이로 인한 왕의 신적 권한과 절대주의에 대항하는 제한된 정부에 대한 주장으로부터 나왔다. 로크는 정부는 사람들에게 하나님이 주신 양도할 수 없는 생명, 자유, 재산에 대한 권리를 지켜 주어야 할 계약에 의해서 존재한다고 주장했다. 정부가 그렇게 할 때에만 사람들도 순종할 의무가 있다는 것이다. 그러나 만일 정부가 그들의 권리를 지켜 주지 못한다면 사람들이 합법적으로 계약을 폐기하고 그들의 권리를 지켜 줄 다른 정부와 새로운 계약을 체결할 수 있다는 것이다.

윌리엄과 메리가 자리를 잡은 후 그들은 이 개념에 따라 권리 장전(1689년)을 제정함으로써 의회에 새로운 권리, 특권, 책임을 넘기고 입헌 군주제를 위한 체계를 만들었다. 제임스 2세와 의회 간의 모든 분쟁은 의회에 유리한 방향으로 마무리되었다. 같은 해에는 영국 국교회의 "국교"적 지위에도 불구하고, 삼위일체설을 믿는 모든 개신교도에게 예배의 자유를 보장하는 관용령이 반포되었다. 이는 모두 가톨릭교도 제임스 2세가 훼손시키려는 것처럼 보였던, 정부가 사람들의 자유와 양도할 수 없는 권리를 보장하기 위해 존재한다는 사상의 표현인 것이다.

- **미국 독립 혁명**

두 번째 혁명은 1776년 영국 식민지였던 미국에서 일어났다. 미국 독립 혁명의 원인은 아주 많고 다양해서 역사가와 정치가들은 아직도 이에 대해 논쟁하고 있다. 보통 '대표자의 참여 없는 세금 부과'가 혁명의 주된 이유로 인용되지만, 사실 이 문제는 미국 독립 선언문에서 영국 국왕에 대해 17번째로 비난한 내용이었다. 중요한 요인 중 하나는 식민지의 자치권에 대한 국왕의 개입이었다. 예를 들면, 몇몇 식민지에서 노예제도를 폐지할 법을 통과시켰는데 국왕이 거부권을 행사했다. 어떤 경우에는, 국왕이 식민지 정부의 조건을 변경해서 런던이 임명한 총독 밑에 두려고 했다.

혁명의 지도자들은 정부의 이러한 조치를 자신들의 자유, 때로는 재산에 대한 침해라 보았다. 그래서 명예 혁명의 논리를 따른다면 이들은 영국에 더이상 충성하지 않아도 된다. 실제로 미국 독립 선언문에서 토마스 제퍼슨은 "생명, 자유, 행복 추구권"을 주장하며 존 로크를 간접적으로 인용했다. 로크는 양도할 수 없는 세 번째 권리로 재산권을 두었지만, 제퍼슨에게는 행복한 삶, 즉 미덕이 요구되는 삶의 추구가 훨씬 기본이 되었다. 물론 이런 삶을 추구하려면 재산이 중요했지만, 제퍼슨은 미덕에 보다 주목하기 바랬다. 어쨌든 혁명과 연합 규약이 잠시 동안 유효했던 시기가 지난 후, 이 신생 국가는 그 땅의 기본법으로 헌법과 권리 장전(수정 헌법)을 채택했다.

계몽주의와 기독교, 그리고 헌법

헌법과 권리 장전의 기원에 대한 논쟁은 뜨겁고 이 문제는 매우 정치화되었다. 지금 여기서 중요하게 볼 것은 그 틀을 형성한 사람들의 세계관이다. 한쪽에서는 그들이 계몽주의자의 틀에 박힌 이신론자, 합리주의자, 세속주의자라고 하고, 다른 쪽에서는 그들이 정통 기독교인이라고 한다.

계몽주의적 사상, 특히 존 로크의 정치적 사상이 헌법을 제정한 미국 건국의 아버지에게 영향을 준 것은 의문의 여지가 없다. 그들 중 일부는 이신론의 영향을 많이 받았다. 토마스 제퍼슨이 가장 지대하게 영향을 받은 것 같다. 제퍼슨은 성경에서 초자연적 개입 등 합리적이지 않다고 생각되는 모든 부분을 가위로 잘라냈다. 그리고 나머지 내용은 영감을 받기 위해서 읽었다. 그러면서 동시에 그는 자신을 기독교인으로 여겼고 국가에 내려질 하나님의 심판에 관한 이야기도 했다. 완전한 이신론자라면 하나님이 세상 일에 관여하시지 않는다고 생각하기 때문에 그러지 않았을 것이 (분명하)다. 그러나 전체적으로 세계관에 관해서라면 제퍼슨이 이신론으로 아주 많이 기울어져 있었다는 것이 확실하다. 그렇기는 하지만, 그가 미국 독립 선언문의 주요 저자이긴 했어도, 헌법 제정 회의 때와 권리 장전을 통과시킬 때 그는 유럽에 있었기 때문에 그의 관점은 이런 문서들과 별로 관련이 없다.

많은 이들이 모든 면에서 건국의 아버지 중에서 가장 덜 종교적이라고 여기는 벤자민 프랭클린은 헌법 제정 회의에서 기도를 강력하게 지지했다. 그 이유는 독립 혁명 당시 대륙 회의에서 기도한 결과 섭리에 따른 보호와 인도를 받았으므로, 헌법 제정 회의도 심의 중에 그러한 선례를 따라야 한다는 것이었다. (이 제안은 사실, 헌법 제정 회의가 기도를 인도할 목사를 초빙할 충분한 돈이 없었기 때문에 무산되었다.) 프랭클린이 기도에 대한 응답으로 세상 일에 개입하는 섭리를 믿었던 것을 보면 확실히 그는 순수한 이신론자라기보다는 일종의 종교적 신념이 있었던 것 같다.

조지 워싱턴에 대해서도 마찬가지다. 그가 열심히 무릎을 꿇고 기도하고 있는 것을 우연히 본 사람만 여럿이다. 사실 이백여 명의 미국 건국의 아버지라 여겨지는 사람 중에서 이신론자나 자유 사상가라고 표현하는 것이 적절한 사람은 극소수이다.

나머지는 모두 여러 종류의 정통 교회, 즉 회중파, 장로회, 성공회, 침례회나 다른 교파에 속해 있었다. (이러한 교파에 소속되었던 건국의 아버지 중 일부는 비정통적인 관점을 가지기도 했다.) 많은 경우 목사이거나 신학 학위가 있었다. 만일 이들이 공적 혹은 사적으로 쓴 글을 읽어 볼 기회가 있다면, 미국 독립 선언문과 권리 장전에 명시된 (중세의 신학에 뿌리를 둔) *양도할 수 없는 권리*, 헌법에 열거된 권한을 연방 정부가 제재하는 것을 *제한*하는 것, 인간의 죄로 정부를 부패하게 만드는 것을 방지하기 위한 정부 내부의 *견제와 균형*, (출애굽기 18장에서 이드로가 모세에게 한 조언에 뿌리를 둔 것으로 보이는) 대의 정치의 사상 등, 그들이 성경적 원칙에 입각한 정부를 설립하려 한 것을 알 수 있을 것이다. 물론 그들이 정치적 논의 과정에서 성경의 장과 절을 인용한 것은 아니다. 그러나 그들이 우선순위로 두었거나 정부에 대해 전반적으로 접근했던 방식은 확실히 기독교 세계관에 기반한 것이다.

실제로 휴스턴 대학교에서 10년 동안 건국의 아버지에게서 나온 (상당 부분 정치와는 무관한) 만 오천여 개의 문서를 검토한 연구 결과, 34%로 가장 큰 비중을 차지했던 인용문의 출처는 성경이었다. 그 다음으로 많이 인용된 글의 출처는 프랑스 정치 철학자 몽테스키외로 8.3% 였고, 그 다음은 영국의 법학자 윌리엄 블랙스톤으로 7.9%였다. 존 로크는 2.9%였다.[5] (한 세기 넘게 대법원의 지침서였던 블랙스톤의 법률 주석 역시 성경을 다수 포함하고 있으며 성경이 모든 법의 바탕이라고 주장한다.) 누가 뭐라고 해도 이 연구로 확실하게 알 수 있는 것은 건국의 아버지의 지적 세계는 성경의 영향을 아주 많이 받았다는 것이다.

로크와 원죄, 그리고 헌법

건국의 아버지는 정치에 관해 논쟁할 때 인격을 갖춘 경건한 사람만이 정부를 위해 선출되어야 한다는 성경에서 온 사상을 강조했다. 정부는 껍데기일 뿐이고 정부의 본질과 부패를 막기 위해 유일한 방어는 선출된 사람들이기 때문이었다. 원죄의 교리로부터 비롯된 것으로, 부패의 위험성에 대해 이렇게 강조한 것은 정부의 남용을 방지할 방법에 대한 존 로크의 사상과 극명한 대조를 이룬다. 로크는 우리가 태어날 때 마음에 어떤 것도 없는 백지 상태로 태어난다고 믿었다. 우리의 경험은 그것을 조직하고 이해하는 정신에 저장된다. 적절한 교육은 다양한 경험을 통해 아이를 더 똑똑하고 유능하게 만들 것이고, 신중하게 경험을 선택해 준다면 더 도덕적인 사람이 되게 해 줄 것이다. 이 사상은 인간이 완벽해질 가능성을 암시하기 때문에 당시 계몽주의 사상가 사이에 매우 인기가 있었다. 게다가 무엇보다도 이것은 원죄의 교리를 부인한다.

원죄를 거부하는 것은 로크의 정치 사상을 형성하는데 도움이 되었다. 로크는 좋은 법은 정부에서 일하는 나쁜 사람조차 견제할 수 있다고 믿

---

5. Donald Lutz, *The Origins of American Constitutionalism* (Baton Rouge: Louisiana State Univ. Press, 1988), 136-49.

었다. 독재를 막기 위해서는 세부적인 부분까지 제대로 된 정부의 구조를 만들고 필요하다면 더 정교하게 발전시키는 것이 꼭 필요한 일이었다. 예를 들어 로크가 입안한 것으로 보이는 1669년 캐롤라이나의 기본 헌법은 워낙 내용이 자세해서 미국 헌법의 두 배로 길다.

이와 같은 길이의 차이는, 로크와 미국 건국의 아버지가 이 점에 대해 취한 입장의 근본적인 차이를 보여 준다. 건국의 아버지는 적절한 정부 구조가 중요하고 그런 구조는 견제와 균형의 체계를 통해 부패를 방지하는데 도움이 될 수 있다고 믿었지만, 로크처럼 인간이 완전하게 될 수 있다고 믿지 않았고 원죄를 부정했던 그의 사상을 따르지도 않았다. 그래서 그들은 로크처럼 정부의 체계를 정교하게 만들지 않았고 대신 정부가 독재로 가는 것을 막을 열쇠는 그 자리에 선출된 사람의 자질에 있다고 주장했다.

미국의 정부와 경제

미국이 정치 지도자의 개인적 도덕성을 중요하다고 강조한 것은 경제에도 영향을 미쳤다. 국가가 대의 정치 제도와 자유 시장의 원칙 위에 세워지기는 했지만, 건국의 아버지는 노동자나 소비자를 이용해 먹는 "교활한" 사업 관행이나 절제되지 않는 탐욕의 영향을 우려했다. 이 영역을 규제하는 것이 정부의 역할이라고 생각하지는 않았지만, 사회적 압력과 "행동으로 가부를 표시하는 것"이 사업가가 대중과 노동자를 착취해서 초과 이득을 얻는 것을 방지할 수 있으며, 어떤 경우에도 그런 짓을 하는 사람은 공직 자격이 박탈되어야 한다고 믿었다.

유감스럽게도 때로는 이 생각이 잘못 적용되어, 누군가 사업이 잘 되면 노동자나 소비자를 이용해 먹었기 때문이라고 믿기도 했다. 그런 경우도 있었지만, 그렇지 않은 경우가 더 많았다. 그럼에도 불구하고 그런 사상은, 대중이 부유한 사람을 적대시하고 기회의 평등보다는 결과의 평등이라는 명목으로 성공한 사람을 처벌하는 강력한 포퓰리즘의 경향이 미국에서 주기적으로 일어나게 하는데 기여했다.

한편 과거에나 지금이나 노동자를 착취하는 일이 발생하는데 미국 역사상 가장 최악의 경우는 노예제였다. 건국의 아버지는 그런 경향 또한 알고 있었고, 미국 독립 선언문에 서명한 대부분의 사람들은 노예제를 반대하는 기독교의 오랜 전통을 따른 노예 폐지론자였다. 일단 헌법이 비준되자 미국의 절반은 즉시 노예제를 불법화하는 쪽에 투표를 했다. 그러나 불행하게도 모두 그러지는 않았다. 그 비극적인 결과는 남북 전쟁과 우리 사회 가운데 있는 인종 차별의 유산으로 이어졌다.

유럽과 미국

물론 헌법의 유일한 원천이 성경은 아니었다. 예를 들면 우선, 연방 정부의 선출직 부처는 아리스토텔레스가 강조했던 세 가지 형태의 좋은 정부를 보여준다. 대통령은 *군주정*, 상원은 *귀족정*, 하원은 *공화정*의 원칙을 구체화한 것이다. 따라서 연방 정부는 서로 다른 부처가 서로의 약점을 보완하는 데 필요한 견제와 균형을 제공하는 아리스토텔레스식의 "혼합 정부"인 것이다. 사실 미국 헌법은 이상적인 정부 체제로 유럽의 진보적인 사상가에게 환영을 받았다. 놀랍게도 식민지를 개척한 사람들이 유럽 최고의 정치 사상가들이 할 수 없었던 것, 즉 균형 잡힌 혼합 정부를 설계할 수 있었다는 결론을 내렸다.

실제로 헌법에 대한 유럽의 반응은 그들이 아는 것보다 더 정확했다. 식민지를 개척한 사람들은 유럽인은 절대 할 수 없었던 방식으로 새로운 정부의 모델을 만들어 냈다. 미국의 한 가지 장점은 오래 전부터 자리 잡은 정부 체계나 수백 년 된 귀족 제도나 군주제가 없다는 것이었다. 미국은 영국의 모델에서 도움이 되지 않는다고 판단되는 귀족이나 군주제 같은 제도는 빼고 가장 좋은 점만 뽑아낸 정부 체계를 자유롭게 만들어 냈다.

오래된 사회 정치 구조와 잉글랜드 내전과 잉글랜드 연방의 경험은 국왕 시해와 사회적 혼란을 야기했고 군주제를 대체할 오래가는 제도를 만드는데 실패했기 때문에 영국의 명예 혁명에서는 이러한 선택지가 없었다. 그리고 프랑스 혁명과는 달리 미국은 과거의 모든 흔적을 지우고 전에 가지고 있었던 것과 반대가 되는 무언가 새로운 것으로 처음부터 다시 시작해야 할 의무를 느끼지 않았다.

- **프랑스 혁명**

이제 세 혁명 중 마지막이자 가장 극단적이었던 프랑스 혁명을 볼 차례이다. 프랑스 혁명이 유럽 역사의 중요한 전환점이 되었기 때문에, 프랑스 혁명의 원인은 미국 독립 혁명보다 더 뜨거운 토론의 주제이다. 일단 국가의 재정 위기로 촉발된 혁명이었다고만 해도 충분할 것 같다. 루이 16세의 정부는 파산했고 (사회의 가장 부유한 구성원인) 귀족과 성직자는 어떤 직접세도 부담할 의무가 없는 비효율적이 과세 제도를 가지고 있었다. 체제를 개선하려는 어떠한 시도도, 세금은 피지배층의 동의 없이 부과될 수 없다는 (중세의 법 이론으로부터 변형된) 계몽주의적 주장을 사용하는 귀족의 반대에 (당연히) 부딪혔다. 귀족이 세제 개혁에 동의하지 않자 새로 과세하려는 그 어떤 시도도 귀족의 재산에 대한 불법적인 공격이나 독재로 여겨졌다. (물론 귀족은 아무도 소작농과 도시 노동자에게 과세에 동의하는지 묻지 않았다는 사실을 편리하게도 무시했지만, 귀족이 보기에 이 집단은 언제나 과세 대상이었기 때문에 이들의 의견은 중요하지 않았다.)

혁명이 일어나자 (성직자나 귀족이 아닌) "제삼 계급"은 빠르게 주도권을 장악했다. 거기서부터 혁명이 온건한 단계를 넘어 폭력적이고 극단적인 단계를 지나 다시 더 온건한 단계로 돌아가는 복잡한 과정을 거쳤다. 각 단계마다 세계관이 다양했고 사회의 많은 부분에서 동시다발적으로 일어나는 위기에 대처하는 여러 정부의 다양한 시도에 따라 자주 이해하기 어려워졌다. 그러나 모든 단계는 계몽주의적 사고의 결과였다.

첫 번째 온건한 단계

혁명의 첫 번째 온건한 단계에서 목적은 프랑스를 위한 성문법을 제정하고 제한된 군주제를 수립하는 것이었다. 사실 전략가들이 이를 성취했다고 생각한 순간도 있었지만 왕이 파리를 몰래 빠져나가 혁명을 막으려고 들어오는 외국 군대에 합세하려는 시도를 하며 약속을 어겼다. 불행하게도 루이 16세는 잡혀서 파리로 돌려 보내졌고 그와 가족은 훗날 반역죄로 처형된다.

온건파는 입헌 군주제를 뛰어넘어 더 자유롭고 공평한 사회를 만들고 싶어했다. 이런 사상은 나중에 "인권 선언(Declaration of the Rights of Man and Citizen)"에 명시된다. (보다시피 성인 남성(Man)을 의미했다. 당시 여성도 혁명에 참여했지만 남성과 같은 권리를 가지게 되지는 못했다.) 그러나 이런 목적은 균형을 맞추기 어려운 법이다. 예를 들어 혁명 정부는 (중세 기독교 사상의 유물이지만 대부분의 계몽 사상가에게 받아들여진) 재산권을 존중하는 것에 충실했지만 동시에 귀족의 재산의 한 형태인 세습된 특권과 귀족의 작위는 끝장내고자 했다. 소작농은 모든 세금과 의무를 없애고 싶어 했지만 그렇게 되면 국민 의회는 귀족의 도움을 잃게 되었다. 결국 타협이 이루어졌는데 그것은 소작농을 지지하는 것처럼 *보이지만* 실제로는 귀족의 손해를 메우기 위해 그들의 일부 전통적 권리를 빼앗는 것이었다.

이 타협안은 한 가지 문제는 안정시켰지만 여전히 해결해야 할 다른 문제들이 남아 있었다. 국민 의회는 자신들이 어떤 정당성이라도 가지기 위해서는 (자신들이 주장하는 경제 원칙과 일관성을 유지하기 위해) 옛 정부의 빚을 떠안아야 한다는 것을 알아차렸지만, 정부의 파산 상태는 국민 의회가 그 빚을 감당할 방법이 없음을 뜻했다. 그래서 국민 의회는 가톨릭교회를 공격 대상으로 삼아 정부를 지탱할 돈을 마련하기로 한다.

교회에 대한 첫 번째 공격

그 공격은 피할 수 없었다. 프랑스 계몽 혁명가 대부분은 엄청난 적의를 품고 교권에 반대하는 세력이었고 국민 의회는 프랑스 내 가톨릭교회의 영향력과 권력을 깨기 위한 프로그램에 착수했다. 왕국의 정치적 지역구는 가톨릭의 교구였기 때문에 혁명가들은 행정 구역(Departments)이라 불리는 완전히 새로운 국가의 정부 조직 체계를 도입했다. 그들은 옛 공휴일을 대체할 세속적 공휴일을 도입했지만, 새 공휴일은 여전히 종교적이었다. 경제적 어려움을 덜기 위해 나라 안의 모든 교회의 토지를 몰수했다. 교황이 이에 반대하고 혁명을 규탄하자 국민 의회는 모든 사제가 나라의 녹을 먹게 하고 혁명에 충성 맹세를 하도록 했다. 이를 거부하는 사제들은 체포되고 때로 처형되었다.

급진적인 공포 정치 단계

교회의 땅을 전부 몰수한 후에도 정부는 여전히 파산 상태였다. 인플레는 통제가 불가능했다. 음식은 부족하고 사재기가 횡행했고 일반적인 상황은 나빴지만 더 악화되었다. 그러자 국민 의회의 가장 극단적 정당인 자코뱅이 파리 군중과 손잡고 쿠테타를 일으켜 정부를 장악한 혁명의 급진적 단계로 이어졌다.

로베스피에르와 루소

장 자크 루소의 열렬한 추종자로서 모든 사람은 백지로 태어나 경험을 통해 배우고, 정신은 단독으로 조직되며 미리 정해진 구조가 없고 무엇보다도 원죄가 없다는 존 로크의 가르침에 기초를 둔 사상가 막시밀리앵 로베스피에르가 자코뱅파를 이끌었다. 루소는 사람은 적절한 교육과 경험이 주어지면 완벽해질 수 있다고 믿었고 소년, 소녀를 교육할 적절한 방법을 설명하기 위해 *에밀*과 *신엘로이즈*를 썼다.

그러나 이런 사상은 루소를 사회의 올바른 조직이 완벽한 평등과 자유를 가져올 것이라는 공상적 이상주의로 이끌었다. 그는 *사회 계약론*에서 그의 책략을 설명했다. 그는 개인의 사유 재산은 기본권이 아닐뿐

더러 세상의 불평등의 원천이라고 보았다. 공평한 사회로 가기 위해서는 모든 사유 재산은 물론 개인이 자신의 이익을 결정할 권리까지도 없어져야 한다. 게다가 모든 사람은 진정한 평등과 자유의 확립을 위해서 예외 없이 자신의 이익에 대한 최종 결정을 일반 의지에 반납해야 한다. 그것을 거부하는 사람은 일반 의지에 복종하도록 강요해서라도 "강제로 자유롭게" 만들어야 한다.

루소가 정의한 자유는 대부분의 사람들이 그 단어를 쓰는 방식과 정반대이다. 그러나 이 전략은 선전하고 선동하는 사람들이 사용하는 전술과 비슷했다. 즉, 좋은 것이 연상되는 단어를 취해서 그 단어 본래의 의미를 새로 정의해서 사용함으로써 그 단어가 주는 긍정적인 느낌 때문에 사람들이 그 말을 받아들이게 하는 것이다.

로베스피에르는 루소의 사상을 실행하기로 했다. 그는 사람들이 값이 싼 빵을 요구하니까, 가격을 통제한다고 했다. 그래서 곡물 사재기와 환투기는 사형죄로 만들었다. 사람들이 화를 내자, "혁명적 정의"라는 프로그램을 시행했다. 이렇게 공포가 "일상"이 되었다.[6] 혁명에 대한 열정이 충분하지 않다고 판단되는 사람들은 인민 재판을 받고 처형되었다. 파리에서 사람들이 처형된 여러 장소 중 하나였던 지금의 콩코르드광장으로 불리는 장소에서만 1,961명의 사람이 단두대에서 처형되었다.

탈기독교화

로베스피에르는 가톨릭교회도 계속 공격했다. 루소는 순종적인 시민에게는 영원한 축복을, 불순종하는 시민에게는 영원한 처벌을 약속하

---

6. See David P. Jordan, *The Revolutionary Career of Maximilien Robespierre* (Chicago: Univ. of Chicago Press, 1989), 174, 181.

는 시민 종교가 국가의 필수 버팀목이라 믿었다. 그래서 로베스피에르는 시민 종교인 최고 존재의 제전을 강요하고, 노트르담 대성당에 "이성의 신전"이라는 새로운 이름을 붙였다. 그는 프랑스를 머리끝에서 발끝까지 체계적으로 탈기독교화하기 시작했다. 예를 들어 그리스도의 탄생을 기준으로 햇수를 세던 것에서 달력을 새로 만들어 대혁명을 기준으로 햇수를 계산했다. 그는 기독교의 기념일과 공휴일 사이의 전통적인 관련성을 없애려고 모든 달의 이름을 바꾸어 버렸다. 그리고 한 주의 7일이 창세기의 창조 이야기를 반영하고 있기 때문에 일주일을 10일로 만들었다.

온건했던 국민 공회의 마지막 단계

마침내, 로베스피에르는 도를 넘었다. 자신이 반역죄를 선고받고 참수를 당하면서 공포 정치가 끝나게 된다. 그 뒤를 이어 들어선 국민 공회라 불리는 정부는 훨씬 더 온건했다. 국민 공회의 진짜 목표는 귀환한 급진주의적인 폭도 정치 세력과 부활한 왕당파 사이에서 살아남는 것이었다. 결국 이 지도층은 항상 공화주의자적 측면을 따랐으나 여러 면에서 "계몽된 전제 군주"처럼 행동했던 나폴레옹으로 대체된다.

혁명의 비교

서로 달랐던 이 혁명의 각 과정을 어떻게 해석해야 할까? 영국과 프랑스는 자신의 역사와 문화에 대항해 싸워야 했다. 영국은 국가의 기본 구조를 유지하면서 의회를 강화하고 절대주의의 가능성을 완전히 없앴다. 프랑스는 일단 입헌 군주제가 불가능한 것으로 판명되자 혁명가들이 왕을 제거하고, 사회적 계층을 없애고, 정치 구획을 새로 정비하고, 종교를 대체하며 국가의 달력까지도 바꾸면서 국가의 모든 측면에 대항하는 반응을 보였다. 즉, 두 혁명 모두 선례를 수정하여 받아들이거나 완전히 거부하는 등 여러 면에서 과거의 영향을 받았다. 과거에 대한 부담이 없었던 미국은, 역사 속에서 원하는 것은 자유롭게 취하고 새로운 제도를 도입하면서, 정부의 적절한 역할과 구조에 맞는 체제를 구축하고자 했다.

그리고 현지의 상황도 작용했다. 미국에서 식민지 전쟁이 있었긴 하지만, 영국과 미국은 프랑스가 폭발하게 된 그런 종류의 어려움은 없었다. 경제에 큰 혼란이 오고 사람들이 기아에 직면했던 프랑스 혁명의 급진적 단계에서 나타난 폭력은 놀라운 것이 아니다.

그러나 혁명의 상황보다도 그 원인을 제공하는 사상들이 있었다. 모두 계몽주의적 사상의 일부 요인의 영향을 받긴 했지만 인간의 본성에 대한 믿음에 따라 놀라운 차이가 있었다. 존 로크는 원죄를 거부했고 바른 경험이 바른 행동을 하게 한다고 믿었으며, 부패한 개인이라도 체제의 통제를 받기 때문에 정부가 적절한 구조와 제대로 된 법을 제공하면 가장 좋은 사회가 따라올 것이라고 결론을 내렸다.

프랑스 인은 이 결론을, 특히나 혁명의 급진적인 단계에서 훨씬 더 깊이 적용하여, 완벽한 사회를 만들기 위해 개인의 권리가 일반 의지의 뒤로 밀려나는 공상적 이상주의 체제를 옹호했다. 공상적 이상 사회에서는, 순응적이지 않은 사람은 국가가 그 약속의 땅으로 들어가는 것을 방해하기 때문에 이 체제를 오염시키는 그런 자들은 허용되지 않는다. 한

마디로, 공상적 이상주의의 이상은 반드시 전체주의로 끝나고, 이를 따르지 않는 자들은 강제로 순응시키거나 제거된다. 공산주의 혁명을 주도했던 사람들처럼 자코뱅파는 가로등에 매달린, 즉 참수된 사람들을 제외한 모든 사람이 형제라고 선포했다.

자유, 평등, 박애에 헌신한 혁명이 어떻게 이렇게 공포로 다스릴 수 있는가? 결정적 원인은 영국 같은 형식적인 기독교마저 거부했기 때문이다. 앞에서 본 것처럼 처음부터 기독교는 인간이 하나님의 형상으로 창조된 것과 모두를 위한 예수님의 희생적인 죽음으로, 모든 사람이 근본적으로 평등하다고 주장했다. 그래서 초기 기독교인들은 노예제를 폐지하기 위해 일했고 영적이면서 도덕적 평등을 수반하는 시민 평등 사상을 점차 발전시켜 나갔다. 기독교 원리의 영향을 받은 서구를 제외한 역사상 어떤 문명도 이 방향으로 나간 적이 없었다. 평등과 함께 양도할 수 없는 천부 인권에 대한 사상이 생겨났고 그것은 계몽주의의 삶, 자유, 재산, 미덕에 대한 강조로 이어졌다.

그러나 계몽주의 사상이 그 기독교적 기반에서 단절되자, 이를 유시할 수 있는 확고한 토대가 사라졌다. 사회, 정치, 경제적 어려움이 결합되어 그 인기가 떨어지거나 불편해질 때 이 사상을 유지할 근본적인 근거가 부족한, 듣기에만 좋은 걷잡을 수 없는 사상이 되었다. 그 결과는? 순응하지 않거나 부자이거나 군중의 시기의 대상이 된 사람들이 자유와 평등이라는 이름으로 처형되었다.

미국 독립 혁명 당시 대부분의 미국 건국의 아버지는 정통 기독교인이었고 극소수만 이신론자이거나 합리주의자였다. 그들에게는 두 가지

역설적인 원칙 사이의 긴장이 있었다. 한편으로는 사람이 하나님의 형상을 따라 만들어진 존재이다. 이것은 원칙적으로 개개인이 같은 가치와 양도할 수 없는 권리를 가지므로 다른 모든 사람과 똑같이 기회가 평등하게 주어져야 하는 것을 의미했다. 다른 한편으로는, 사람은 원죄의 결과를 안고 살아가는 타락한 생명체이다. 따라서 부패하기 쉬운 존재이다. 그 결과, 건국의 아버지가 세운 정부는 특정 정부 부처의 권력이 너무 강해지거나 부패하게 되는 것을 방지하기 위해 견제와 균형으로 세워졌고, 사람들의 양도할 수 없는 권리를 정부가 빼앗지 못하도록 권리 장전을 만들었다.

동시에 건국의 아버지는 국가를 올바른 방향으로 인도하기 위해 제도적 구조에 의지하지 않았다. 대신 정부 기관은 그 기관을 채우기 위해 선출된 사람의 수준만큼만 선할 것이라는 사실을 알았기 때문에, 정부의 구조보다는 선출된 사람의 성품을 강조했다. 건국의 아버지 중 몇몇은 기초 과목뿐 아니라 도덕성과 성경으로 사람을 교육하기 위한 공립학교 시스템을 구축하기 위해 노력했다. 결국 교육은 읽고 쓰는 것뿐 아니라 인격의 형성에 관한 것이다. 또 다른 이들은 사람들에게 가치를 심어주기 위해 성경 협회와 기타 종교 단체를 설립했다. 그렇게 해야만 정부가 너무 부패하는 것을 막을 수 있기 때문이다.

짧게 요약하자면 각 혁명마다 조건도 달랐지만 그 원인이 된 사상 역시 달랐다. 그리고 역사적 상황만큼이나 그러한 사상이 매 순간 결과를 결정했다. 그러나 상황은 또 변했다. 1800년대는 계몽주의 사상의 뿌리에서 나온 더 세속적이고 "현대적인" 세계관이 통합되고 훨씬 더 성장하는 것을 보게 된다. 다음 장에서는 그 세계관이 어떻게 생겨났는지를 살펴볼 것이다.

Chapter 09

현대성과 그 불만

현대적 세계관은 그 뿌리가 18세기 계몽주의까지 훌쩍 올라가지만 실제로는 19세기에 발달했다. 그 세계관이 어떻게 나타나게 되었는지 이해하기 위해서는 이신론에 관한 논의로 돌아갈 필요가 있다.

이신론에서 유물론으로

기독교의 다양한 종파가 정통 신학적 성명을 유지했지만 성직자와 종파 지도자 중 많은 이들이 종교적인 사안에서 열정이나 감정, 지나친 간섭 대신 냉정하고, 이성적이고 편리한 형식주의를 선호하며 이미 실용적 이신론을 향해 나아가고 있었다. 이신론적인 사상이 점차 많은 신학자에게 채택되고 성경의 권위와 신뢰성에 대한 공격이 증가함에 따라 시대의 사상가에게 전통 기독교의 지배력은 약화되어 갔다.

그러나 안타까운 것은 이신론이 불안정한 세계관이라는 점이었다. 신의 유일한 역할이 우주를 시작하는 것 뿐이라면 우주의 탄생을 설명하는 다른 대안을 찾을 경우 신을 전체 체계에서 손쉽게 제거해 버릴 수도 있는 일이었다. 우주에 대한 그럴 듯한 설명만 있다면, 자연주의 혹은 유물론이라고 알려진 형이상학적인 체계, 즉 물질과 에너지로만 구성된 세계가 존재하는 것이다.

사실 그런 사상은 이미 고대 그리스인이 제안한 바 있다. 즉 우주가 영원하다는 사상이다. 만약 우주가 영원하다면 그것이 생겨난 적도, 창조된 적도 없기에, 이신론에서 신은 필요하지 않은 존재이다. 칼 세이건[1]을 인용하자면 "우주만이 존재하고 존재했고 존재할 것이다."라고 주장하는 명백하게 무신론적인 체계만 주어진다. (만일 당신이 *버렌스테인 베어스의 자연 가이드*를 좋아한다면 "자연만이 있고 있었고 있을 것이다."[2]도 같은 뜻이다.)

과학과 세계관

세계관의 사상은 모두 서로 맞물려 있다는 점을 기억하기 바란다. 당신의 형이상학적인 체계는 곧바로 인식론, 즉 지식 체계로 이끈다. 어느 정도까지는 인식론이 형이상학적인 체계로 이끌기도 한다. 유물론이 매력적인 이유 중 하나는 이성의 강조에서부터 과학적인 방법의 체계

---

1. Carl Sagan, *Cosmos* (New York: Random House, 1980), 4.
2. Nancy Pearcey, *Total Truth* (Wheaton, Ill: Crossway, 2004), 157.

화로 이어지는 인식론의 진화 때문이다. 과학적인 방법이란 가설을 만들고 그것을 바탕으로 예측을 하고 실험을 계획하여 예측이 실제로 들어맞는지 확인하고, 실험이 가설을 확인하는지 부정하는지에 따라 가설을 수정하거나 더 필요한 실험을 개발하는 것이다.

이 체계에서는 지식이 항상 유동적이고 변화하며 절대 확실하지 않지만 실험의 결과에 따라 가능성이 있다고 여겨지는 점에 주목하길 바란다. 즉 실험 결과가 예측과 일치하더라도 그것이 가설이 맞다고 증명한다고는 볼 수 없는데, 다음 실험이 그리 잘 되지 않을 수도 있고, 그 가설 외에도 같은 결과를 도출해 낼 수 있는 다른 설명이 있을 수 있기 때문이다.

세계관의 관점에서 과학적인 방법을 전개하려면 두 가지가 중요하다. 첫째, *과학*이라는 단어의 사용에 관한 것이다. 라틴어 *scientia*는 단순히 "지식"을 뜻한다. 따라서 어떤 분야의 연구도 특정 주제에 관한 지식과 결부된다는 점에서 "과학"이다. *과학*이라는 단어의 의미를 이 특정 방법론을 따르는 연구에만 국한시킨다는 것은, 무언가를 안다는 의미를 이해하는데 있어 근본적 변화가 일어났음을 반영한다. 이제 과학적 방법을 통해 시험해 보고 확인되는 것만 진짜 지식으로 인정받게 되며, 그렇지 않은 것은 주관적이거나 상관이 없는 것으로 여겨 버려지게 되었다.

둘째, 과학적 방법은 주로 물질 세계에 대한 연구인 자연 과학에 적합하다. 그러므로 유물론적 형이상학으로의 변화는 과학적 방법의 발전에 의해 고무되는데, 이 세계관은 알아야 유일한 것은 물질과 에너지일 뿐이라고 하기 때문이다. 따라서 이것만 진짜 지식을 얻는 유일한 방법으로 인정받게 된다. 다시 말해서, 유물론과 과학만능주의, 즉 무언가를 진짜로 아는 길은 과학을 통해서라는 사상은 서로 밀접한 관련이 있다.

과학적 방법으로의 변화는 표면적으로는 여러 면에서 계몽주의와 비슷해 보이지만 중요한 차이가 있다. 과학적 방법은 계몽주의 사상보다 훨씬 덜 철학적이어서 논리보다는 (확실한 데이터를 관찰하는) 경험론에 의지한다. 이런 평가는 19세기 초 사회학의 창시자인 오귀스트 콩트가 내렸다. 콩트는 사회가 3단계를 거친다고 믿었는데 먼저 세상이 초자연적 존재로 설명되는 신학적 단계, 그 다음은 세상이 철학적 추상을 통해 설명되는 (계몽주의가 여기에 속한다고 보았던) 형이상학적 단계, 그리고 과학적 단계가 있다고 했다. 그렇지만 계몽주의에서 그랬듯이 자연 과학의 엄청난 성공은 과학적 방법을 사회 문제에도 적용하려는 시도로 이어져 19세기에 심리학, 사회학, 범죄학 등 다양한 분야에서 사회 과학이 발달했다.

다윈과 자연선택

영원한 우주에 대한 사상이 흥미롭기는 하지만, 인간이 어디서 왔는지에 대한 질문 역시 중요했다. 기독교는 인간이 하나님의 형상을 따라 창조되었으며 그렇기 때문에 존엄하고 가치가 있고, 창조 세계에서 특별한 위치에 있다고 가르친다. 만일 우리가 순전하게 유물론적인 관점을 받아들인다면 우리는 어디에서 왔으며 인간의 특수성은 어떻게 설명하는가? 물론 그 대답은 우리가 "더 낮은" 종으로부터 진화해 왔다는 것이다. 진화론은 19세기의 언젠가부터 존재했지만 진화가 어떻게 일어났는지는 아무도 설명할 수 없었다. 그래서 *종의 기원*을 통해 찰스 다윈이 독특하게 기여한 것이다.

다윈의 사상은 어떤 면에서는, 여러 종들이 사용할 수 있는 자원에 비해 너무 많이 번식한다는 토마스 로버트 멜서스의 주장("인구론")과 유사했다. 여기서 한걸음 더 나아가 다윈은 동일한 종 안에서도 생명체의 다양성을 보자면, 어떤 생명체는 다른 생명체와 사용할 수 있는 자원을 경쟁함에 있어 더 성공적이라고 주장했다. 그런 생명체가 생존하여 자손을 낳을 확률이 높고, 성공적인 형질을 자손에게 전해줄 것이라는 것이다. 그는 이런 종류의 수많은 미세한 변화들이 모여 새로운 종을 만들어낼 것이라는 가설을 세웠다. 다윈에 따르면 이것이 모든 종의 기원이다. 이것이 암시하는 것은 인간이 아주 많이 진화된 동물 그 이상도 이하도 아니라는 것이다.

이 사상은 창세기의 가르침에 상반되고 세상에서 인류의 고유성에 대한 근거를 없애 버리기 때문에 상당한 논란을 불러 일으켰다. 그러나 다른 문제도 있었다. 예를 들어 자연 선택설을 공동으로 발견한 알프레드 러셀 월리스는, 나중에 인간의 정신은 그 이론이 제안하는 그런 작은 변화의 결과라고 하기에는 너무나 심오하다는 결론을 내리고, 정신을 설명하기 위해서는 어떤 종류의 영성이 필요하다고 주장했다. 다윈은 월리스가 이 이론을 거부한 데 대해 고민하면서, 인간과 유인원이 자연 선택이라는 단일 메커니즘에 의해 같은 조상의 후손이라는 것을 명쾌하게 설명하는 *인간의 유래*라는 책을 썼다.

- **다원주의와 세계관**

　자연주의에 끌리는 사람들에게 다윈의 이론은 신의 선물이었다. 완전히 자연주의적인 세계관에 필요한 것을 채워 주는 다윈의 가르침은 자연주의적 사상과 과학만능주의의 기초가 되었다. 흥미로운 것은, 그의 이론이 과학의 정의에는 부합하지 않는다는 것이다. 한 이론이 과학적이기 위해서는 다음의 과학적인 방법을 통해 입증이 가능해야 하기 때문이다.

　이론이 제안되고 그에 입각한 예측을 한다. 그 예측들이 맞는지 확인하기 위해 실험한다.

- 실험이 실패하는 경우에는 이론이 버려지거나 수정되어야 한다.
- 실험이 성공한다고 그 이론이 진리가 되지는 않지만 맞을 가능성에 무게가 실린다.

　다원주의는 역사가 과학적 방법으로 설명할 수 없는 것과 마찬가지로 과학적 방법을 통해서 다룰 수 없는 주제이다. 과거는 이미 지나갔기 때문에 다시 방문해서 관찰하고 시험, 실험하는 것이 불가능하다. 당신이 할 수 있는 것이라고는 남아 있는 증거를 보고 이해하려고 노력하는 것뿐이다.

　물론 다윈도 과거로 되돌아 갈 수 없다는 것을 알았지만 그의 이론에 따르면, 자연 선택은 아직도 진행 중일 것이고 특정한 예측을 하고 시험하는 것이 가능할 것이다. 예를 들어 다윈은 핀치의 부리가 건조한 해에 더 길어졌다는 사실에 근거하여 진화가 꽤 빠르게 일어났다고 생각했다. 그는 이것을 보여 주기 위해서 비둘기를 새로운 종으로 번식시키려고 시도했지만 비둘기에는 꽤 다양한 종이 있으며 그 다양성은 새로운 종을 만들기에는 너무 모자란 수준인 것을 알게 되었다. 즉 다시 말해서, 그의 실험은 실패했다. 금붕어를 가져다가 눈이 튀어나오게 하거나 색깔을 검은색으로 바꾸거나 꼬리를 갈라지게 할 수는 있지만 금붕어가 금핀치가 될 수는 없다.

다윈은 더 나아가 수십 년 내 수없이 많은 중간 단계의 화석이 발견될 것이라 예측하며 만일 급작스럽게 새로운 종이 출현한다면 그의 이론은 틀린 것이라고 했다. 화석의 기록이 보여준 것은 종들이 놀랍도록 안정적이라는 것이고, 다윈이 예측했던 무수한 변화는 발견된 바가 없다. 게다가 (일반적으로 약 5억 3천만 년 전으로 추정되는) 캄브리아기에 대부분의 복잡한 주요 동물은 점진적인 진화에 의해서가 아닌, "캄브리아기 대폭발"로 알려진 사건으로 급작스럽게 등장했다. 다윈 자신이 말한 대로 종이 초기 유기체로부터 점진적으로 향상된 게 아니라 동시에 출현했다는 사실은 그의 이론을 반증하는 것이 되어야 했다.

그러나 다윈을 반증하는 대신, 과도기적 종의 부재에 대한 다른 설명이 제시되면서 진화의 기본 개념은 보존되었다. 유명한 이론 하나는 단속 평형 이론이라 불리는 것으로, 종이 안정적으로 남아 있다가 알 수 없는 이유로 새 종을 만들어 내는 일련의 빠른 돌연변이가 생겨난다고 제안한다. 이것이 지질학적으로 빠르게 일어나 이 어떤 시기에도, 상대적으로 드문, 전환기 화석들이 만들어지지 않았다는 것이다. 불행하게도 이런 빠른 진화는 다윈이 말했듯이 자연 선택으로 설명되지 못한다.

종의 빠른 출현은 그의 이론을 반증하는 것이다. 지구상에서 과거나 현재 *어떤* 종의 출현에서도 다윈이 예측했던 과도기적 형태의 화석이 만들어질 기회가 없었다는 "간격의 다윈(Darwin of the gaps)"이라는 설명은 너무 억지스럽게 들리기도 한다. 화석이 있지만 아직 발견되지 못했다는 것 역시 더 나은 설명 같지는 않다. 그것은 사실이 아니라 신앙의 표현이기 때문이다.

그러나 물론 이런 내용은 중요하지 않다. 다윈주의는 과학 이론이 아니라 세계관적 가정이기 때문에 반증할 수가 없는 것이다. 자연주의자는 당연히 마땅한 이유로 자연 선택을 받아들인다고 생각하지만 사람들은 자신의 믿음의 대상을 언제나 그런 식으로 믿는 법이다. 결국, 다윈주의에 대한 증거는 순환적이다.

- 자연주의자는 다윈의 진화론을 추정한다.
- 그들은 발견하는 모든 증거의 해석의 틀로 이것을 사용한다.
- 그들은 그 증거들이 이론을 증명한다고 선포한다.

그러나 사람들이 이 방법을 사용하면 데이터에 대한 모든 설명이 진화가 사실이라는 가정에서 출발하기 때문에 다윈을 반대하는 증거를 인식하기란 말 그대로 불가능하다. 다시 말해서 증거가 다윈주의를 시험하는 것이 아니라 다윈주의가 증거를 해석한다. 그 결과 아무리 많은 예측이 실패해도 다윈주의는 절대로 반증될 수가 없다. 간단하게 말해서 자연주의적 진화론은 그냥 믿어야만 한다.

만일 당신이 이 주장에 대해서 놀랐거나 기분이 나쁘다면 간단하게 질문 하나만 하겠다. 당신은 어떤 증거가 다윈을 반증할 수 있을 것이라 생각하는가? 만일 당신이 아무것도 생각하거나 상상해 낼 수 없다면 그것은 과학 이론이 아니고 신념인 것이다.

- **다윈 윤리학**

다른 세계관과 마찬가지로 유물론과 다윈주의는 과학을 넘어선 것들에도 영향을 준다. 형이상학 체계는 윤리적 체계로 이어진다. 만일 유물론이 진실이라면 선도 악도 없을 것이다. (만일 물질과 에너지가 존재하는 모든 것이라면 선량함은 무엇인가? 악은 어떻게 된 것인가? 그들은 물질과 에너지, 둘 다 아니므로 존재하지 않는 것인가?) 이제 우리에게 윤리의 버팀목이 될 만한 것은 별로 남아 있지 않게 된다.

다윈과 인종

일찍이 다윈의 사상은, 적자생존이 종의 기원을 설명할 뿐 아니라 개인, 그룹, 인종, 국가 간 경쟁과 성공, 생존에 적용되어야 한다고 주장하는, 지금은 사회 진화론이라고 불리는 운동에 기여했다. 즉, *인간 사회*는 종과 마찬가지로 경쟁에 의해서 같은 방식으로 진화한다는 것이다.

이 사상의 일부는 *종의 기원*보다 먼저 있었지만, 다윈 자신이 "인간의 유례"의 6장에서 "수 세기가 못 가서 미래 어느 시기에 분명히 문명화된 인종이 세상의 야만 인종을 말살하고 대체할 것이다."[3]라고 제안한 바 있다. 다윈 자신은 우리가 모두 같은 조상으로부터 왔다며 인종 차별

3.Charles Darwin, *Descent of Man and Selection in Relation to Sex* (New York: Barnes and Noble Books, 2004), 134.

주의를 거부했지만 인종간의 차이를 보았고 그들 사이의 경쟁으로 어떤 인종이 다른 인종을 파괴할 것이라 예측했다. 사실 종의 기원의 부제는 생존 경쟁에서 유리한 종족의 존속이다.

이런 식의 사고는 서구에서 인종 차별주의와 신식민지주의의 증가에 직접적으로 기여했다. 기본 개념은 백인종은, 정신적으로나 육체적으로 열등한 이들이 살아남을 수 없는 척박한 기후에서 진화했기 때문에 더 우월하다는 것이다. 바깥 세상으로 확장하고자 하는 공격적인 관심과 과학 기술, 산업화의 성과가 그 증거로, 백인이 살아 남기에 더 적합하다. 따라서 백인에게는 백인이 아닌 인종을 다스릴 권리와 책임이 있으며, 서구 문명에 혜택이 되거나 이익을 준다면 이들을 착취할 수 있다. 백인에게는 식민지에 대해 경쟁할 권리도 있었다. 이것은 훗날 군국주의의 급증과 동맹 체제로 이어지게 되어, 제1차 세계 대전이 발발하는 주요 요인이 되었다.

인종 우월주의를 받아들인 모든 이들이 세상에 서구 문명을 퍼뜨려야 한다는 "백인의 부담"을 느낀 것은 아니다. 그러나 찰스 린드버그와 같은 사람들은 (토마스 로버트 맬서스에게서 나온 사상에 따라) 열등한 사람은 과잉 번식하는 반면, 우월한 사람은 그렇지 않기 때문에 백인종이 많은 수의 유색 인종에게 압도될 위험에 처해 있다고 믿었다. 때문에 백인종은 유색 인종에 대한 우위를 유지하기 위해서 비행기 같은 기계를 자신들만 가지고 있어야 한다는 논리를 폈다.

식민주의자의 승리 지상주의와 인구학적으로 압도당하는 것을 두려워하던 사람들의 피해망상은 모두 다원주의를 따르는 유사 과학에 기반한 인종 개념에 의존했다. 역사적으로 인종은 본질적으로 민족과 같은 개념이었다. 일례로 초기 작가들은 프랑스 인종과 구별되는 영국 인종에 대해 이야기했다. 그러나 이 시점에서 다윈의 이론으로부터 전폭적 지지를 받은 새로운 정의가 나타났다. 사실 이 시기부터 인종은 주로 언제나 암묵적으로 인종 차별주의적으로 사용되었다. 즉 어떤 인종이 우월하고 어떤 인종이 열등한지에 집중되어 있었다.

가장 극단적인 경향은 아리아인이 가장 고도로 진화된 인종이므로 진정하고 완전한 인간이라는 전제에서 비롯된 나치주의에서 볼 수 있다. 다른 "인종"은 열등하고 실제로 인간 이하였다. 아리아인이 필요하다면 다른 인종이 가지고 있는 것은 무엇이든지 합법적으로 빼앗을 수 있고, 도덕적으로 아무 거리낌 없이 말을 쟁기에 매는 것처럼 다른 인종을 지배자 민족을 위해 일할 노예로 삼을 수 있었다. 그리고 어떤 인종이 아리아인에게 어떤 식으로든 위협이 된다면 아리아인에게는 그들을 몰살시킬 권리와 책임이 있었다. 다윈의 이론은 경쟁과 "적자"생존에 워낙 초점을 맞췄기 때문에 다윈의 사상은 이러한 나치주의와 또 다른 인종 차별적 억압에 직접적으로 기여했다. 개인 간에 적용된다면 인종 간에도 마찬가지라는 것이다.

우생학

다윈의 이론과 꼭 맞는 또 다른 사상은 *우생학*으로, 그것은 사회가 "열등한" 사람들로 넘쳐나지 않도록 "더 적합한" 구성원이 자녀를 낳도록 적극적으로 권장하고, "덜 적합한" 구성원은 그렇지 못하게 하는 것이다. (다윈의 사촌인) 프랜시스 골턴은 우생학의 초기 옹호자였다. 다윈 자신도 그 주제에 관심이 많아서 "*인간의 유래*"에서 골턴의 사상을 다뤘다. 우생학은 나중에 마가렛 생어가 미국 가족 계획 연맹(Planned Parenthood)을 설립하는데 영감을 주고, 정신 혹은 육체적으로 장애가 있는 사람이나 원주민, 아프리카계 여성과 범죄자에게 불임 시술을 강제하는 법을 낳았다.

1907년과 제2차 세계 대전 사이에 거의 36,000명의 미국인이 강제 불임 수술 캠페인[4]에 따라 국가가 지원하는 불임 수술을 받았다. 미국의 우생학은 결국 지배자 민족인 아리아인의 번식을 시도하고 열등한 사람에게 불임 시술을 강제하는 프로그램을 도입함으로써, 아리아인과 한정된 자원을 놓고 경쟁하는 열등한 인종을 몰살하는 나치의 우생학 캠페인에 영향을 준다.

윤리에 대한 대안적 접근 방식

물론, 다윈을 받아들인 모든 사람들이 인종 차별주의자나 식민주의자, 우생학자는 아니었다. 그러나 그 세계관은 그 방향으로 향하는 논리를 가지고 있었고 다윈 자신도 그것을 인지하고 있었다. 그는 문명화된 인종이 야만종을 말살하고 대체하는 것은 피할 수 없다고 보았다. 만일 적자생존의 법칙이 맞다면, 우월한 사람은 생존하고 그렇지 않은 사람은 살아남을 수 없다는 윤리적 접근법을 가리킨다. (물질과 에너지만 의미가 있다고 하는) 의미가 사라진 세상에서, 힘센 자만 살아남고 취할 수

---

4. Daniel Kevles, *In the Name of Eugenics: Genetics and the Use of Human Heredity* (1985; repr., Cambridge, Mass: Harvard Univ. Press, 1995), 116. 케블의 책은 미국 우생학 정책을 철저하게 개관한다.

있는 것을 가질 자격이 있다고 주장하는 것 말고 더 나은 윤리적 근거는 무엇이겠는가?

윤리를 위한 대안적인 유물론적 체계를 제안한 사람도 있었다. 예를 들어 *공리주의*의 윤리는 무엇이 최대 다수의 최대 행복인가에 근거했다. 이러한 접근법은 사회 진화론의 변종과 마찬가지로 그 세계관의 다른 구성 요소에 직접적으로 통합되기 어렵다는 단점이 있다. 즉, 공리주의는 유물론과 과학만능주의의 기본 전제에서 직접 나온 것이 아니다.

이것은 또한 선의 정의를 설명하지 못한다. 결국 누가 무엇이 선한지를 결정하는가? 윤리와, 무엇이 진짜이고 알 수 있는 것인가 사이의 연계가 끊어지면, 공리주의 윤리학은 완전히 독단적인 것이 되어 프랑스 혁명과 마찬가지로 인권을 보존할 수 있는 어떤 기반도 없는 환경이 되고 만다. 사실상 공리주의는 개인의 권리를 대놓고 거부한다. 최근의 예로 프린스턴 대학의 의료 윤리학자 피터 싱어는 공개적으로 장애가 있는 유아와 노인, 기타 사회에 짐이 되는 사람을 죽이는 것을 합법화하라는 주장을 했다. 그런 사람을 제거하면 그와 그를 돌보는 사람들이 겪는 어려움과 고통, 고난이 사라지기 때문에 전체적인 행복의 수준이 높아질 것이기 때문이다.

또 다른 대안적 윤리 체계는 윤리는 *상황적*이고 *상대적*이며 확고한 윤리적 원칙은 없다고 제안한다. 옳고 그른 것은 객관적 실체가 없기 때문에 윤리에는 절대적이거나 객관적인 기반이 있을 수 없으며 옳고 그름은 완전히 관점과 문화적 배경, 환경에 달려 있다는 것이다. 도덕적 판단을 내릴 어떤 객관적인 근거도 없기 때문에 도덕적 판단을 할 수 없다. 일상에서는 이런 결론이 괜찮게 들리지만 노예 문제나 인종 차별, 집단 학살 등을 비판할 때에는 문제가 발생한다. 만일 이런 행위가 그들 자신의 특정 문화에서 "적절하다"면 무슨 근거로 그들을 비판할 수 있겠는가?

자연주의적 관점에서 비롯된 다른 대안적 접근 역시 독단적이거나 우생학이나 사회 진화론의 다른 프로그램과 유사하다. 영국 정치 평론가 해롤드 라스키가 종종 인용했던 인상적인 구절대로 윤리적인 측면에서 현대 인류는 발이 공중에 단단히 고정되어 있다. 이것은 18세기와 그 이전에 추구해 왔던 자유, 재산, 행복의 추구는 물론, 생명에 대한 개인의 "양도할 수 없는 권리"와는 전혀 다른 것이다.

유물론과 경제

다윈주의는 경제에도 영향을 주었다. 적자생존이 종이 스스로 발전하고 번창, 진화해 나가는 방법이라면 경제학도 그럴 것이라 가정하는 것이 이치에 맞기 때문이다.

앞에서 다뤘듯이, 중세와 종교 개혁 시기의 신학 사상의 잔재로 공정 가격, 공정 임금, 고객이나 고용인을 속이지 않는 것, 부유한 개인으로서 (주로 일자리를 제공함으로써) 가난한 이들을 도울 의무 등 도덕적 제재가 가미되기는 했지만, 18세기에 이미 자유 경제 자본주의는 유럽과 미국에서 성장하고 있던 중요한 운동이었다. 기업은 사회에 필수적인 서비스를 제공하는 것으로 여겨졌다. 기업은 사람들에게 일자리를 제공했고 사람들이 지불할 수 있는 가격인 동시에, 기업이 이윤을 남길 수 있는 가격에 물건을 제공했다. 사람들은 상품에 대한 열망이 돈을 그대로 가지고 있고 싶은 열망보다 클 때 물건을 샀다. 중요한 것은 양측이 서로 갖고 있는 무언가를 포기하고 더 원하는 것을 얻기 위해 모두에게 유익한 제안을 찾는 것이다.

그러나 경제에 적자생존이 도입되자 그것은 도덕적 제재에서 많은 부분을 제거했다. 노동자를 착취하는 것을 비롯한 살벌한 경쟁이 일상이 되었다.

산업 혁명

산업 혁명은 경제에 대한 이런 새로운 태도의 영향을 받았다. 과학적인 방법이 생산에 적용되고 더욱 효과적으로 제품을 만들 수 있는 새로운 기계가 발명되었다. 석탄이나 증기와 같은 새로운 에너지 자원이 공장의 기계에 동력을 주었다. 분업은 생산의 효율성을 더 높였다.

그러나 이 모든 것은 공장 근로자의 소외로 이어졌다. 당시 유물론적 가정이 팽배했던 탓에, 하나님의 형상에 대한 신념의 상실은 일의 선함에 대한 부정으로 이어졌다. 이는 노동이 고역이 된 것을 의미했다. 노동자는 옛날 길드의 수공업자가 하나의 상품을 처음부터 끝까지 만들면서 느꼈던 만족을 얻지 못했다. 게다가 노동의 시간과 속도는 기계가 정했고 산업 혁명 초기, 노동자는 말 그대로 기계에 사슬로 묶여 있었다. 위험천만한 기계에 안전 장치도 없었다. 사실 여성과 아이들은 손이 작아서 멈춘 기계의 기어에 걸린 것을 제거할 수 있다는 이유로 고용되는 경우가 많았다. 불행하게도 노동자가 충분히 빠르지 않을 경우 기계가 다시 작동해서 손과 팔을 부스러뜨리고 불구가 되거나 죽는 일이 일어나곤 했다.

옛날 장원 제도의 영주와 농민은 그 모든 결점에도 불구하고 최소한 어떤 식으로든 서로 개인적인 관계를 갖고 상호 존중할 수 있었다. 그러나 새로운 공장에서는 서로에 대한 존중이 완전히 빠진, 경영과 노동의 비인격적인 체제가 발달되었다. 노동자는 경영인을 무관심하고 탐욕스럽다고 본 반면, 경영자는 노동자를 게으른 술주정뱅이로 보았다.

공장주의 잔인함은 잘 알려져 있지만, 산업 혁명에는 또 다른 측면 역시 존재한다. 일단 잘 정착되자 산업화된 국가에서 산업 생산은 대부분의 삶의 질을 높였다. 물론 적응할 수 없는 사람도 있었다. 이는 근본적인 경제적 변화가 일어날 때, 피할 수 없는 삶의 진실이다. 그러나 많은 이들이 번영했다. 물론 자본가의 이익을 최대화하는 것만 중요해서 석탄 탄광이나 공장에 갇혀서 최저 임금만 겨우 벌며 일하는 이들에게 이것은 차가운 위안이었다.

- **공산주의**

산업화의 문제는 19세기 가장 중요한 유물론적 철학의 연료가 되었다. 역사는 그 자체가 자연 과학에서 가능한 종류의 예측과 실험의 대상이 아님에도 불구하고, 과학적 방법을 역사에 적용해 보려고 한 사상가로부터 비롯된 사상이다. 조금 이상하지만 이것은 이성에 대한 계몽주의적 신념과 과학만능주의 및 유물론에 대한 부정을 결합시켰던 철학자 게오르크 빌헬름 프레데릭 헤겔로부터 시작되었다.

헤겔은 개개인의 정신 뒤에는 끊임없이 진화하며 역사에서 자신을 끝없이 드러내는 절대 정신이 있다고 믿었다. 역사는 완벽한 자유라는 목적을 향해 여러 단계의 시대를 거쳐 나아가고 있다. 각각의 시대는 누가 자유하고 누가 그렇지 않은지 결정하는 "정(正)"이라는 원칙에 지배된다. 그러나 시대가 발전하는데 진정한 자유가 오지 않으면 마침내 그 사회에서 혁명이 일어나기까지 그에 반하는 "반(反)"이 발달하고, 이 정과 반이 합쳐져 "합(合)"이 되고 그것이 그 다음 시기의 새로운 원칙이 된다. 그는 이 과정을 *역사의 변증법*이라고 불렀다.

예를 들자면, 헤겔에 따르면, 역사는 왕이 있으며 다른 모든 사람은 노예인 시대부터 시작한다. 그러나 그 왕이 혼자 다스릴 수 없으므로 그의 관리자와 사람들의 리더로 일하는 노예를 둔다. 이 리더가 마침내 반란을 일으키고 힘을 얻어 귀족이 되고 이제는 왕과 귀족, 노예가 생긴다. 그리고 이 노예 중 어떤 사람들이 일어나 자유 농민이 된다. 그런 식으로 진행이 된다. 마침내 모든 사람들이 진짜 자유인이 되면 역사를 앞으로 끌고 가던 역동은 멈추고 역사는 끝나게 된다.

헤겔이 유물론과 과학만능주의를 거부하긴 했지만 그의 추종자 중에는 그렇지 않은 사람이 있었다. 특히 칼 마르크스는 헤겔의 기본 사상을 취했지만 그것을 유물론적 철학으로 변형시켰다. 그는 물질 세계만이 존재하기에 역사상 시대의 바탕이 되는 사상과 자유로의 진보에 대한 모든 헤겔의 주장은 허튼소리라고 주장하였다. 중요한 것은 경제로, 누가 생산의 도구를 소유했고, 누가 일했고, 누가 그로부터 이익을 얻었는가의 문제이다.

사회는 자본가 계급과 노동자 계급으로 나뉘었고 다른 구분은 중요하지 않았다. 노동자가 체제의 열쇠였다. 노동은 자연을 변화시킬 방법이자 인류를 동물로부터 구분 짓는 것이었다. 문제는 노동자가 생산의 가장 중요한 요소인 노동을 하는데 자본가가 생산의 방법과 생산품의 유통을 통제했다는 것이다. 사회의 모든 것은 자본가 계급의 권력을 지키고 노동 계급의 권력을 죽이는 것을 중심으로 돌아갔다. 이념, 정치체계, 사회 구조, 법, 종교, 자유라는 개념 모두 현재의 경제적인 상황을 지키기 위해 존재했다.

마르크스에게 역사의 시대는 자유에 관한 것이 아니고 노골적인 경제 권력, 즉 누가 자본가이고 누가 노동자인가에 관한 것이었다. 즉, 마르크스는 헤겔의 변증법 대신 변증법적 유물론 체계를 제안했다. 역사를 진보시키는 혁명은 노동자 집단이 충분한 힘을 모아 생산 수단을 장악하고 과거의 경제 엘리트를 합친 후 이 새로운 경제적 이윤을 남아 있는 노동자들로부터 보호하는 체계를 만들 때 일어난다. 마지막 혁명은 (공장 소유자와 기타 자본가인) "부르주아 계급"과 (공장 노동자인) "프롤레타리아 계급"이 서로 싸우게 만들 것이다. 결국 프롤레타리아 계급이 생산의 도구를 장악하고 노동자와 자본가가 하나의 그룹으로 합쳐질 것이기 때문에 역사가 끝날 것이다.

당시 마르크스는 역사, 계급 갈등, 혁명의 "법칙"을 토대로 완전한 사회를 꿈꾸는 공상적 정치 체제에 대한 비전을 가진 유물론자였다. 지식은 과학과 공산혁명이 반드시 올 것이라는 자신의 이념으로부터 나왔다. 윤리는 프롤레타리아 계급의 이익 촉진과 혁명의 가속화를 기반으로 했다. 의미와 목적은 혁명을 가속화하기 위한 노력에 있었다. 다시 말해서 마르크스는 경제 결정론자였다. 인간의 삶의 모든 것은 경제적인 계급과 그의 유토피아를 향한 역사적 운동의 결과를 중심으로 결정된다는 것이다.

- **공산주의의 대가**

공상적 이상주의적인 계획은 언제나 그렇듯이 이를 적용할 때 전체주의로 이어졌다. 프랑스 역사학자 스테판 쿠르투아가 편집한 *공산주의 흑서*는 소련에서 2000만 명, 중국에서 6500만 명, 베트남 100만 명, 북한 200만 명, 캄보디아 200만 명, 공산주의 동유럽에서 100만 명, 라틴 아메리카에서 15만 명, 아프리카에서 170만 명, 아프가니스탄에서 150만 명, "국제 공산주의 운동과 기타 공산당"에 의해 희생된 만 명 등 20세기 공산주의 국가에서 총 9,400만 명이 살해된 것으로 추정했다.[5]

일반적인 믿음과는 반대로 명백한 무신론적 체계인 공산주의가 종교 등 역사상 어떤 권력보다도 훨씬 더 큰 살인자가 되었다. 게다가 이 숫자는 수용소나 강제 노동, 재교육 수용소에 수용된 수백만을 포함하지 않은 것이다. 어떤 자연주의 체계와도 마찬가지로 공산주의 사회에서는 (물질도 에너지도 아닌) 인권이란 존재하지 않는다. 중요한 것은 유토피아로 이어지는 역사적 변증이고, 인간 사회의 진화를 방해하는 그 어떤 것, 그 어떤 사람도 잔인하게 제거되어야 한다.

마르크스가 예상하지 못했던 것은 자유 시장 경제가 스스로 개혁한다는 사실이었다. 영국 의회에서 노예 제도의 변화를 이끌어 낸 복음주의자 윌리엄 윌버포스는 주 노동 시간 제한, 최저 생활 임금, 아동 노동 제

---

5. Stéphane Courtois, *The Black Book of Communism* (Cambridge, Mass.: Harvard Univ. Press, 1999), 4.

한, 다른 이슈 등 노동자의 권리를 위한 캠페인도 벌였다. 19세기가 지나면서, 다수의 기독교인이 이끄는, 무역 조합의 개혁의 압박에 정부가 응답했고 시간이 지나며 공장의 인권 남용은 개선되었으며 노동자의 끔찍한 거주 환경은 정부 및 기업의 내부 개혁을 통해 향상되었다. 그 결과, 마르크스가 예측했던 혁명은 산업화된 국가에서 실현되지 않았다.

인생의 의미

유물론은 인생의 목적이나 의미에 대한 질문에, (마르크스주의 같은 공상적 이상주의 계획을 제외하고는) 그런 것은 없다고 즉답한다. 우리는 기껏해야 유전자를 다음 세대에 물려주기 위해 존재한다. 의미, 도덕, 목적, 진리, 지식은 모두 냉엄한 자연주의 세상에서 근거 없는 허구이다. 셰익스피어의 맥베스를 인용하자면 다음과 같다.

> 인생이란 걸어 다니는 그림자에 지나지 않을 뿐,
> 무대 위에 있을 땐 잠시 동안 뽐내고 떠들어대지만,
> 시간이 지나면 아무 말없이 사라지는 가련한 배우일 뿐,
> 인생이란 아무런 의미도 없는 헛소리와 분노로 가득한,
> 바보의 이야기에 지나지 않을 뿐.[6]

혹은 캔자스의 유명한 그룹이 노래한 것처럼 "우리는 모두 바람에 날리는 먼지일 뿐이다."[7]

---

6. William Shakespeare, Macbeth, act 5, scene 5; quoted in Masterpieces of Religious Verse, James Dalton Morrison, ed. (Grand Rapids: Baker, 1977), 309.
7. Kansas, "Dust in the Wind," lyrics by Kerry Livgren (1997).

• 허무주의

"무의미"의 철학은 "없음"을 뜻하는 라틴어 *nihil* 로부터 유래한 허무주의로 알려져 있다. 이것은 유물론의 피할 수 없는 결과이다. 버트런드 러셀은 언젠가 "신이 있다고 가정하지 않는 한 인생의 목적에 대한 질문은 무의미한 것이다."[8]라고 말했다. 허무주의와 가장 연관된 철학자는 니체이다. 니체는 신이 죽었으므로, 초월성, 진리, 목적, 도덕, 의미는 세상에 없으므로, 우리는 존재의 의미가 없다는 문제를 해결할 수 있는 "*초인(übermensch)*"을 발견해야 한다고 주장했다.

권력에의 의지를 통해, 초인은 먼저 특히 기독교와 관련된 모든 도덕적, 사회적 규범과 관습을 파괴한다. 그 다음 의미, 진리 등을 새롭게 만들어 내고, 허무주의를 극복하기 위해 권력에의 의지를 긍정적으로 사용한다. 일단 의미를 창조하고 나면 그는 스스로 주인이 되어 "자기 법의 심판자이자 복수자"[9]로서 완전하고 온전한 독립된 상태로 살아간다. 그런 개인만이 사회를, 피할 수 없는 유물론의 결과의 덫에서 구할 수 있다.

니체가 정신 병원에서 죽은 것은 우연이 아니다.

대부분의 사람들에게 세상의 무의미함을 다루기 위해 니체가 말한 것을 시도하는 것은 무리이다. 그러나 유물론의 세계관에서는 이 문제가 없어지지 않을 것이다. 어떤 사람은 무의미함을 기념하기까지 한다. DNA의 이중 나선 구조를 공동 발견한 제임스 왓슨은 자신을 기리기 위한 오찬에서 "저는 우리가 무엇을 위해서 존재한다고는 생각하지 않

---

8. Rick Warren, *The Purpose Driven Life* (Grand Rapidz: Zondervan, 2002), 17에서 인용.
9. Friedrich Nietzsche, *Thus Spake Zarathustra* (New York: Macmillan, 1896), 84.

습니다. 우리는 그냥 진화의 결과물일 뿐이죠. '세상에 인생에 목적이 없다고 생각한다면 삶이 꽤나 암울할 텐데'라고 할지 모르겠지만 저는 지금 맛있는 점심을 먹을 생각에 기뻐요."[10]라고 했다.

- **허무주의의 아류**

더 철학적인 경향의 다른 사람들은 그리 낙관적이지 않았다. 의미의 문제를 해결해 보려고 했던 20세기 중반의 더 중요한 운동 중 하나는 장 폴 사르트르, 알베르 까뮈, (적어도 몇몇 영화에서) 우디 앨런 등이 옹호하던 실존주의였다. 실존주의는 기본적으로 허무주의의 아류와 같다. 그 이름은 "존재가 본질보다 중요하다."[11]는 격언에서 왔는데 우리가 누구인가 하는 문제에 있어 우리의 존재 자체가 인간 본성에 대한 개념보다 더 중요하다는 것이다.

이것은 우리가 무엇을 하고 누구인지를 결정할 수 있는 극단적인 자유를 뜻한다. 이 자유, 그리고 결국 죽음에 대한 지식은, 실존주의의 글에서 흔한 주제이며 우디 앨런 영화에서는 대개 불안으로 이어지고, 이 문제를 다루기 위해 부조리한 세상에서 이성의 장벽을 쌓는다. (이 역시 우디 앨런 영화의 또 다른 보편적 주제이다.) 결국, 진정한 삶을 살려면 우리는 세상의 부조리함과 객관적인 의미의 부재를 깨닫고 "의미"는 없더라도 어쨌든 무엇을 의미있게 여길지를 결정해야 한다. 이것은 명백히 니체의 초인과는 비슷하지만 훨씬 덜 놀라운 수준이다.

---

10. The Center for Changing Worldviews with Sharon Hughes, "Quotes on Religion," http://www.changingworldview.com/quotes/show/41 (2009년 1월 26일 접속).
11. Lawrence Cunningham and John Reich, *Culture and Values* (Belmont, Calif.: Thomson Wadsworth, 2005), 494.에서 Jean-Paul Sartre, "Existentialism and Humanism".

흥미롭게도, 사르트르는 임종의 자리에서 자신의 삶이 사실은 목적이 있었고 자신이 세상에 있었던 이유가 있었을 것이라 믿는다고 고백했다. 이것은 그가 살면서 말하고 쓴 모든 것이 거짓이라는 뜻이다. 그래서 그의 연인은 이 고백을 듣고 충격과 배신감을 느꼈다. 그러나 결국 사르트르 자신은 스스로의 신념대로 살 수 없었던 것이다. 대부분의 다른 사람들도 그렇게 살 수 없다.

비이성적인 사람들의 요구

유물론과 과학만능주의는 모두 인생의 목적이라는 중요한 문제 외에도 인생에 다른 고민거리를 남긴다. 위대한 예술을 과학으로 어떻게 설명할 수 있단 말인가? (세상에 대해서도 그렇고) 사랑에 대해서 어떻게 의미 있게 과학적으로 분석을 한단 말인가? 만일 인간의 두뇌가 원시적인 수프가 만들어지는 시간과 무작위적인 우연의 산물이라면 어떻게 뇌가 세상을 이해할 능력이 있으며 정확한 정보를 줄 수 있을 것이라고 여길 수 있는가? 사람들은 어째서 비이성적이거나 나쁜 행동을 하는가?

니체 외에도 다른 19, 20세기 초 사상가들이 이런 질문에 대한 답을 찾으려고 했었다. 예를 들어 러시아의 작가 표도르 도스토예프스키의 소설은 원죄의 재발견을 담고 있다. (러시아 정교도로서 놀라운 일은 아니다.) 프랑스의 철학가 앙리 베르그송은 과학이 궁극적 현실보다는 보이는 것에 대해서만 이야기해 줄 수 있기 때문에, 지식의 원천으로서 과학보다는 직관을 강조했다. 프랑스의 무정부주의 공산주의자 조르쥬 소렐은 과학이 진리라는 생각을 거부했으며 명목뿐인 노동자의 해방과 그 자체를 위한 영웅적 행동을 폭력으로 보았다. 프랑스의 사회학자 에밀 뒤르켐은 인간 행동의 동기로서 이성보다 유전과 사회적인 힘을 강조했고 종교의 쇠퇴가 사람들에게 목적과 의미를 주는 근원이라고 보았다. 이탈리아의 경제학자 빌프레도 파레토는 비이성적인 힘이 사회의 동력이므로, 엘리트 계층이 대중의 비이성과 열정, 감성을 자신의 이익을 위해 이용해야 하며, 필요하다면 폭력을 써서라도 권력을 차지하고 다스려야 한다고 했다. 이 주장은 베니토 무솔리니의 프로그램의 중요한 기반이 된다.

독일의 정치 경제학자이자 사회학자인 막스 베버는 종교적 신념이 가치를 형성하고 사회의 구조를 결정하는데, 현대 세계에서 과학을 삶의 모든 분야에 적용해서 지식을 얻었을지 모르지만 우리 영혼을 죽였다고 주장했다. 그렇게 세상은 삶에서 "마법이 풀린(disenchanted)" 상태가 되었다. 그 결과, 사람들이 비이성을 통하거나, 카리스마가 있는 지도자를 따라, 세상에 "다시 마법을 걸고(reenchant)" 의미를 찾고자 할 것이다. 이것은 정확하게 아돌프 히틀러에게 일어난 일로, 그는 경제적 어려움을 이용해 신화를 만들어 내고 많은 독일인의 신뢰를 얻어 국가를 장악할 수 있었다.

가장 중요한 사상가는 지그문트 프로이트였다. 프로이트는 인간의 삶이 무의식적인 정신의 어둡고 비이성적인 힘에 지배된다고 믿었다. 특히나 그는 인간 행동의 지배적인 동기가 성욕이라 하였다. 성은 우리가 번식하고 진화가 일어나는 수단이므로 다원주의의 일반적인, 특히 진화 생물학에 매우 통하는 생각이었다. 자유로운 성적 표현은 사회에 파괴적이므로 문화는 성욕을 억제시키고, (결혼과 같이) 공식적으로 승인

된 방법으로만 표현되도록 하며, 성을 보통 수치심과 연결시킨다. 이런 성생활에 대한 억압은 (성욕이 창조적 활동으로 전환될 때 나오는 위대한 예술 작품과 같은) 인간의 성취나, (우리의 삶을 망가뜨리는 신경증과 정신 질환의 근원이 되므로) 인간 불행의 원천이다.

그래서 프로이트에게는 사회가 성적 행동을 제한하는데서 우리 자신을 해방시키고, 개인적 만족과 정서적 안위를 위해 자신의 성적 욕구를 추구하는 것이 인간 불행의 해결책이었다. 이런 사상은 성 혁명의 결과로써 미국 문화에서 주류가 되었고, 그때부터 오늘날까지 많은 사람의 세계관의 중심 교리가 되었다. 다음 장에서 더 다룰 내용이다.

이 모든 사상가에게 공통된 것은 현대성에 대한 불편함, 세상에 대한 묘사와 삶에 대한 설명이 불완전하고 불만족스럽다는 인식, 사회가 살아남으려면 최소한의 합리주의적 이상이 필요하다는 인식이다. 이는 재현 예술의 쇠퇴로 이어졌다. 대신 (끌로드 모네의 표현으로는 그 날의 인상을 그리려는 열망을 가진) 인상주의로, (빈센트 반 고흐나 뭉크의 작품에서 보여지는 것처럼 감정을 직접적으로 표현하려는) 표현주의로, 파블로 피카소와 조지 브라크의 (동시에 여러 면을 보여주며, 형태를 기학하적 모양으로 단순화한) 큐비즘으로, (잭슨 폴록의 작품에서 관찰되듯이 현실 재현에서 완전히 벗어나, 우연에 의해 지배되는 유물론적 우주의 무작위성을 표현한) 추상적 표현주의로 이어졌다. 이런 전개는 현실과 의미의 본질에 관한 철학적 사상을 예술 세계에서 단계적으로 흡수했을 뿐 아니라 세상을 관찰하고 표현하는 노골적이고 과학적인 방법에 대한 불편한 심경이 증가했음을 드러낸다. 이와 같은 경향은 문학, 연극, 음악에서도 나타난다.

두 차례의 세계 대전, 한국 전쟁, 베트남 전쟁, 냉전, 20세기의 다른 모든 문제와 투쟁의 경험은 현대 비평가의 사상이 주류가 되게 했다. 본질적으로 그들은 현대 서구에서 했던 가정을 재평가할 것을 촉구했고 20세기의 마지막 십 년과 21세기 초반에 서로 맞물려 있는 몇몇 새로운 세계관을 출현시켰다. 다음 장에서는 이 중 일부를 살펴본다.

Chapter 10

현대성의 부패

20세기는 현대성에 대해 병적인 반응을 보였다. 한편 한 세기 내내 서구 문화는 공산주의 야만인들의 위협에도 불구하고 세속적 인본주의, 기술의 진보, 과학의 발달이 평화와 번영의 시대를 열 수 있다고 믿었다. 다른 한 편으로 그 세기에 있었던 끔찍한 사건들은 현대 세계가 제대로 기능할지, 생존 그 자체에 대해서까지 심각하게 의심하게 했다.

반서구주의

초기 무정부주의자와 반산업 운동은 차치하고라도, 제1차 세계 대전 이후 서구에 팽배했던 세계관에 대한 위협이 최초로 광범위하게 나타났다. 이 시대 사람들은 전쟁에서 죽은 "잃어버린 세대"와의 접점을 찾고자 했고, 영국에서는 영성의 부활을 경험했다. 또한 이 시대는 사회의 더 전위적인 영역에서 성적 관습과 결혼 자체를 체계적으로 공격했다.

미국의 대공황은 연방 정부의 권한을 각 주와 기업에까지 확장시키는 거대한 정부 정책을 시행한 루스벨트 행정부로 이어졌다. 다른 서구 열강은 미국보다 훨씬 더 나아가 특히 제2차 세계 대전 이후 몇 년 간 고전적 자유 민주주의와 자유 시장의 기반을 사실상 훼손하게 된다. 많은 서구 국가들은 자유 시장 대신 정부가 경제를 이끄는데 더 많은 역할을 하는 경제 간섭주의로 전환했다.

미국에서 이런 변화는 (경제학자 존 메이너드 케인스의 이름을 딴) 케인스 경제학을 채택함과 동시에, 프랭클린 루스벨트 이후 로널드 레이건을 제외한 모든 대통령의 경제 정책의 기초가 되었다. 경제학과 정치학은 사람들 사이의 자연스러운 관계에 대한 공통된 세계관에 기초한다. 그래서 자유 시장에서 정부의 개입으로 전환한 것은 자유와 개인의 책임의 개념이 국가 통제주의적 사고로 바뀌기 시작했다는 신호였다. 국가 통제주의자는 정부의 역할이 자유를 수호하고 사람들이 스스로를 돌볼 수 있는 환경을 제공하는 것이 아니라, 국민을 돌보는 것이라고 믿는다. 이런 변화는 유럽, 캐나다, 미국의 사회 복지 정책의 성장에서 찾아볼 수 있다.

독일에서 나치는 서구 문명의 많은 기반, 특히 자유 시장 자본주의, 대의 민주주의, 개인의 자유를 거부하고, 아리아인의 우월성과 잔인한 반유대주의 신화, 공산주의와 슬라브족과 관련된 모든 것에 대한 증오, 요람에서 무덤까지 국민의 삶을 통제하는 전체주의 이념으로 대체했다.

제2차 세계 대전이 뒤따랐고 제1차 세계 대전보다 더 큰 대학살이 있었다.

제2차 세계 대전 이후 탈식민지주의, 미국의 시민 평등권 운동, 페미니스트 운동, 베트남 전쟁 모두 서구 문명이 인류 문명의 정점이라는 생각에 도전했다. 그리고 이런 역사적 상황이 유물론적 세계관의 허무주의적 막다른 골목에 부딪히자 서구는 20세기 후반 새로운 세계관의 출현을 맞이하게 된다.

진리의 해체

현대 세계관을 파괴한 씨앗 중 일부는 서구 내부에서 비롯되었다. 루트비히 비트겐슈타인과 같은 언어 철학자는 언어를 통한 객관적 진리의 전달이 가능한가, 아니면 애초에 소통이 가능한가에 대한 의문을 제기했다. 단어는 의미와 직접적인 연관이 없는 임의적 소리 또는 기호이다. 예를 들어 초록색(green)이 vert ("초록"이라는 뜻의 프랑스어)가 아닌 "green"이라고 불릴 특별한 이유가 없다. "green"은 vert 보다 색깔의 본질을 더 잘 반영하지 않는다. 우리가 단어를 설명할 때 내는 소리는 임의적이고 그 언어를 쓰는 사람들에게 받아들여지는 관습에 의해서만 소통이 된다.

여기까지는 좋다. 그러나 언어 안에서도 단어는 뜻이 다양할 수 있다. 예를 들어 초록(green)이 색깔인가, 아니면 질투하는 사람을 묘사하는 용어인가, 과일이 익지 않았다("blackberries are red when they're green.")는 뜻인가, 골프 코스의 일부인가, "환경 친화적"인 무언가인가, 아니면 그 어떤 것도 될 수 있다. 오직 *문맥*으로만 알 수 있다. 그러므로 단어는 그것이 표현하는 대상에 직접 연결되지 않고 고정된 의미도 없다. 그렇다면 문제는 단어가 현실과 관련이 있기는 한 것인지, 아니면 그저 실제 세계와 관계 없이 다른 단어를 가리키는 것인지 여부이다. 그런 경우, 단어는 진리를 전달할 수도 없고 어떤 의미도 가질 수가 없다.

여기에 의사 소통에 있어 가장 기본적인 문제, 말하자면 늘 한 명 이상의 사람을 포함한다는 사실을 더해 보자. 당신이 무언가를 쓸 때 독자는 당신이 말하는 것이 의미하는 것을 이해하지 못할 수도 있다. 전자 통신도 그런 면에서 악명 높지만, 말하고 쓰는 모든 것이 마찬가지이다. 그렇다면 누가 문자의 의미를 "소유"하는가? 그것을 쓴 사람인가 아니면 읽는 사람인가? 우리의 정신과 문화, 가정과 이해의 필터를 통해 전달되는 단어만 가지고 작가의 의도를 알 수는 있는가? 사실, 이론가들에 의하면 작가가 의도한 뜻은 알 수 없다. 그 결과, 어떤 해석도 완전히 정확하다고 주장할 수 없고 어떤 해석도 똑같이 올바르다. (물론 이런 사상을 주장하는 작가도 무언가를 쓸 때 독자가 독자 고유의 것을 만들어 내기보다는 작가가 의도한 것을 이해해 주길 기대하는 경향이 있기는 하지만 그건 완전히 다른 문제이다.) 앞 문단에서 말한 것에서 한 걸음 더 나아가면, 본문에 의미가 있다는 생각 자체가 문제이다. 독자의 사회, 문화, 언어, 개인적 경험에서 파생된 것으로써, 독자가 글에 부여하는 의미만이 중요한 것이다.

이런 일련의 사상은 "해체주의"로 알려진 포스트모던 사상의 한 갈래로, 독자에게 편한 대로 글이 해체되고 재구성될 수 있다는 사상에서 비롯된 것이다. 이것은 꽤 추상적인 것 같지만 즉각적으로 중요한 영향을 많이 미친다. 첫 번째, 가장 확실해 보이는 것은 이것이 객관적으로 진리를 말할 가능성을 제거한다는 것이다. 모든 진리는 똑같이 진리이고 똑같이 거짓이다. 그리고 말하는 사람이 ("나는 덥다."와 같은) 주관적인 발언을 하더라도, 듣는 사람이 그 말을 발언한 사람의 의도대로 이해하거나, 듣는 사람의 맥락에서 그 말이 진실이라는 보장이 없다.

이런 사상은 평범한 언어를 단순하게 진술하는 것 이상으로 확장된다. 이 체계에서 사실상 수학, 과학 방정식, 물리 이론 등 모든 것은 글이므로 해체의 대상이 된다. 과학은 진리로 안내하는 게 아니라, 객관적인 현실에 대해 아무것도 말해 줄 수 없는, 단순히 그 문화적 언어적 체계 안에서 주관적인 또 다른 문화적 구조일 뿐이다.

예를 들자면, 질병을 이해하는 데 있어 현대 서양 내과 의사가 부두교 사제나 시베리아 무당, 그 이상도 이하도 아니라는 뜻이다. 이 중 누구도 현실을 이해하지 못한다. 중요한 문제는 그들 고유의 문화에 적합한 것은 무엇인가이다. 물론 해체주의자는 서구 문화에서 나왔기 때문에 당연히 서양 내과 의사에게 가장 편안함을 느낀다. 이들은, 현대 의학 기술이 현실에 더 부합하기 때문에 다른 문화의 보건 제도보다 더 효과가 있다는 불편한 지적 신조는 거부하면서 이런 식으로 서양 의학이 주는 모든 장점을 누린다. 정의상, 의학 이론은 현실과 무관하기 때문에 이는 거짓임에 틀림없다. 해체주의자에게 서양 의학의 이점은 아주 편리하다. 물론 실제로는 교실 밖에서 아무도 이런 종류의 주장을 할 수 없지만, 만일 개발 도상국에서 질병과 싸우는데 있어 해체주의가 옳다면 그 피할 수 없는 논리에 따른 결과는 치명적이다.

이처럼 해체주의자에게 객관적인 진리는 소통할 수 없고 알 수도 없는 것이다. 여기서부터 진리가 존재하지 않는다는 믿음까지는 종이 한 장 차이이다. 결국 어떤 문화도 다른 문화보다 어떤 의미에서도 우월하다고 주장할 수 없다고 하는 급진적 문화 상대성만 남는다. 이런 조건에서는 선과 악, 옳고 그름에 대한 생각은 문화적으로 상대적일 수밖에 없다. 다른 문화를 자기 기준에 따라 판단하려고 하는 것은 문화 제국주의이다. 이상한 점은 문화 제국주의가 "나쁘다"고 할 만한 어떤 기준이 없음에도 불구하고 나쁘다는 것이다.

다시 한번 이 체계에서는 모든 것이 동등하게 옳기 때문에 폴 포트, 마오쩌둥, 스탈린, 히틀러, 무솔리니, 인종 차별이나 성차별주의, 노예제, 자신의 문화적 틀 안에서 운영되는 어떤 개인이나 기관을 비판하는 것도 불가능하다. 자신의 이익을 위해 다른 사람을 해치는 것도 틀렸다고 할 수 없다. 그것은 다른 사람에게 자신의 관점을 강요하는 것이기 때문이다. 심지어 틀렸다고 할 수 있는 일이 없다. 이렇게 우리는 자연주의적 세계관이 주는 의미의 부재로부터가 아니라, 아무것도 알 수 없고 옳고 그르다 판단할 수 없다는 지점으로부터 허무주의에 다다르게 되었다.

포스트모더니즘

대부분의 사람들은 해체주의에서 어떤 사상을 부분적으로 받아들이더라도 이런 식의 생각을 아주 불편하게 느낀다. 그래서 인식론적이고 도덕적인 허무주의를 피하려고 한다. 실존주의가 본질적으로 허무주의의 아류인 것과 마찬가지로, 가장 인기 있는 포스트모더니즘은 해체주의의 아류이다. 객관적인 진리의 거부, 문화적, 도덕적 상대성에 대한 주장 등 포스트모더니즘은 그 사상의 모든 결과나 그것을 뒷받침하는 언어 이론을 전부 따르지는 않으면서 해체주의의 많은 전제를 받아들인다.

전형적인 포스트모더니즘 사상가는 절대 진리에 대한 사상을 거부하고 진리가 상대적이고 개인적이라는 생각을 지지한다. 즉 한 사람에게 진리인 것이 다른 사람에게도 진리인 것은 아니다. 현실적으로 이런 믿음은 도덕의 영역으로만 제한된다. 예를 들어 중력이 작동한다는 데는 모두 동의하지만 시험에서 부정 행위를 하거나 여자 친구를 배신하는 것이 괜찮은지에 관해서 모두가 동의하지는 않는다.

- **포스트모던적 가치**

포스트모더니즘에서 유일한 인식론적, 도덕적 원칙은 개인의 자유, 자율성, 주권이다. 당신에게 무엇이 진리이고 거짓이며, 무엇이 옳고 그른지는 당신만이 결정한다. 유일한 한계는 그 누구도 다른 사람의 자유를 침해하는 어떤 일도 할 수 없다는 것이다. 그래서 예를 들면 일반적인 포스트모던적 도덕 기준은 *다른 사람에게 피해를 주지 않는 한* 우리는 무엇이든 원하는 것을 할 자유가 있다는 것이다. 그것은 다른 이들이 자유롭게 선택하지 않는 그 어떤 것도 강제할 수 없다는 뜻이다.

급진적 자유와 자율성의 사상은 관용이라는 위대한 포스트모던적 가치로 직접 이어진다. 다른 사람의 자유를 제한하거나, 권리를 침해하는 그 어떤 일도 할 수 없을 뿐 아니라 자신의 자유로 무엇을 하든 잘못되었다고 말할 수 없다. 그렇게 하는 것은 (포스트모던적 사고에서는 모두 본질적으로 같은 의미인) 편협하고 비판적이고 편견이 있는 용서받을 수 없는 죄를 범하는 것이다.

이는 관용에 대한 생각이 심각하게 변화된 결과이다. 과거, 관용은 사람에게 적용되었던 단어이다. 당신은 어떤 사람은 받아들이면서도 그 사람의 사상에 강하게 반대할 수 있었다. 그러나 이제 관용은 사상과 도덕적 결정 모두에 적용된다. 따라서 더 이상 비판의 대상이 될 수 없을 뿐 아니라 반드시 긍정적으로 받아들이고 칭찬해야만 한다.

언어의 정치화

적어도 이론상으로는 그렇다. 많은 포스트모던주의자는 결국 이런 기본 사상을 가지고 대체적이거나 확장된 형태의 절대 도덕을 만들어 냈다. 가장 초기에 많이 보급된 것은 페미니스트 운동에서 나타났다. 페미니스트 이론에서 모든 것은 궁극적으로 정치, 곧 권력의 행사에 관한 것이다. 가부장제에서 권력은 경쟁력이다. 그것이 승자와 패자, 위계질서, 서열을 정리한다. 그로 인해 가부장제 사회는 폭력, 전쟁, 오염, 그들이 만들어 낸 권력의 유형으로 인한 다른 병폐에 취약하다. 언어도 이중 일부이다. 언어는 언어 공동체의 맥락 안에서만 의미가 있다. 따라서 남성은 사회적 통제, 특히 다른 인종, 낮은 계층, 여성에게 권력을 행사하는데 언어를 사용한다. 그리고 널리 받아들여진 사피어- 워프 가설에 따르면, 생각이 언어를 형성하는 것이 아니라 "언어가 생각을 형성한다"고 정의한다. 따라서 언어의 통제는 생각의 통제, 곧 문화의 통제를

뜻한다.[1]

반대로 모계 사회는 경쟁적인 대신 협력적으로 보이며 전쟁이나 억압도 없고, 대지를 오염시키지 않으며 본질적으로 평등주의적이다. 이런 유형의 평등주의 사회에서는 억압적인 가부장제처럼 개인의 급진적 자유가 제한되지 않기 때문에 포스트모던적 세계관에 훨씬 더 적합하다. 그래서 포스트모더니즘과 이런 종류의 페미니즘은 자연스럽게 동맹이 된다. (모권적 비전이 보이는 반경쟁적 경향은 많은 페미니스트가 반자본주의적인 이유 또한 설명해 준다. 자유 시장은 자연적으로 경쟁적이고 본질적으로 가부장적이다.)

식민지 이후의 담론, 페미니스트 이론, 혹은 다른 어떤 용어로 묘사되든지 이 세계관은 사회에 중요한 영향을 끼친다. 첫째, 억압, 증오 범죄 등은 (백인과 남성 같은) 권력 계층만 저지를 수 있다. 그러므로 권력 계층의 구성원은 그런 범죄의 희생자가 될 수 없다. 그 결과, 흑인에 대한 백인의 폭력은 증오 범죄로 다루지만 백인에 대한 흑인의 폭력은 (인종이 요인이라는 증거가 있더라도) 그렇지 않다. 둘째, 권력자의 희생자로 보이는 사람들은 그럴 만한 자격이 없더라도 그 문제에 대해 말할 수 있는 도덕적 권한이 부여된다. 억압의 희생자로서 그들의 직접적인 개인적 경험은 특별히 그들을 학대한 체계에 대해 말할 때 그들의 말에 무게를 실어 주기 때문이다. 그 결과 사람들이 그들의 도덕적 권위와 위상을 높이기 위해 희생자 계급을 만드는 사상을 광고하는 상황이 만들어진다.

---

1. Deborah Tannen, *That's Not What I Meant!* (New York: Random House, 1992). p194.

그러나 이런 당면한 문제를 넘어 이 세계관은 언어의 통제를 통해 사회의 통제권을 차지하는 특별한 의제를 만들어 낸다. 1980년대와 1990년대 대학 캠퍼스에서 혐오 발언을 없애고 "비적대적" 환경을 만들기 위한 명목으로 할 수 있는 말을 제한하는 언어 규범(speech code)이 도입되었다. 의도는 좋았지만, 언어 규범은 너무나 광범위해서 만일 청자가 희생자 계층에 속해 있다면 그가 모욕적으로 느끼는 모든 것이 언어 규범 위반으로 간주될 수 있었다.

미시간 대학교에서는 한 학생이 "소수 민족이 [특정 과목]에서 어려움을 겪었고…공정하게 대우받지 못했다고 들었다."고 말했다는 이유로 기소되었다.[2] 그러나 백인 남성은 제도적 권력에 근접해 있어서 모욕감을 느끼거나 차별을 받는 것 자체가 불가능하다. 나는 어떤 말을 들어도 괜찮다는 말을 위스콘신 대학교의 다양성 훈련 워크숍에서 직접 들었다. 이런 언어 규범은 언론의 자유를 침해하는 것으로 법정에서 비난받았지만, 언론의 통제를 통해 사고를 통제하려는 시도는 계속되고 있다.

포스트모던적 주요 가치인 관용에 대한 새로운 정의에는, 우리와 우리의 결정, 그리고 우리의 삶의 방식에 대해서 남들이 하는 말에 간섭을 받지 않을 권리가 따라온다. 피해자 계층에 대해 누군가와 다른 견해를 표현하는 것은 적대적인 환경을 만드는 것이다. 따라서 이 권리는 결국 언론의 자유를 능가한다. 예를 들어, 캘리포니아 오클랜드 시의 직원이었던 레지나 러더퍼드와 로빈 크리스티는 정치적이거나 성적 내용 등을 올리는 직원 게시판에 "전통 가족과 결혼, 가족의 가치"를 홍보하는

---

2. First Amendment Center, "Hate Speech and Campus Speech Codes: Overview," http://www.firstamendmentcenter.org/speech/pubcollege/topic.aspx?topic=campus_speech_codes.

비공식 모임을 광고하려고 했다.³ 동성애에 대한 언급이 없었지만 감독관이 동성애자에게 적대적 환경을 만든다고 판단한 결과, 그 게시물은 제거되었다. 그 직원은 언론의 자유에 의거하여 소송을 제기했지만 패소했다. 즉 오클랜드의 공공 사업장에서 동성 결혼에 대해 옹호하는 것은 완전히 허용되지만 전통적인 결혼을 옹호하는 것은 기분이 상하지 않을 권리가 있는 다른 사람을 불쾌하게 할 수 있기 때문에 그렇지 않다.

물론 역설적으로 개인의 자율성과 자유를 보존한다는 명목으로 언론의 자유는 허용된 메시지에만 제한적으로 적용된다. 이처럼 정치화된 포스트모더니즘에서 개인의 자율성과 자유라는 근본적 가치는 사실 더 큰 정치적, 문화적 의제에 따른 가치와 윤리에 밀려난다.

포스트모더니즘과 성 혁명

이러한 예는 포스트모더니즘의 또 다른 결과로 이어진다. 진리는 개인적이므로 (실제로는 여전히 성적 지향과 자아상을 뜻하는) 우리의 정체성은 오직 우리 자신만이 결정한다. 그러므로 생물학이 사회적 성별을 결정하는 것이 아니라 우리의 선택이 결정한다. 만일 누군가 생물학적으로 남성이지만 자신이 여성이라고 느낀다면 그 남성은 여성이 된다. 그 남성은 자신을 여성으로 다시 정의할 수 있다. 이와는 다른 의견을 제안한다면 가부장적인 권력 계층의 주장을 통해 개인의 자유와 자

---

3. Art Moore, "City Ties 'Family Values' to 'Homophobia'", WorldNetDaily, July 31, 2003, http://www.worldnetdaily.comnews/article.asp?ARTICLE_ID=33845. (2009년 1월 26일 방문)

율성을 침해하는 것이다. 이는 곧 스스로의 존재를 정의할 수 있는 개인의 자유를 짓밟는 것이다.

성적 지향 또한 절대적 권리이지만 이상하게도 이에 대한 미사여구는 선택적인 게 아니고 생물학적 결정론이다. 동성애자는 이성애자나 양성애자나 마찬가지로 그렇게 태어나서 변할 수가 없는 것이다. 당신의 성적 취향은 생물학적이지만 당신의 사회적 성별은 그렇지 않다.

이 지점에서 지그문트 프로이트의 사상은 완전한 결실을 맺는다. 프로이트는 인간 불행의 근본적 원인이 성욕에 대한 사회의 억압에 있다고 주장했다. 만일 성에 대한 완전하고 자유로운 표현을 허락한다면 인간의 심리적 문제는 사라지고 완전하고 만족스러운 삶을 살게 될 것이다. 외부적이든 사회의 가치와 도덕성을 내면화한데서 비롯되었든 성욕에 대한 어떠한 제약도 잘못된 것이다. 이것은 포스트모던 윤리에서 개인의 자유와 자율성을 강조하는 것과 잘 맞아 떨어진다.

성 혁명 이후 우리 사회는 지속적으로 프로이트가 주장한 대로 나아가고 있다. 그 영향으로 지금 우리는 성에 완전히 잠식된 문화 속에 살고 있고 허용 가능한 행동으로 여겨지는 것에 대한 제한이 점점 더 적어진다. (캐주얼 섹스와 원 나잇 스탠드를 뜻하는) "훅업"은 많은 대학 캠퍼스에서 생활 방식의 일부로 자리 잡았고 어떤 기숙사는 심지어 방을 제공한다. 포르노는 만연한 나머지 BDSM 웹사이트(성적 취향을 구분하는 포르노 사이트)가 샌프란시스코의 주요 역사적 랜드마크인 아모리(무기고)를 구매해서 스튜디오로 전환할 만큼 충분한 돈을 번다.[4] 텔레

---

4. BDSM은 구속과 훈육(bondage and discipline), 지배와 복종(domination and submission), 가학과 피학(sadism and masochism)에서 유래한 약어이다.

비전은 밤낮으로 성적인 내용으로 가득하다. 선정적인 광고판과 광고는 많은 곳에서 피할 수 없고 일부는 십 대와 이십 대를 직접적으로 겨냥하고 있다.

아이들의 옷 스타일부터 빠른 경우 유치원 아이들 "나이에 적절한" 성교육까지 성애화도 빠르게 진행 중이다. 마가렛 생어의 동료이자 정신과, 산부인과 의사인 레나 레빈은 다음과 같이 표현했다.

> [우리의 목표는] 젊은이들이 결혼 전에 성적 만족을 얻을 수 있도록 돕는 일에 교육자와 부모로서 준비되는 것이다. 결혼 전 성관계를 허락함으로써 두려움과 죄책감을 방지하며… 어린 소년, 소녀들에게 가능한 최고의 피임 수단을 제공해서 그들이 임신의 위험 없이 성적 만족을 얻도록 필요한 수단을 제공할 준비가 되어 있어야 한다.[5]

이런 교육 과정은 일반적으로 부모의 반대에도 불구하고 동성애적 생활 양식을 일반화하는 자료까지 포함한다. 미국 제9 항소 법원의 스티븐 라인하르트는 2005년 캘리포니아 공립 학교에서 성적 주제가 노출된 사건에 관해 "자녀에게 성적인 문제에 대한 정보를 독점적으로 제공한다는 부모의 기본권은 없다"고 판시했다. 그는 심지어 "그런 구체적인 권리는 국가의 역사와 뿌리 깊은 전통이나 질서 있는 자유의 개념에서 있을 수 없다."[6]고 했다. 2007년 메릴랜드 교육 위원회는 이에 동의

---

5. Lena Levine, "Psychosexual Development," Planned Parenthood News (Summer 1953), 10. Samuel Blumen-feld, "Sex Ed and the Destruction of American Morality,: WorldNetDaily, January 18, 2003, http://www.worldnetdaily.com/index.php?page-ID=16801에서 인용(2009년 1월 26일 방문)

6. Hillary White, "Activist Judge Rules Palmdale Parents Have No Say in Sex Ed in

했다. 동성애를 정당화하는 내용을 교육 과정에 삽입하려는 지역 교육 위원회의 노력을 지지하는 성명서는 "물론 자녀의 양육을 통제하는 것이 부모의 기본권이지만 … 그 권리는 절대적이지 않다. 이것은 시민을 교육하는 국가의 의무에 밀린다."고 선언했다.[7] 다시 말해서 가족보다 국가가 아이들에게 가르칠 가치를 결정한다는 것이다.

- **성 혁명의 결과**

성교육과 성행위가 크게 증가하는 그런 상황에서 결과는 무엇이겠는가? 불행히도 성적인 자유가 행복을 만들어 낸다는 프로이트의 사상은 틀린 것 같다. 성 혁명에도 불구하고 사람들은 행복해지거나 더 잘 적응하지 않았다. 대신 성을 통한 만족의 추구는 젊은 여성에게 성병과 우울증의 대유행, 십 대 임신, 혼외 출산, 그로 인한 (미국에서 빈곤에 관한 가장 큰 예측 변수인) 한 부모 가정의 급증으로 이어졌다.

이 모든 것에도 불구하고 서구 문화권에서 출산율은 전체적으로 떨어지고 있다. 어떤 유럽의 주요 국가도 유럽 민족이 태어나는 숫자는 인구 대체율을 충족하지 못하고 있다. 일본도 마찬가지이고 미국은 겨우 따라가는 정도이다. 경제도 한 요인이지만 출산에 반대하는 정서와 과도하게 성애화된 사회가 결합된 것은 미래를 위해서는 좋지 않은 신호이다. 게다가 결혼의 개념이 변화된 것도 48%의 이혼율로 이어졌다.[8] 이

Schools," LifeSiteNews, November 3, 2005, http://www.lifesitenews.com/ldn/2005/nov/05110305.html. (2009년 1월 26일 방문)

7. Education Reporter, "Controversial Maryland Sex Ed Curriculum Is Adopted," September 2007, http://www.eagleforum.org/educate/2007/sept07/sex-ed.html. (2009년 1월 26일 방문)

8. The National Center for Health Statistics (http://www.cdc.gov/nchs/data/nvsr/nvsr52/nvsr52_22.pdfBirths, Marriages, Divorces and Deaths: Provisional Data for

는 미국 커플의 행복에 도움이 되지 않을뿐더러, 거의 논의되지는 않지만 아이들에게 끼치는 영향은 말할 것도 없다. (미시건 대학의 연구에 따르면 심지어 환경에도 부정적인 영향을 미친다.[9])

가족 구조

높은 이혼율은 성적으로 새로운 환경에서 전통적인 가족 구조가 재정의되거나 사라지고 있음을 드러낸다. 역사를 통틀어 예외 없이 모든 사회에서, 결혼은 어떤 형태로나 성생활을 규제하는 수단이자 특별한 것으로서 자녀들이 세상에 태어나서 안정적인 환경에서 자랄 수 있도록 해 주었다. 동성 결혼이란 개념은 따라서 결혼의 목적을 위반하는 부적절한 것이다. 어떤 사회에서는 일시적으로 동성 관계에 대한 조항이 있었고 보통 성인과 청소년 사이의 관계였지만 이런 관계에 대해 영구적이거나 결혼의 지위가 허락된 적은 없었다.

오늘날 우리는 피임과 체외 수정으로 성행위를 출산에서 분리시켰다. 혼외 출산으로 결혼에서 성행위와 출산이 분리되었고, 높은 이혼율은 결혼에서 안정성을 제거했다. 전통적인 결혼의 개념은 점점 사회와 무관해지는 것처럼 보인다. 결혼이 자유와 자율성만 중요시하는, 전적으로 개인적인 만족과 동반자 관계를 위해 만들어진 것이라는 신념만 남았다. 내가 원하는 대로 입맛에 맞게 결혼을 재구성하지 못할 이유가 무엇이냐는 말이다.

2005, Table A reports 7.5 marriages per 1,000 people in the U.S, and 3.6 divorces per 1,000 people, http://www.cdc.gov/nchs/fastats/divorce.htm. (2009년 1월 26일 접속)

9. National Science Foundation, "Broken Homes Damage the Environment," December 4, 2007, http://www.nsf.gov/news/news_summ.jsp?cntn_id=110798 (2009년 1월 26일 접속)

그것이 바로 일부다처, 일처다부, 다자성애 뿐 아니라 동성 결혼이 주장하는 것이다. 이 모든 경우 같은 논리가 적용된다. 잭 니콜스가 "*게이 어젠다*"에서 "이제는 전통적 가족 집단의 향수를 거부하고 이들이 한 때 가져다주었던 만족감을 실현할 새로운 방법을 모색할 때가 되었다. 과거의 의식과 전혀 닮지 않았지만 개인에게 훨씬 더 큰 행복의 문을 열어 줄 신선한 새로운 종류의 관계를 [우리가 창조해야만 한다.]"[10]

이 말은 전통 결혼 제도를 본질적으로 여성 억압적인 가부장 사회의 산물이라 보는 일부 급진 페미니스트 사상가를 떠올리게 한다. 결혼이 없는 사회에서만 여성이 진짜 자유로울 수 있다. 페미니스트 지도자인 쉴라 크로난에 따르면 "결혼은 여성을 노예로 만드는 구조이므로, 여성 운동은 이를 공격하는데 집중해야 한다. 여성의 자유는 결혼을 폐지하지 않고는 쟁취할 수 없다."[11]

세상과 사회에 대한 현대적 개념은 해체주의와 포스트모더니즘을 통해서 서구 문명의 내부로부터 공격받고 있다. 그러나 어떤 사람에게는 현대성에 의해 제기된 문제들은 서구의 패러다임에서 완전히 벗어나서 새로운 영성으로 가야지만 가장 잘 해결될 수 있다. 포스트모더니즘과 함께 이것은 새로운 세계관의 두 번째 주요 흐름이다.

---

10. Jack Nichols, *The Gay Agenda: Talking Back to the Fundamentalists* (New York: Prometheus, 1996), 112.
11. Sheila Cronan, "Marriage," in Notes from the Third Year, Anne Koedt, Ellen Levine, and Anita Rapone, eds. (New York: Quadrangle, 1971), 65.

새로운 영성: 동양 종교, 심리 요법, 이교

모더니즘에서 벗어나고자 하는 이들에게 신비주의의 매력은 단순히 사상에 근거한다. 유물론은 논리적으로 허무주의로 이어진다. 따라서 그 해결책은 유물론을 거부하는 것이다. 사실은 정확히 그 반대로 가서 물리학자가 주장하는 물질과 에너지가 주된 현실이 아니라, 우리가 그 일부인 우주적 에너지가 존재하고 우리가 명상이나 다른 종류의 심리 요법을 통해 거기에 서로 연결될 수 있다고 주장하지 않을 이유가 무엇인가?

• **모든 것은 하나**

이런 접근 방식에 주로 영감을 준 것은 동양 사상이다. 비트족의 젠(禪)이든, 비틀즈의 인도 종교이든 전인 의학 집단인 태극(Taiji), 기공(Qigong), 영기(Reiki), 요가이든 말이다. 동양 사상은 우주의 근본적 실체가 비물리적이며 물리적 세계와 사물 사이의 구분은 환영이고 모든 것이 하나이며 모두 신이라고 하는 형이상학적 체계에 기초하고 있다. 서양의 용어로 말하자면, 현실의 기반은 우주의 모든 것을 관통하는 일종의 신비한 에너지이고, 때로 기공이나 요가와 같은 동양의 대체 의학의 일부로 중국의 *기*나 힌두의 *프라나*의 개념과 동일시된다.

삶에서 우리가 직면하는 문제는 우리가 서로 다른 존재라는 환영만을 보는 데서 오는 것이고 실체는 우리가 모두 하나라는 것이다. 그것은 우리에게 현실이 아닌 환영에 대해 말해 주며, 이것은 바로 놀라운 기술적 성취에도 불구하고 동양에서 과학이 발달하지 않은 이유이다. 가장 훌륭한 사람은 세상을 연구하는 것보다는 명상으로 직접적이고 개인적 경험을 통해 환영 너머의 궁극적 현실을 인식하는데 전념했다. 명상을 통해, 젠(선)처럼 고요함 중에 또는 무술이나 요가와 같은 동작을 하면서, 우리는 이성적 마음, 감각의 인식과 논리에서 벗어나 우리를 둘러싼 환영을 뛰어넘을 수 있다.

그렇게 함으로써 우리는 깨달음이나 열반에 도달하는 것이라 알려진 우주와의 일체를 경험하고 물리적 세상을 초월할 수 있게 된다. 그렇지 못할 경우 우리의 행동으로 얻은 긍정적이거나 부정적 에너지의 균형인 업보(karma)에 따라 윤회의 순환에 갇히게 된다. 만일 우리가 본질적으로 도덕적이고 영적인 법칙인 진리(*dharma*)를 따라 산다면 우리는 다음 생에서 긍정적인 균형과 높은 지위를 얻을 수 있고 깨달음을 얻을 기회도 커진다. 그렇지 않은 경우, 우리는 존재의 위계에서 더 낮은 계층으로 윤회하게 되어 깨달음을 얻는 길은 더 멀어진다.

동양의 종교들은 과거 이천 년 동안 그랬듯, 서양의 사상과 완전히 다른 온전한 세계관을 가지고 있다. 서양의 세계관과 얼마나 다른지 고려할 때 전체 사상 체계가 직접적으로 제시되는 경우는 드물다. 대신 어떤 형태의 경험을 통해 소개되고, 종종 명상, 무술, 대체 의학에 기초한다. 일단 경험이 생기면 그 경험을 이해하는 방법으로 그 세계관의 요소들이 소개된다. 주로 기, 프라나, 샤크라 등 특정 개념만 소개되고 전체 체계는 바로 소개되지 않지만, 나중에 그 세계관의 다른 부분을 향한 문을 열어 두게 만든다.

- **뉴에이지 운동**

 또 다른 일반적 접근법은 (그것을 주장하는 사람들을 포함하는) 소수의 사람들만 실제로 이해하는 주제인 양자 물리학에 호소하는 방식으로 동양의 신비 사상을 방어한다. 아직도 우리 문화는 과학에 대한 신뢰가 크기 때문에 최첨단 물리학을 사용하여 고대의 지혜를 확인하고 재발견하는 것은 일원론(모든 것이 하나라는 사상)을 멋져 보이게 하는데 꽤나 유용하다. 진화론 또한 우리가 모두 상호 연결되어 있고 원시 수프의 동일한 초기 생명체의 후손으로서 높고 더 영적인 형태의 인류로 진화하여 새로운 시대(New Age)를 여는 과정에 있다는 사상을 지지하는데 사용될 수 있다.

 이런 과학과 신비주의의 혼합은 뉴에이지 운동의 전형이고, (신비주의적 사상과 활동에 대한 관심을 뜻하는 것처럼 보이는 대중적이지만 모호한) "영성"을 위한 절충적 접근 방식 또한 특징이다. 뉴에이지 사상은 의식을 확장하고 만물의 근본적인 상호 연관성에 대한 인식을 높이는, 때로 "심리 요법"이라 불리기도 하는 다양한 것들을 중심으로 한다.

 이런 것들은 주로 개인적인 갈증으로 여겨진다. 비록 당신이 따르는 대가가 있을지 모르지만 대개 같은 목적을 향하는, 취할 수 있는 여러 길들이 있다. 사실 모든 길, 모든 종교는 근본적으로 제대로 이해한다면 같은 사상과 같은 목적이 있기에, 당신은 어떤 길이든 효과적인 쪽을 자유롭게 따를 수 있다.

 뉴에이지 철학은 옳고 그름은 없고 오직 개인의 자유와 자율성만 있다고 결론 짓는 포스트모던 사고의 또다른 예를 제공한다. 중요한 것은 어떻게 얻든지 오직 깨달음으로 가는 과정의 경험이다. 그 경험은 (당신의 전문가가 해석한 대로) 권위적이며 대안적 설명을 위한 논의의 여지는 없다. 다시 말해서 *오직 당신만* 자신의 경험이 의미하는 것(혹은 진리)를 결정할 권리가 있다.

- **신이교주의**

뉴에이지 운동이 취하는 다방면에 걸친 접근 방식은 동양의 사상과 관행이 새로운 영성을 찾고자 하는 사람들의 많은 선택지 중 하나일 뿐이라는 의미이다. 아메리카 원주민의 종교, 영성, 샤머니즘, UFO, 다른 자료 등도 이 운동에 기여했다.

특별히 중요한 한 분야는 신이교주의, 즉 켈트족, 게르만 족, 발트족, (특히) 슬라브족 전통에서 인신 제사가 빠지고, 다양한 원천에서 나온 보다 다방면에 걸쳐 고대 이교가 업데이트되어 부활한 것이다. 신이교주의 운동에는 좀더 전통적인 민족적 이교와 절충적 이교 사이에 긴장이 있다. 민족적 이교는 절충적 이교가 진정한 전통에 기반한 게 아니라 꾸며낸 영성을 따른다고 보고, 절충적 이교도는 민족적 이교를 좋게 보면 민족 중심적이고 최악의 경우에는 인종차별주의자로 평가한다.

신이교주의의 가장 큰 분파는 마법 숭배와 그 변형이다. 몇몇 (마녀라고도 불리는) 마법 숭배자는 자신이 석기 시대로 거슬러 올라가는 인류 최초의 종교라고 주장하거나, 15~17세기 마녀 사냥 시기에 박해를 받은 마녀 숭배의 후손이라고 주장하지만, 사실 그 뿌리는 훨씬 최근이다. 마법 숭배는 1950년대 에드워드 가드너에 의해 시작되었다. 그는 마법의 초기 구전에서 마법 숭배의 기본 원칙을 배웠다고 주장했다. 그렇지만 가드너의 작업은 주로 후기 빅토리아 시대의 (아마도 유명한 영국의 주술사 알리스터 크롤리에게서 가져온 요소 등) 오컬트 관행과 1950년대에 유행했던 고대 모계 사회의 이교, 불교, 힌두교의 영향을 다 합친 것이었다. 그는 일부 1920년대로 거슬러 올라가는 이교 집단의 영감을 받은 듯 보인다. 그러나 그보다 오래된 어떤 종교 집단이나 마법 전통에 연관된다는 증거는 없다.

마법 숭배는 전체적 구조나, 위계, 교리 같은 것이 없는 다양한 운동이라서 그 사상을 요약하기는 어렵다. 많은 면에서 거의 완벽히 포스트모던적 종교이다. 각 집단은 자신의 관심사에 적절하다고 생각되는 사상과 의례를 원하는 대로 결정하고 따른다. 대부분의 마법 숭배자는 전형적으로 최고의 신으로 보이는 여신을 숭배한다. 페미니스트 버전에서는 여신이 유일신이지만 일부 주술사는 때로 여신과 동등하거나 종속적인 신을 그 아들이나 배우자로 추가한다.

그런 신들은 때로 비인간적이고 때로 인간적이며 (자연 세계와 관련해서는) 편재하기도 하고 (자연과 무관하게) 초월적일 때도 있다. 때로 그 종교는 자연 세계에 영이 있다는 사상인 정령 신앙(애니미즘)과 관련된다. 종종 자연 세계를 숭배하기도 한다. 의식은 비밀스럽고 고대 신비주의 종교에서처럼 입회자만 접근이 가능하며 대개 마법을 실행하고 신들린 대사제를 포함하는 경우가 많다. 이렇게 이 종교는 신과의 합일과 관계를 강조하고 동양 종교의 명상으로 의식의 의례를 치른다.

궁극적으로 이 새로운 형태의 영성은 전부, 모든 것들이 연결되어 있다는 사상에 집중하는 공통적인 세계관에서 변형된 것이다. 미묘한 에너지에 의해서이든 주변의 것들과 다른 실체라는 환영에 가려진 근본적 합일에 의해서이든 말이다. 이런 관점은 고대 플라톤의 존재의 위계와 그 세부 내용이 정확하게 같지는 않지만 모든 것들이 비슷하게 같은 것이라는, 예를 들면 동물과 사람 사이에 연속성이 있다는 다윈의 진화에 의해 강화된, 그런 사상을 강조한다. 존재의 위계가 사람들을 자연 세계에 대한 경험적 연구로부터 멀어지게 한 것처럼, 새로운 영성의 신봉자들은 내면 세계를 탐구하고, 의식을 발달시켜서 영적인 힘의 원천에 연결되고 마법이나 의식, 기를 발달시킴으로써 개인적 힘을 얻는데 관심이 훨씬 많다.

친환경 영성

궁극적으로 포스트모던적 사고와 정치 경향에 대해, 새로운 영성의 요소, 특히 페미니즘과 생태학적 관심이 통합되어, 서구 문명을 종합적으로 비판하게 된다.

이것이 명백하게 드러나는 부분은 더 급진적인 버전의 페미니즘에 새로운 영성의 사상이 결합된 여러 형태의 여신 영성이다. 근본적인 사상은 과거 고대 여신 숭배는 인류의 종교였고 평등한 모계 사회에서 사람들이 평화와 조화 속에 살았다는 것이다. (이는 원래 모권제(matriarchal)로 묘사되었으나 이 용어가 암시하고 있는 여성이 남성보다 우월하다는 의미는, 가부장제에서만 쓰이는 계층 체계를 묘사하는 것이다. 그리하여 선사 시대 국가에 대한 설명은 평등하나 모계적인 것으로 즉, 가족의 혈통을 여성을 통해 추적하는 것에 기초하여 다시 쓰였다.)

가부장제 사회가 생겨나자 사람들이 그 평화로운 모계 사회를 전복하기 위해 자연스레 폭력을 사용했고, 여신 숭배를 억압하였으며, 인류의 오랜 전쟁과 억압의 역사가 시작되었다. 여신 숭배와 평등주의를 회복해야만 가부장제, 경쟁과 억압이라는 악이 제거되고 평화와 조화가 세상에 돌아온다.

한 걸음 더 나아가 에코 페미니즘은 가부장적 문화의 지배 계급이 (자본주의와 함께) 여성, 지구, 제3세계(대부분이 적도 남쪽에 위치하는 개발 도상국)에 대한 삼중 지배 체제로 이어진다고 주장한다.[12] 에코 페미니스트는 때로 여성과 지구 사이에 신비한 연결을 보는데 이는, 여신과 동일시되는 "대자연"이라는 여신이 편재하는 한 형태이다. 그러므로 한 명에 대한 억압은 직접적으로 다른 이에 대한 억압이 된다.

에코 페미니즘은 대개 종 차별주의(speciesism; 인간이 동물에 우월하다는 생각)를 가부장제의 학대성의 일부로 본다. 동물이 인간과 다르지 않다고 주장하며 이를 경제적 자원으로 여기면 안 된다고 주장한다. 어떤 이들은 다른 종은 인류와 같은 권리를 갖고 있다고 주장하기까지 한다. PETA의 잉그리드 뉴커크는 "인간이 특별한 권리를 가지고 있다고 하는 데에는 어떠한 합리적 근거도 없다. 쥐는 돼지이고 개이고 소년이다. 모두 포유류이다."[13]라고 하였다. 이 주장의 세속적인 형태는 진화에 기초한다. 이것의 영적인 형태는 모든 것이 하나라는 생각에 이를 적용한 것이다. 쥐, 돼지, 개, 소년 사이에 어떤 근본적인 차이도 없다.

---

12. Maria Mies and Vandana Shiva, *Ecofeminism* (Atlantic Highlands, N.J.: Zed, 1993), 1-21.
13. Katie McCabe, "Who Will Live, Who Will Die?" Washingtonian 21 (August 1986); p115 인용.

사실 환생의 체계에서 그 관계는 더욱 직접적이다. 동물을 죽일 때 당신의 조상 한 분까지 죽이고 있는지도 모른다.

- **가이아 가설**

지구(혹은 가이아)가 균형을 위해 순환 고리가 내장된 복합 유기체라고 하는 가이아 가설도 고려해 보자. 만일 인간의 행위로 한 방향으로 너무 멀리 가면 전체 시스템은 과부하가 걸려 재앙적 결과가 따를 수 있다. 다시 말해, 가설에 의하면 지구를 비교적 안정적으로 유지하는 순환 고리의 균형이 깨진 시스템 때문에 안정성보다는 불균형을 생성하는 도구로 변하여 생태학적 재앙이 된다. 이것은 세상에서 순환 기제가 작동하는 방식과 정반대이다. 에코 페미니즘과 마찬가지로 생태학 공동체에서 더 흔한 가이아 가설의 세속적 버전이 있지만, 가이아("지구"나 "땅"을 뜻하는 그리스어 gé)는 때로 지구의 여신과 관련된다.

- **종교가 된 지구 온난화**

이 가설은 인류가 초래한 지구 온난화에 대한 불안 때문에 분명히 주류가 되었다. 이 주제에 대한 과학적 주장의 이익이 무엇이든지, 지구가 곧 기후의 전환점에 도달하거나 도달했다는 사상은 가이아 가설에 근거한 것으로 이제 서구 전역의 정치, 경제, 문화적 결정에 있어 주요 요인이 되었다.

의미나 가치에 대한 문화적 합의가 없기 때문에 지구 온난화가 일부 정치와 환경 지도자 모두가 수용해야 할 대의로 제시된다는 사실을 깨닫는 것이 중요하다. 환경을 해치는 것이 세상의 진정한 악이고 이산화탄소의 배출을 줄이는 것이 보편적인 도덕적 의무로 묘사된다. 옹호자들도 때로 인정하는 것은 지구 온난화의 원인이 인간이라는데 의심의 여지가 없기 때문은 아니다.[14] 예를 들어 전 (콜로라도 민주당) 상원 의원 티모시 워스는 "우리는 지구 온난화 문제를 이용해야 한다. 지구 온난화 이론이 틀리더라도 우리는 경제 정책과 환경 정책 측면에서 옳은 일을 하는 것"이라 말했다.[15] 환경학자 스티븐 슈나이더가 주장한 것처럼 "우리는 무서운 시나리오를 제시하고 단순하고 극적인 진술을 만들어야 한다. 그리고 불확실한 부분에 대해서는 적게 말해야 한다…우리 각자는 효과적인 것과 정직함 사이에서 적절한 균형을 잡아야 한다."[16]

대부분의 기후 과학자들이 물론 이렇게까지 하지는 않을 것이다. 그러나 환경 운동은 적어도 한 부분에서는 목적이 수단을 정당화한다. 진실과 정직은 포스트모던 세상에서 애초에 상대적이기에 상관이 없다. 중요한 것은 명분과 적절한 정책, 그리고 효율성이다. 목적은 정부가 경제와 기업, 자유 시장, 자본주의를 더 많이 통제하는 것이다. 왜냐하면, 에코 페미니즘이 주장하는 것에 따르면 가부장제 혹은 서구의 양도할 수 없는 권리에 뿌리를 둔 그 자들이 환경 문제의 원인이기 때문이다. 본질적으로 환경주의는 이제 포스트모던 세상에서 개인의 자유와 자율성을 넘는 하나의 도덕적 의무가 되었다.

일부는 환경주의에 새로운 영성의 요소를 들여온 것에서 끝나지 않고

---

14. 예를 들면 기후 채널의 창시자인 존 콜만은 지구 온난화가 "역사상 가장 큰 사기극"이라고 했다. (Joe D'Aleo, Weather channel founder: Global Warming 'Greatest Scam in History,' Icecap, November 11, 2007, http://icecap.us/index/php/gojoes-blog/comments_about_global_warming [2009년 1월 27일 방문] 참조)

15. Julian Lincoln Simon, *The Ultimate Resource 2* (Princeton, N.J.: Princeton Univ. Press, 1998), 573에서 인용.

16. Ibid., 574.

그것을 하나의 종교로 만들었다. 예를 들어, *대지의 여신*의 저자, 사만다 스미스가 1995년 캔자스시 지구의 날 기념 행사에 대해 쓴 다음 글을 생각해 보자.

> 웨스턴 크라운 센터 호텔에서 열린 모임에서는 북미 원주민이 신과 조부의 영, 사방의 영에게 지구를 축복하고 회의를 지도해 달라고 기도하기도 했다. 캘리포니아 상원 의원 톰 헤이든은 지구가 자신을 통해 말한다고 주장하며 지구의 날 기도를 했다. "이 지구의 날에 지구의 기도를 하고 지구의 서약을 합시다."
>
> "성경에서 '루아'는 바람과 영을 의미합니다. 그러니 우리 모두 우주와 함께 숨 쉬는 시간을 갖고 지구와 연결되어 우리가 알아야 할 것과 해야 할 것을 기억합시다. 고대의 영, 독수리의 시야, 코요테의 공예, 곰의 관리 능력, 버팔로의 지혜, 고대의 여신, 드루이드, 원주민의 영, 소로와 시팅 불(아메리카 인디언인 수족의 수장)이 우리 안에서, 존 뮤어, 레이첼 카슨, 데이비드 브라우어, 엘리스 워커 안에서 거듭 나고 거듭 난 것을 기념합시다." 그리고 나서 헤이든은 우리가 "엘 고어의 글을 공식적으로 실행하는 일에 전념할 것"을 부탁했다. 토마스 베리는 지구의 치유를 위해 기도했다.[17]

---

17. Samantha Smith, "The Pagan Howl-le-lu-ia Chorus," The Eagle Forum 15 (Winter 1995): 1.

이것은 생태학적 관심과 정령 신앙, 뉴에이지의 영성과 절충주의, 종교의 결합을 보여 주는 완벽한 예시이다.

많은 면에서 새로운 영성은 포스트모더니즘과 대응된다.

- 둘 다 현대성의 기본 전제를 거부한다.
- 둘 다 개인의 자율성과 선택의 자유에 기초한다.
- 둘 다 문화와 도덕의 상대주의와 다원주의를 중심으로 구축되었다.
- 둘 다 관용을 가장 높은 가치로 보고 어떤 도덕적 혹은 지적인 절대주의도 편견으로서 거부한다.
- 둘 다 진화를 통해서이든 모든 것이 하나라는 신념을 통해서이든 사람과 자연의 연속성을 본다.

짧게 줄이면, 포스트모던과 신 영성의 결합으로 우리는 완전히 한 바퀴를 빙 둘러 다시 고대 로마의 세계관으로 돌아왔다.

Chapter 11

궤적

서구 문명은 로마 문명과 기독교가 상호 작용한 결과물이다. 기독교의 영향이 서구 세계관에 미치는 영향력이 감소함에 따라, 우리의 사고가 로마의 사고에 더 가까워진 것은 우연이 아니다. 신념은 결과를 낳고 세계관은 필연적으로 문화를 형성하며, 가장 극단적인 결과까지도 결국 실행에 옮겨지기 마련이다. 따라서 우리 문화에서 사람들이 점점 더 로마인처럼 행동하는 것은 결코 우연이 아니다.

현대의 가치

예를 들어, 우리 현대의 가치를 생각해 보자. 어떤 개인적 자율성이든 행사하는 것을 허용하고 축하하는 포스트모더니즘에서 관용은 가장 중요한 가치이다. 용서할 수 없는 죄는, 다른 사람에게 상처를 주지 않는 어떤 활동이나 생활 양식을 선택한 것에 대해 잘못되었다고 하거나 부도덕하다거나 죄라 믿고 판단하는 것이다. 이와 관련하여 두 번째 용서할 수 없는 죄는 당신이 믿는 것이 객관적인 진리로 다른 사람에게도 구속력이 있다고 주장하는 것이다. 이러한 믿음을 가진 사람은 고대 로마에서와 마찬가지로 편견이 있고 편협하며 오만하다고 여겨진다.

로마 제국에서는 포용적이고 황제 숭배에도 참여하는 한 당신이 원하는 것은 무엇을 믿든지 괜찮았다. 로마의 감성에도 맞지 않았을 뿐더러 종교적으로 다원적인 제국의 정치적 안정을 위해 관용을 강요해야 했기에 배타적 진리의 주장은 무자비하게 억압되었다. 이 두 주장 모두, 특히 후자는 거의 4세기 전에 끝난 종교 전쟁의 경험 이후 유럽에서 오늘날까지 적용되고 있다.

로마와 마찬가지로, 최근의 경험들은 현재의 세계관에 도전하는 것이 법적 문제로 이어질 수 있음을 보여 준다. 로마는 황제에게 향을 피우는 정부 정책을 지지하지 않고 진리에 대해 배타적인 주장을 하며 도덕과 종교에 대한 로마의 개념을 비판한다고 기독교인을 박해했다. 오늘날, 특정한 방식의 생각을 효과적으로 금지하는 "증오 범죄" 법안은 캐나다에서 목사를 기소하고 동성애를 다루는 성경 구절을 읽는 것을 금지하는 데 사용된 바 있다. (영국과 유럽의 다른 곳에서도 유사한 사례가 있다). 이런 경우 개인의 자유는 더 이상 언론이나 종교의 자유로 확장되지 않는다. 정부는 발언을 못 하게 하며 위험하고 반사회적이거나 편협하다고 생각되는 종교적인 생각이나 문서를 제한하는 것이 정당하다 느낀다.

산아 제한과 인구 통계학

성생활에 관해 말하자면, 로마 시민과 마찬가지로 우리도 성관계가 포화 상태이면서도 분명히 반출산적인 성향의 사회에 살고 있다. 피임은 원치 않는 임신에서 성병(STD)에 이르기까지 모든 성적 문제에 대한 해결책으로 간주된다.

비생산적인 성적 활동이 정상화되고 가족 규모가 줄어들고 있다. 유럽에서는 모든 주요 국가에서 원 국민들은 인구 대체율보다 낮은 비율로 출산한다. 미국은 인구 대체율을 겨우 따라가는 정도이지만 미국에서 태어나고 자란 사람보다 아이를 더 많이 낳는 이민자 덕분에 유럽보다는 나은 편이다.

동시에, 사회 복지 서비스에 대한 국가 의존도가 증가하면 과세 표준이 유지되거나 증가해야 한다는 의미이다. 이는 (특히 유럽에서) 오히려 아이를 가질 형편이 못 되게 만들어 아이를 단념하게 만든다. 게다가, 서구 국가는 과세 표준을 지지하기 위해 사회 안전망을 강화시키는 것을 이민에 의존해야 한다.

서유럽에는 주로 동유럽에서 신규 노동자가 유입되지만, 중동과 북아프리카에서 더 많은 사람들이 고유의 문화, 종교, 가치를 가지고 유입된다. 그리고 그들은 더 대가족이다. 그 결과 2050년까지 유럽은 적어도 20% 혹은 그 이상이 이슬람교도가 될 것이다. 만약 튀르키예가 유럽 연합에 가입한다면 이슬람교도가 유럽 내 대다수가 될 것이다. 어느 쪽이든 무슬림 인구의 증가는 유럽 사회에 큰 변화를 가져올 것이다. 이슬람 학자 바삼 티비가 말했듯, 진짜 중요한 질문은 "이슬람이 유럽화 될 것인지 아니면 유럽이 이슬람화 될 것인가"이다.[1]

---

1. Christopher Caldwell, "Islamic Europe? When Bernard Lewis Speaks…," The Weekly Standard 10 (October 4, 2004), http://www.weeklystandard.com/Content/Public/Arti-

미국의 노동자는 라틴 아메리카, 특히 멕시코에서 온다. 문화적 차이는 덜 두드러지지만, 이러한 유입 역시 미국 사회의 변화로 이어질 가능성이 높다. 미국의 이민 관련 모든 논쟁에서도, 국경이 허술한 이유에 대한 가장 명백한 설명은 간과되고 있다. 사회 보장 제도는 폰지 사기처럼 설정되어 있다. 폰지 사기란 상위 투자자에게 돈을 갚기 위해 끊임없이 신규 투자를 확장시키는 불법 게임이다. 만약 사회 보장 제도가 정부가 아닌 다른 사람이 운영했다면, 그것은 불법이었을 것이다. 그러나 출산율은 벌써 급격히 감소했고 X세대는 베이비 붐 세대의 절반도 안 된다. 사회 보장 제도는 연방 정부를 파산으로 몰아넣는 것을 피하기 위해 폐지되거나 완전히 전환되어야 할 것이다. 게다가 메디케어 제도는 상태가 훨씬 더 나쁘다.

정부는 다가올 사고에 대해 잘 알고 있다. 그렇다면 사회 보장과 의료 보험의 체질을 강화시킬 노동자는 어디에서 올 건인가? 불법이든 아니든, 이민자로부터 온다. 만약 이 노동자들의 이민자 신분이 합법적으로 되어 이들이 이 시스템에 돈을 지불할 수 있다면, 파산을 면할 수도 있다.

이러한 저출산율과 이민의 상황은 로마 제국 당시 인구 통계학적 상황과 완전히 동일하다. 로마가 단순히 로마 사회의 혜택을 원했을 뿐 파괴시킬 의도는 없었던 이민자의 유입으로 점차 변하고 결국 붕괴한 것처럼, 유럽과 미국 사회 또한 같은 과정을 통해 변화할 것을 예견할 수 있다.

산업 국가에서 출산율이 하락한 이유는 무엇일까? 유럽에서는 세금이

cles/000%5Cooo%Coo4%5C685ozxcq.asp?pg=2 (2009년 1월 20일 접속)

문제지만, 더 중요한 요인은 결혼과 가족 제도에 대한 태도가 바뀐 것이다. 포스트모던의 도덕적 의무가 개인의 자유와 자율성이기 때문에, 사람들이 점점 개인적 만족을 결혼의 주요 목표로 보았고, 자녀는 우선 순위 목록에서 훨씬 더 밀려나거나 심지어 개인적 성취의 방해물로 여겨졌다. 아이들이 성공적인 결혼이나 가족에 중요한 것으로 여겨지지 않게 되자, 가족은 점점 더 로마의 패턴을 따라 피임을 통해 임신을 피하려 한다.

낙태

그리고 원치 않는 임신이 되었을 때, 낙태는 언제든 선택 사항이다. 만약 성관계가 개인적인 만족에 관한 것이라면, 원하지 않는 임신에 대해 무엇을 해야 할까? 비록 통계에 따르면 낙태의 대다수는 남성의 주장에 따라 행해지며, 강간, 근친상간, 산모의 건강으로 인한 낙태는 극소수에 불과하지만, 입양시키더라도 아기를 낳으라고 주장하는 것은 여성의 개인적 자유와 자율성을 침해한다. 전미 여성 기구(National Organization for Women)는 원래 낙태를 합법화하는 것에 반대했는데, 이는 경험상 낙태가 남성이 여성을 이용해 먹으면서 결과는 책임지지 않게 만들 것이 당연히 우려되었기 때문이다. 낙태가 합법화된 이후 수천만 건이 시행된 결과 미국에서는 향후 수십 년간 예상되는 사회 보장세 부족분을 상당 부분 메울 수 있을 충분한 인구를 없앴다. 현재 대학생 세대의 약 3분의 1이 낙태당했다.

가장 열렬한 낙태 지지자조차 낙태는 항상 비극이라며 *낙태* 옹호

(pro-abortion)라는 용어를 거부하지만, 원치 않는 임신을 피하기 위해 "안전한 성관계"를 장려하는 것 외에 낙태 건수를 줄이려는 실질적인 노력은 하지 않는다. 2004/2005년 미국 가족 계획 협회의 연례 보고서는 입양을 권유한 건수를 정확히 0으로 보고했다.[2] 그리고 낙태를 규제하거나 제한하려는 모든 노력은 여성 단체, 의회, 법원의 강력한 저항에 부딪친다.

실제로, 성적 자유와 낙태는 포스트모던 정치에서 가장 절대적인 두 권리인데, 둘 다 개인의 자유와 자율성을 강화하고, 인간의 정체성과 행복에 대해서 자유로운 성적 표현을 인간의 최고 선으로 보는 사상을 가졌기 때문이다.

미국의 낙태율은 2000년과 2005년 사이에 9% 감소했고, 1990년부터 2005년까지 연간 총 낙태 건수는 25% 감소했다.[3] 감소의 이유는 명확하지 않다. 특히 십 대 사이 피임 덕분인 것으로 보이지만, 동시에 더 많은 여성들이 상담이나 초음파 사진, 개인적인 이유로 아기를 낳기로 결정하고 있다. 그럼에도 불구하고, 미국의 모든 임신 중 20% 이상은 여전히 낙태로 끝난다.

영아 살해

낙태는 로마에서도, 특히나 임신이 외도의 결과였을 때, 흔한 일이었

---

[2]. "Planned Parenthood Reports Zero Adoption Referrals," June 13, 2007, http://www.citizenlink.org/content/A000004840.cfm. (2009년 1월 27일 접속)

[3]. Wm. Robert Johnston, "Historical Abortion Statistics, United States," http://www.johnstonsarchive.net/policy/abortion/ab-unitedstates.html. (2009년 2월 10일 접속)

던 것 같다. 그러나 훨씬 더 흔한 것은 대부분 소녀나 장애가 있는 소년에 대한 영아 살해였다. 영아 살해는 오늘날 다시 발생하고 있다. 9장에서 보았듯이, 가족 계획 협회 설립자인 마가렛 생어는 우생학 프로그램의 일부로 영아 살해를 옹호했고, 프린스턴 대학교의 의학 윤리학자인 피터 싱어도 이를 지지한다.

그러나 이것들은 빙산의 일각에 불과하다. DNA 구조의 발견으로 제임스 왓슨과 노벨상을 수상한 프랜시스 크릭은 1978년 1월 퍼시픽 뉴스 서비스에 "어떤 신생아도 유전적 소질에 관한 특정 검사를 통과하기 전까지는 인간으로 선언되어서는 안 되며, 이러한 검사를 통과하지 못하면 살 권리를 상실한다."[4]고 했다. 더 최근에 맨체스터 대학의 생명윤리학자 존 해리스는 낙태를 지지하면서도 영아 살해를 지지하지 않는 모순을 지적했다. "심각한 이상이 있는 태아를 임신 기간 중에 중절시킬 수는 있지만 신생아를 죽일 수는 없다. 사람들은 산도의 한쪽 끝에서 태아를 죽이는 것은 괜찮지만 산도를 내려간 다른 쪽 끝에서는 괜찮지 않을 무슨 일이 일어났다고 생각하는 것인가?"[5] 아니면 (영국의 왕립 의과 대학 중 하나인) 왕립 산과 대학의 대변인의 다음과 같은 말을 생각해 보라.

> 장애가 심한 아이는 장애가 있는 가족을 의미할 수 있다. 만약 영아를 죽이기 위해 의도적으로 개입해서 생명을 단축

---

4. Francis A. Schaeffer and C. Everett Koop, *Whatever Happened to the Human Race?* (Old Tappan, N.J.: Revell, 1979), p73에서 인용.
5. Sarah-Kate Templeton, "Doctors: Let Us Kill Disabled Babies," TimesOnline, November 5. 2006, http://www.timesonline.co.uk/tol/news/uk/article625477.ece (2009년 1월 27일 접속)

시킬 수 있다면, 출산과 관련된 의사 결정에 영향을 미칠 수 있고, 심지어 임신 후기의 낙태를 일부 예방할 수도 있다. 어떤 부모는 안심하고 임신을 유지하고 그 결과에 따른 위험을 감수할 수 있을 것이기 때문이다.[6]

다시 말해, 장애가 있는 영아를 죽이는 것을 합법화함으로써 낙태 건수를 줄일 수 있다는 것이다. 로마에서와 마찬가지로, 영아 살해 관행은 삶(또는 그 가족의 삶)의 질이 너무 낮을 것으로 여겨지는 아이들을 제거할 도덕적 의무로써 점점 더 옹호되고 있다. 네덜란드 흐로닝언 협약은 신생아 안락사에 대해 노골적이며, 미국의 *소아 간호지*(2008년 5-6월)에서는 선택지로 심각하게 논의된 바 있다. 이 기사는 영아살해, 특히 장애아를 살려 두는 것을, 의료 자원을 다른 사람들로부터 분산시키고 사회 정의 문제를 제기하기 때문에 더 많은 연구가 필요한 회색 영역으로 묘사한다.[7]

이러한 주장은 사회 정의와 다른 사람들에게 가치를 강요하지 말라는 명목 하에 그 관행이 합법화되고 추진될 것임을 시사한다. 실제로 사형수로 수감 중인 연쇄 살인범은 심각하고 쇠약한 병을 앓고 있는 신생아보다 변호인이 더 많다. 우리는 공공장소에서의 흡연이 장애아를 죽이는 것보다 사회적 비난을 더 많이 받는 시점에 가까워지고 있다.

존재의 위계를 통해서든, 일원론을 통해서든, 다윈의 진화를 통해서든 인간과 동물 사이에 연속성이 있다고 보는 세계관에서 인간의 생명의

---

6. Ibid.
7. Anta Catlin and Renee Novakovich, "The Groningen Protocol: What Is It, How Do the Dutch use It, and Do We Use it Here?" Pediatric Nursing 34 (May/June 2008): 247-51.

가치는 폄하된다. 영아 살해는 로마 제국에서 오직 기독교인의 일치 단결된 노력으로 끝이 났으며, 그들은 각각의 개인이 하나님의 형상으로 창조되었고 그렇기 때문에 남성이든 여성이든, 건강하든 그렇지 않든, 부유하든 가난하든 상관없이 무한한 가치를 가지고 있다고 믿었다.

인권

이런 근본적인 신념에서 점차 벗어나면서, 사회는 필연적으로 꾸준히 인간의 생명과 인간의 존엄성의 가치를 깎아내려 왔다. 물론 많은 무신론자들은 여기에 이의를 제기할 것이다. 리차드 도킨스, 크리스토퍼 히친스, 샘 해리스에 이어 영국 무신론 학파는 과학이 신과 우리를 무관하게 만들었지만, 그래도 우리는 여전히 (기독교 전통에 기반해서) 도덕적이다. 도덕성을 작동하게 만드는 바로 그 토대가 제거되기 때문에 좋게 봐준다 해도 이것은 지적인 일관성이 떨어지는 주장이다.

프랑스 철학자 미셸 옹프레 같은 대륙의 무신론자들은 훨씬 더 정직하다. 홀바흐 남작과 프리드리히 니체부터, 이 무신론자들은 기독교의 도덕이라는 함정은 하나님과 함께 제거되어야 한다고 주장해 왔다. 대륙의 무신론자가 볼 때, 앵글로 색슨계 여러 무신론자는 확신에도 불구하고 차마 논리적 결론을 맺지 못하고 사회, 도덕, 윤리적 이론에 기독교를 남겨 두는 기독교 무신론자이다. (이것은 제퍼슨이 기독교 이신론자였던 것과 마찬가지이다.)

기독교 윤리를 수용하면서 하나님을 부정하는 '기독교 무신론자'를 비난하는 옹프레의 *무신론자 선언(Atheist Manifesto)*을 생각해 보자. 그는 기독교인과 기독교 무신론자 모두 공유하는 "자선, 절제, 연민, 자비, 겸손뿐만 아니라 이웃에 대한 사랑과 죄의 용서, 다른 쪽 뺨을 돌리라는 명령, 이 세상의 물질에 대한 무관심, 권력과 명예, 부를 거부하는 윤리적 금욕주의[8]"라는 사상은 "철학, 이성, 효용, 실용주의, [그리고] 개인과 사회적 쾌락주의"에 기초한 포스트모던 무신론을 지지하기 위해 폐기되어야 한다."고 주장한다.[9] 옹프레는 제레미 벤담과 존 스튜어트 밀을 따라 선은 "최대 다수의 최대 행복"을 만드는 데 있다고 주장하였고, 이것이 암시하는 바는 이것에 반하는 모든 것은 악이라는 것이다.[10]

    윤리에 대한 이러한 접근법은 공리주의로, 표면적으로는 좋게 들릴 수 있지만 개인의 권리라는 개념을 부정한다. 예를 들어, 어떤 사람이 사회에 부담이 되거나, 정신적 또는 신체적 장애가 있거나, 노인이라면, 그가 최대 다수의 최대 행복에 기여하지 않고 다른 사람의 삶의 질을 향상시키는데 사용되었더라면 "더 좋았을" 자원을 사용한다면, 그가 최대 다수의 최대 행복을 방해하도록 허락하는 것은 악이다. 왜 그를 안락사시키지 않는가? 아기가 장애인이라면 왜 죽게 내버려두지 않는가? 자신의 행복을 위해 아기를 살려 두기로 결정하거나 하는 경우를 제외하고는, 사실 그 경우에도 이 결정은 장애를 가진 아이가 지역 사회와 그 아기의 생존에 사용되는 자원에 미칠 영향에 대한 의문을 제기하기는 하지만, 그 아기가 살게 두는 것은 분명 그 부모에게 부담이 될 것이다.

---

8. Michel Onfray, *Atheist Manifesto: The Case Against Christianity, Judaism, and Islam* (New York: Arcade, 2007), 57.
9. Ibid., 58.
10. Ibid.

반대할 권리, 양심의 권리, 또는 양도할 수 없는 권리에 대한 신념은 어떻게 되는가? 만약 이 중 하나가 사회적 행복을 방해한다면, 우리는 왜 그것들을 유지해야 하는가? 이것은 공리주의의 논리이며, 이타주의나 "자선, 인내, 동정, 자비, 겸손" 등 그 어떤 것보다 무신론자에게 훨씬 더 일관되게 윤리적인 입장이다. 사실상 인권이 그 기독교적 기반에서 더 멀어질수록, 인권과 존엄성은 더욱 침해당하게 되어 있다.

노예 제도

우리는 이 문제를 여전히 존재하는 노예 제도와 인신 매매에서 볼 수 있다. 불분명하기는 하지만 어떤 추정치라도, 그 숫자는 충격적이다. 국제 연합의 국제 노동 기구는 1,200만 명 이상의 사람들이 강제 노동에 묶여 있다고 한다. *내셔널 지오그래픽* 2003년 9월호에 기고한 앤드류 콕번은 노예로 살고 있는 사람들의 수를 2,700만 명으로 보고 있다. 프리 더 슬레이브의 회장인 케빈 베일스에 따르면, 대서양 횡단 노예 무역 전체 기간 동안보다 2004년에 더 많은 수의 노예들이 아프리카에서 끌려갔다.[11] 유니세프 보고서에 따르면 매년 백만 명 이상의 어린이들이 노예가 되고 있다. 많은 사람들, 심지어 아이들이 사창가에서 일하도록 강요받는다. 다른 아이들은 양탄자, 담배, 벽돌을 만들거나 농업 노동자로 일한다.

노예 제도는 거의 모든 곳에서 불법이지만, 사실상 모든 나라에서 지하 경제의 중요한 부분이며, 경우에 따라서는 정부 관료들의 유착도 있

---

11. Kevin Bales, *Disposable People* (Berkeley: Univ. of California Press, 2004), 4.

다. 사실, 인신 매매는 불법 마약 거래보다 더 큰 산업이다.

여러 정부는 수년간 그 문제에 대해 알고 있었다. 부시 행정부 당시 미국 기독교 공동체의 압력으로 이 문제는 최근에서야 대중적으로 더 큰 이슈가 되었다. 그러자 백악관이 국제 연합에 이 이슈를 가져왔고, 유럽 연합은 인신 매매에 반대하는 결의안을 통과시켰다.

세속주의자가 노예 제도를 비난하기는 하지만, 그들은 그 문제를 표면화하기 위해 거의 (또는) 아무것도 하지 않았다. 로마에서와 마찬가지로, 신념의 핵심이 각 개인의 존엄성과 가치라는 원칙에 헌신한 사람들의 행동이 필요했다. 그 운동은 기독교인이 시작했다.

기독교인가, 이교도 로마인가?

이런 예들은 삶의 많은 영역에서 다양하게 나타날 수 있다. 무엇이 핵심인가? 노예 제도의 폐지에서부터 양도할 수 없는 권리와 각 개인의 존엄성과 가치에 대한 신념, 과학과 기술의 부상에서부터 대학의 발전에 이르기까지 서구 문명의 모든 위대한 업적들은, 생산을 극대화하고 생활 수준을 높인 경제 이론의 등장부터 대의 민주주의와 제한된 정부에 이르기까지 모두 성경과 기독교 세계관에 뿌리를 둔 신념의 산물이었다. 기독교 외 다른 사상도 이러한 발전에 미친 고유한 영향이 있기는 했지만, 결정적인 요인은 기독교였다. 기독교의 영향은 서구 문명을 진정 독특하게 만들었고, 그 영향이 미치지 않았던 다른 문명에서는 이런 발전이 없었다.

서구 문명이 기독교의 뿌리에서 이탈하는 것은 그 고유한 특징과 가장 중요한 기여와, 최고의 이상과 가치로 이끈 토대를 침해하는 것이다. 그 과정에서 우리는, 많은 면에서 로마의 문화적 관행으로 돌아가고 있다. 역사는 반복되지 않는다. 그리고 우리 문명은 확실히 고대 로마의 문명과는 다르다. 예를 들어, 우리는 (영화를 제외하고는) 오락을 위해 사람을 고문하거나 죽이는 것을 허용하지 않고, 이전 세대로부터 물려받은 기독교적 도덕성을 기반으로 학대를 비난한다.

그럼에도 불구하고, 세계관이 점점 더 고대 로마인의 세계관과 닮아감에 따라 지금 우리는 불과 수십 년 전에는 생각할 수 없었을 관행을 따르기 시작했다. 한 사회의 기저를 이루는 세계관과 그 영향은 필연적으로 문화에 반영된다는 점을 기억하라. 우리는 로마로 돌아가는 것과 그로 인한 모든 결과가 우리가 원하는 방향인지 결정해야 하며, 만약 그렇지 않다면, 인간 생명의 가치와 존엄성과 서구 문명에서 온 가장 좋은 요소들을 보존할 세계관의 토대를 강화해야 한다.

21세기 성경적 세계관

서양 문명은 기로에 서 있다. 물론 전혀 완벽하지는 않지만, 서구 문명은 역사상 다른 어떤 문명보다 더 많은 경제적 번영, 과학 기술적 진보, 정치적 자유를 누렸고 인권과 평등에 대해 관심을 더 많이 가졌다. 이 모든 것은 인간이 하나님의 형상으로 만들어졌기 때문에 물리적 우주를 이해할 수 있는 잠재력과, 빼앗길 수 없는 고유의 존엄성과 가치를 모두 가지고 있다고 믿었던 성경적 세계관에 바탕을 두고 있었다.

이미 서구 문화는 하나님의 형상에 대한 신념을 대부분 잃었고, 이를 뒷받침할 어떤 중요한 틀도 없이 겉도는 인권이란 개념만 남았다. 문화 상대주의를 너무 내면화한 나머지 핵심 가치가 박탈된 다원주의라는 이름으로 우리 문화의 여러 특징을 잃어버릴 위기에 처해 있다. 낙태, 영아 살해, 안락사에 대한 수용에서 보다시피, 생명이 양도할 수 없는 권리라는 신념을 이미 거의 포기했다. 합법적으로 축적한 자산을 유지할 수 있도록 해 주는 재산권을 잃어버리고 있다. 또한 미덕을 추구할 수 있는 자유를, 규제(제한)가 없는 자유라는 면허로 바꾸어 버렸다.

하나님의 형상

우리가 서구의 잠재력을 회복하려면 잃어버린 성경적 세계관의 중요 요소부터 시작해서 문화의 핵심 사상과 가치를 회복해야 한다. 이 세계관이 21세기 세상에 무엇을 말해주는지에 대한 몇 가지 생각으로 이 책을 끝내는 것이 적절할 것 같다. 물론 완전한 논의를 위해서는 책이 몇 권 더 필요하겠지만, 몇 가지 기본 원칙만 간단히 요약해 본다. 다시 한번, 핵심은 모든 사람에게 있는 하나님의 형상에 대한 완전한 (형태의) 감사의 회복이다. 서구 문명은 하나님의 형상에 대한 강력한 비전을 받아들였을 때 가장 큰 성공을 거두었고, 그것을 무시했을 때 가장 큰 실패를 겪었다.

인권의 측면에서 하나님의 형상은 인간의 존귀함의 원천이다. 우리에게 있는 하나님의 형상보다 인종, 성별, 사회적 계급, 교육, 민족성, 능력이나 장애, 기타 우리 정체성의 다른 요소에 가치를 더 둘 때마다 우리는 우상 숭배의 죄를 범하고, 말 그대로 하나님의 면전에서 그분을 모욕하는 것이다. 따라서 기독교인은 인권을 위한 싸움의 선두에 서야 하며, 인종 차별주의, 성 차별주의와 인류에 대한 다른 어떤 형태의 모욕에도 단호히 반대해야 한다. 이런 헌신에는 낙태 반대(pro-life) 입장을 취하는 것이 포함된다. 자궁 속의 아이도 하나님의 형상을 지니고 있기 때문이다.

동시에, 다른 생명체를 인류와 동등한 수준으로 고려해야 한다는 요구를 거부해야 한다. 간단히 말해서, 스위스가 식물에게 권리를 부여하든, 스페인이 유인원에게 권리를 부여하든 상관없이 인간은 식물이나 동물보다 더 중요하다. 그러나 동물이나 다른 종류의 창조물을 학대해도 된다는 것은 아니다. 3장에서 언급한 바와 같이, 우리가 하나님의 형상으로 창조된 것은 땅에서 하나님의 대리인이자 관리자로서의 역할을 해야 한다는 것을 의미한다. 성경은 땅이 우리의 것이 아니라 주님의 것임을 분명히 하고 있다(시편 24:1). 기독교인은 환경 문제와 피조물을 돌보는 일에 앞장서야 한다. 인간을 희생시키지 않고 동물을 윤리적이고 인도적으로 대하는 것은 피조물을 돌보는 일의 한 측면이다. 또한 토지, 물, 공기, 식물, 동물 등 환경의 어떤 부분에 대해서도 오염과 상해를 최소화하면서 자원의 최선의 활용을 위해 노력해야 한다.

과학과 기술에서, 특히 생명 공학과 관련해서는, 결과뿐 아니라 연구의 윤리적 차원도 고려해야 한다. 연구에 있어서는 먼저, 우리가 이 일을 할 수 있는지가 아니라, 이 연구를 꼭 해야 하는지를 질문해야 한다. 다시 한 번, 하나님의 형상으로 인간의 존엄성을 유지하는 것이 가장 중요하다. 많은 사람이 인간 배아를 실험하는 사람보다, 동물을 실험에 사용하는 사람에게 더 화를 낸다. 인간이 하나님의 형상대로 만들어졌다고 믿는다면 출생 전 단계를 포함한 모든 단계의 생명을 보호하기 위해 노력해야 한다.

하나님이 세상을 창조하며 일하셨기 때문에, 우리도 일해야 한다. 하나님이 인류에게 에덴 동산에서 지적인 일과 육체적인 일을 모두 주셨으니, 우리는 일을 필요악이 아닌 긍정적인 선으로 보아야 한다. 하나님은 만물을 창조하셨고, 만물에 관심이 있으시다. 그러므로 모든 진리는 하나님의 진리이며, 학문의 모든 영역과 모든 윤리적인 일들이 그분을 섬기는 합법적인 영역이며 그분의 나라를 건설하는 일의 일부이다.

우리는 제조업, 서비스업, 사업, 금융, 교육, 의료, 예술, 미디어 등 경제의 모든 분야에서 우리의 일을 그 나라의 관점으로 보아야 한다. 사회적 차원에서 주변 사람들의 존엄성을 인정하고, 사람들에게 의미 있는 일을 제공하며 힘든 일은 최대한 줄이도록 노력할 필요가 있다. 또한 우리는 노동의 결실을 즐길 권리가 있다. 정부가 합법적인 기능을 위해 세금을 징수할 수 있지만, 우리는 버는 것의 대부분을 누릴 수 있어야 한다.

동시에, 정부나 다른 어떤 단체에 이웃을 돌볼 책임을 넘기지 말고 우리가 이웃을 인격적으로 존중하고 봉사하며 이들에게 필요한 것을 제공해야 한다. 사람들의 필요를 제공하는 데 있어 기독교인의 역할은 정부 기관과 다르지만, 이웃이 우리와 동등하게 하나님의 형상을 가졌다고 믿기에 우리도 어려운 사람을 돕기 위해 노력해야 한다.

예수님이 환영하는 사람은 나가서 어려운 사람을 돕는 자들이다(마태

복음 25:34-40 참조). 우리는 형제의 보호자이다. 그러나 우리의 책임은 자선을 훨씬 넘어선다. 우리의 목표는 단순히 로마 황제가 그랬던 것처럼 사람들에게 "빵과 서커스"를 주는 것이 아니라 직접적인 필요를 채우는 동시에 그들이 스스로 생계를 꾸리고 자신과 다른 사람을 부양할 수 있는 기회를 줌으로써 그들의 존엄과 가치를 옹호하는 것이다.

우리는 또한 사회 정의를 위해 일해야 하며, 사람들을 빈곤에 빠뜨리는 법적, 제도적 구조를 폐지하는 일을 돕고, 대신 인간의 번영을 촉진하는 정책을 시행해야 한다. 이것은 무엇보다도 경제, 문화, 사회적 안정을 위한 필수적인 기반으로써 하나님이 에덴 동산에 세우신 어머니, 아버지, 자녀로 구성된 생물학적 가족을 강조하는 정책을 지지하는 것을 포함한다.

정치 생활에 있어서, 우리의 사상에 가장 중요한 것은 모든 국적의 사람들에게 있는 하나님의 형상의 중요성을 지지하는 것이다. 하지만 조심해야 한다. 그리스도의 나라는 이 세상의 것이 아니며, 결코 정치적 권력을 통해서 오는 것이 아니다. 대신, 우리는 신앙과 일치하는 삶을 살아야 하며 그리하여 타인을 위한 우리의 관심과 행동으로, 발언권을 얻을 것이다. 거기서부터 시작해서, 그 나라의 진리와 가치에 대해 다른 사람을 설득할 수 있으며 그것만으로도 사회에 장기적인 변화를 가져올 수 있는 일종의 풀뿌리 운동을 만들 수 있다. 기독교인은 정치 과정에 참여할 수 있고 참여해야만 하지만 정치는 문화의 하류에 있으며, 이 세상 나라는 위에서부터 아래로 강요되는 것이 아니라 아래에서 위로만 세워진다는 점을 결코 잊어서는 안 된다.

우리는 또한 반대할 권리를 주장할 필요가 있다. 모든 사람은 우리의 의견에 동의하든 동의하지 않든 양심의 자유와 결과에 대한 두려움 없이 자신의 의견을 표현할 권리가 있다. 그 나라는 강압으로 세워진 것이 아니며, 모든 진리는 하나님의 진리이기 때문에, 성경적 세계관은 언제나 사상의 자유롭고 공평한 경쟁의 장에서 승리할 것이다. 그러나 아예 다른 세계관을 가진 사람들과 성경적 세계관을 고수하는 사람들은 정책과 사회의 안녕을 위한 최선의 수단에 대해, 현저하게 다른 결론에 도달할 수 있다. 우리는 주변의 문제와 원칙을 실천적으로 적용하는데 있어 서로 동의하지 않는 의견도 자유롭게 낼 수 있도록 허용할 필요가 있다.

일반적으로 우리는 초기 교회의 모델을 따를 필요가 있다. 성경적으로 신실한 삶을 산다고 인기를 얻게 되지는 않는다. 팔복이 "의를 위하여 박해를 받는 자는 복이 있나니 천국이 그들의 것임이라."(마 5:10)고 끝나는 것은 우연이 아니다. 지금보다 훨씬 더 부패하고 퇴폐적인 문화 속에서 초기 기독교인은 고문과 죽음에 이르기까지 과하게 충실한 삶을 살았다. 그리고 그들이 결국 이겼다. 300년 이상이 걸렸지만, 그들은 로마 사회를 변화시켰다.

우리는 겨우 한 선거 주기에 낙담하는 경향이 있다. 로마의 초기 기독교인들이 사회에 미쳤던 것과 같은 영향을 미치려면, 우리도 그들의 용기, 인내, 신실함이 필요하다. 우리에게 그러한 자질이 있다면, 우리의 숫자 이상으로 사회에 영향을 미칠 수 있으며 다음 세대 기독교인과 비기독교인 모두를 위해 문화를 회복시키고 더 나은 삶을 만들어 낼 수 있을 것이다.

감사의 글

이 책은 결실을 맺기 위해 필요했던 길고, 믿을 수 없는 일련의 사건의 결실이다. 이 책은 하나의 강의로 시작되었다. 앨런 존슨과, 코네티컷 웨더스필드에 있는 그리스도 제1교회의 조나단 에드워즈 탄생 300주년 기념 행사 준비 위원회는 나에게 2003년 300주년 기념 행사에서 연설을 부탁했다. 내가 준비한 강의 제목은 "에드워즈식 세계관"으로 이 제목은 제1교회의 홍보팀 담당자 데이비드 길버트가 지어 준 것이다. 그 내용은 조나단 에드워즈 시대의 세계관을 우리의 세계관과 비교하는 이야기였다. 뉴잉글랜드 교도소 선교회의 리더인 존 바이닝의 아내 폴라 바이닝은 강의 녹음 테이프를 이 행사의 기조 연설자였던 찰스.W. 콜슨에게 전달했었다.

녹음 테이프를 들은 찰스 콜슨은 나에게 세계관 교육에 관한 신설 프로그램인 센추리온(Centurion; 현 콜슨 펠로우즈)에서 강의해 달라고 부탁했다. 나는 그 강의를 "우리가 어떻게 이 시점에 이르렀는지"에 대한, 근대 초기부터 현재까지 세계관의 진화에 대한 연구로 확장시켰다. Centurion 프로그램에서는 매년 그 강의 내용을 책으로 출간할 계획이 있는지 물었고, 내용을 정리하기 시작하면서 이야기의 이해를 돕기 위해 근대 초기보다 훨씬 더 과거로 거슬러 올라가야 한다는 사실을 깨달았다. 그 일은 분명히 "천사들이 두려워하는 일을 바보들이 대범하게 추진하는" 작업이었지만, 나는 너무 오래 그렇게 살아왔기 때문에 어쨌든 그 작업을 추진하기로 했다.

한편, 액턴(Acton) 종교와 자유 연구 협회는 현대 자유의 개념의 기원을 다루는 책에 장려금을 주겠다고 발표했다. Centurion 프로그램 디렉터인 마사 앤더슨이 그 정보를 알려 준 덕택에 장려금을 신청했고, 액턴 협회는 장려금을 지급했다. 덕분에 나는 훨씬 더 집중해서 책을 정리하고 쓸 수 있었다. Acton 협회의 도움과 격려, 마감일이 없었더라면 나는 아직도 첫 번째 초안을 작성하고 있었을 것이라고 해도 무방하다.

원고를 손에 들고, 출판사를 찾아야 했다. 찰스 콜슨이 다시 도와 주었다. 존더반(Zondervan)의 스탠 군드리와 연락이 되었고, 그는 다시 나를 수석 편집자인 카티야 코브레트와 연결시켜 주었다. 이 책의 첫 번째 초안에서, 코브레트와 그녀의 훌륭한 팀은 오류, 누락, 잘못된 결론, 그 밖에 너무 많은 다른 문제들을 수정하는 작업을 도왔고, 편집 개발자인 더크 버스마에게 전달했다. 그는 내가 출판을 위해 책을 최종 형태로 만드는 것을 도왔다. 그들의 노력이 없었더라면 이 책은 미흡한 곳이 많았을 것이다.

그리고 위 내용들은 이야기의 주요 연결 고리일 뿐이다. 거기에는 책의 일부가 쓰여지던 수년 동안 가르쳤던 수많은 수업이나, 각 장의 초안을 훑어보고 적절하지 않은 부분을 알려준 아내 린과 딸 엘리자베스, 친구들의 지원과 격려가 포함되지 않았다. 그 목록은 거의 끝이 없다. 이 모두에게 전적으로 "감사하는 것"은 충분하지 않지만, 안타깝게도 그것이 내가 인쇄물로 표현할 수 있는 전부이다. 그래서 이 책에 기여해 주신 모든 분들께 진심으로 감사드린다.

그리고, 물론, 이 책에 나오는 오류나 누락, 그로 인한 논쟁은 전적으로 내 책임이다.

글렌 S. 선샤인 (*Glenn S. Sunshine*)